Thomas Krämer

Reiseführer
Der romantische Rhein

Idee: Hackethal und Partner, Brühl

Der Verlag dankt allen, die zur Entstehung des Reiseführers beigetragen haben, besonders den Tourist-Informationen der Städte und Gemeinden und der Verwaltung Burgen, Schlösser, Altertümer von Rheinland-Pfalz.

Für Barbara. Vielen Dank für Deine Geduld.
T.K.

RHEIN-MOSEL-VERLAG
Alf/Mosel
Bad Bertricher Straße 12 D-56859 Alf
Tel. 06542/5151 Fax 06542/61158

ISBN 3-89801-008-2
Satz und Gestaltung: Cornelia Czerny
Korrekturen: Dr. Charlotte Houben, Melanie Oster-Daum
Umschlagfoto: Arne Houben
Druck: Druckpunkt Frechen

Thomas Krämer

Reisefführer

Der romantische Rhein

mit einer Einführung von
Wolfgang Kroener

Rhein-Mosel-Verlag

Autor und Verlag haben sorgfältig recherchiert und die Informationen soweit wie möglich überprüft. Dennoch weisen wir im Sinne des Produkthaftungsrechtes darauf hin, dass wir keinerlei Verantwortung oder Haftung für eventuelle inhaltliche Fehler übernehmen.

Nach dieser Formalie unsere Praxis:
Wir freuen uns über Ihre Hinweise und Korrekturen für die nächste Auflage.

Inhaltsverzeichnis

Karl Simrock (1802-1876)
Warnung vor dem Rhein

An den Rhein, an den Rhein,
Zieh' nicht an den Rhein,
Mein Sohn, ich rate dir gut:
Da geht dir das Leben zu lieblich ein,
Da blüht dir zu freudig der Mut.
An den Rhein, an den Rhein,
Zieh' nicht an den Rhein,
Mein Sohn, ich rate dir gut!

Siehst die Mädchen so frank und die Männer so frei,
Als wär' es ein adlig Geschlecht,
Gleich bist du mit glühender Seele dabei:
So dünkt es dich billig und recht.
An den Rhein, an den Rhein,
Zieh' nicht an den Rhein,
Mein Sohn, ich rate dir gut!

Und zu Schiffe, wie grüssen die Burgen so schön
Und die Stadt mit dem ewigen Dom!
In den Bergen, wie klimmst du zu schwindelnden Höh'n
Und blickst hinab in den Strom.
An den Rhein, an den Rhein,
Zieh' nicht an den Rhein,
Mein Sohn, ich rate dir gut!

Und im Strome, da tauchet die Nix' aus dem Grund,
Und hast du ihr Lächeln geseh'n,
Und grüßt die Lurlei mit bleichem Mund,
Mein Sohn, so ist es gescheh'n.
An den Rhein, an den Rhein,
Zieh' nicht an den Rhein,
Mein Sohn, ich rate dir gut!

Dich bezaubert der Laut, dich betöret der Schein,
Entzücken faßt dich und Graus:
Nun singst du nur immer: am Rhein, am Rhein,
Und kehrst nicht wieder nach Haus.
An den Rhein, an den Rhein,
Zieh' nicht an den Rhein,
Mein Sohn, ich rate dir gut!

Ein Wort zuvor:

Der Rhein von Mainz bis Köln – Pflichtprogramm von Anfang an derer, die den romantischen Rhein bereisten, zu Fuß zuerst, dann per Schiff, später per Bahn. Hauptstädte heute, Hauptstädte aber auch schon in römischer Zeit, nämlich die von Ober- und Niedergermanien. Anfangs- und der Endpunkt allein ergäben schon ein, vielleicht auch zwei Bücher dieses Umfanges, so lang und reich ist ihre Geschichte und so viel Sehenswertes hat die Zeiten überdauert. Der Raum dazwischen ist unser Thema, das Tal des romantischen Rheins mit seinen malerischen Hängen, trutzigen Burgen und lebendigen Ortschaften.
Kaum ein Fluss ist so oft bereist, gemalt und besungen worden, auch davon ist das ein oder andere Zeugnis in dieses Buch eingegangen. Wo es interessant erschien, sind den Fotos und Beschreibungen Rhein-Gedichte aus den letzten 200 Jahren an die Seite gestellt; manchmal hilft der Blick durch andere Augen, Dinge, auch Landschaften, schärfer zu sehen.

Jedenfalls freut es mich, dass Sie mit mir reisen möchten. Aber Vorsicht, der Rhein macht süchtig. Karl Simrock hat es in seiner »Warnung vor dem Rhein« formuliert, Mendelssohn-Bartholdy in Noten gesetzt, und es stimmt noch immer.

Trotzdem, oder gerade deswegen: Herzlich Willkommen!

Am Rhein, Mai 2002
Thomas Krämer

Abendstimmung
am Siebengebirge

R(h)eine Romantik

Es waren die Burgen und Ruinen; es war die mittelalterliche Stimmung in Orten und Städtchen; es war eine »dramatisch« schöne, schroff-zerklüftete Landschaft; es war Weinseligkeit und Weltschmerz; es waren Sagen und Legenden. Das alles machte die Geburt der Rhein-Romantik aus. 200 Jahre ist's her – ein Grund, viele Gründe zum Feiern.

Am Anfang standen wieder mal die Römer. Sie nutzten den Fluss rein ökonomisch, als Transportweg für Güter aller Art. Und sie machten ihn zum Gott (»Deus Rhenus«), zum Vater. Der Grundstock vieler Mythen war gelegt. Unser Rhein, freundlich und böse zugleich, Menschen ernährend und verschlingend, er wurde bewundert wie gefürchtet. Auf der Vielvölkerstraße wandelten quer durch die Jahrhunderte Kaiser, Kaufleute, Ordensvertreter. Maler aus den Niederlanden zeigten sich bereits im 17. Jahrhundert total entzückt von schroffen Felsen, Ruinen, Raubschlössern und wilder Natur. Sie griffen zum Pinsel, sahen die Region zwischen Drachenfels und Binger Mäuseturm mit künstlerischen Augen, machten den Mittelrhein populär. Sie dürfen als Vorläufer der Rhein-Romantik angesehen werden.

So richtig rund ging's im letzten Viertel des 18., zu Beginn des 19. Jahrhunderts. Der 25 Jahre alte Goethe begeisterte sich 1774, von Bad Ems kommend, für Burgen und Ritterzeit. Den Stein voll ins Rollen brachten allerdings erst die Engländer. »Wie der Landmann den Regen, wie der Fischer den Heringsschwarm«, erinnert sich eine Reisende um 1800, so erwarteten Rheinländer damals Touristen von den britischen Inseln. Sie gaben sich voll einer Stimmungslage namens »Gothic Mood« hin. Burgen in Vollmond-Nächten, umnebeltes, verfallenes Gemäuer, alte Kirchen, enge Gassen lösten melancholische Empfindungen, auch schaurige Vorstellungen aus. Mehr und mehr wurde der Mittelrhein **das** Reiseziel schwärmerisch veranlagter englischer Touristen. In vielen Hotels verdrängte die Büste von Königin Victoria bald diejenige des Landesherrn.

So recht fassen konnten die Rheinbewohner die Gefühlswallungen der schrulligen britischen Gäste ganz und gar nicht. Warum zeigten die sich so wild nach verfallenem Gemäuer? Man machte sich so seine Gedanken über die rückwärtsgewandte Denkungsart, über eine im Naturell verankerte Neigung zu Antiquarischem, zum Interesse an (mittelalterlicher) Geschichte und Dichtung. Schauerliches stand hoch im Kurs. Goethe brachte es in der Walpurgisnacht (Faust II) auf den Punkt. O-Ton Mephisto: »Sind Briten hier? Sie reisen sonst so viel,/Schlachtfeldern nachzuspüren, Wasserfällen,/Gestürzten Mauern, klassisch-dumpfen Stellen ...« Ritter-, Räuber- und Schauerromane kamen in Mode, die Nachtseiten des Lebens blühten auf.

Maler (wie William Turner oder Clarkson Stanfield) und Autoren brachten romantische Ansichten zu Papier, auf Leinwand. Im Frühling 1816 schrieb Lord Byron auf einer Fahrt rheinaufwärts jene Zeilen seines »Childe Harold« nieder, die in die Weltliteratur eingingen und zu den Höhepunkten der Rheinpoesie zählen. Diese Verse hatten englische Reisende, die auf des Dichters Spuren den Rhein besuchten, im Gepäck. Alle zeigten sich »happy«, als die industrielle Revolution von England aus auch am Rhein förmlich Dampf machte. Eine von James Watt erfundene Maschine trieb 1817 das erste Flussboot an. Die Preußisch-Rheinische-Dampfschifffahrtsgesellschaft ermöglichte es ab 1827, die Strecke Köln-Mainz in 83 Stunden zurückzulegen; 1853 verkehrte dann endlich die Weiße Flotte (»KD«) auf dem Fluss der Flüsse. Das Tal wurde außerdem von der Eisenbahn erschlossen. Die Zeiten, als es noch zwei bis drei Wochen dauerte, um von einer Domstadt zur anderen zu gelangen, waren endgültig vorbei.

Vom Zauber des Rheins ergriffen zeigten sich bald auch heimische Schriftsteller. Sie nahmen den Faden auf, den Briten gesponnen hatten. Die offizielle Geburtstunde der Rhein-Romantik schlug 1802. Friedrich Schlegel machte vor 200 Jahren am Rhein Station, hielt seine Eindrücke später schriftlich fest: »Überall belebt durch die geschäftigen Ufer, immer neu durch die Windungen des Stroms und bedeutend verziert durch die kühnen, am Abhange hervorragenden Bruchstücke alter Burgen, scheint diese Gegend mehr ein in sich geschlossenes Gemälde und überlegtes Kunstwerk eines gebildeten Geistes zu sein, als einer Hervorbringung des Zufalls zu gleichen.«

Auch die Autoren-Kollegen Clemens Brentano und Achim von Arnim bereisten zu dieser Zeit die Flussebene, entdeckten die alte Sagenwelt, kreierten neue Märchen und Mythen. Besagter Brentano gilt als Motor der jungen Bewegung. Er hatte bereits im Jahre 1800 diese berühmten Verse verfasst: »Zu Bacharach am Rheine/Wohnt eine Zauberin,/Sie war so schön und feine/Und riss viel Herzen hin.« Das Gedicht erschien 1801 in seinem »Godwi« betitelten Roman und begründete den »Lore-Lay«-Kult. Wo sich vorher lediglich ein 132 Meter hoher Fels im Rhein befand, bei Stromkilometer 554 sprudelte bald ein mächtiger Mythos. Dort stürzte sich eine »Zauberin« in den Tod, weil ihr Geliebter sie verlassen hatte. Mit ihr strudelten drei Ritter.

Weltweit bekannt machte Heinrich Heine die sich kämmende blonde Schönheit 1823: »Ich weiß nicht, was soll es bedeuten,/Dass ich so traurig bin;/Ein Märchen aus uralten Zeiten,/Das kommt mir nicht aus dem Sinn.« In Heines Geschichte von der »schönsten Jungfrau« gilt diese als Verkörperung geheimnisvoller Naturkräfte, von Liebes- und Untergangsstimmung. »Mit wundersamer, gewaltiger Melodei« zog die Dame alle Blicke der Schiffer an. Diese übersahen dabei gefährliche Riffe – »die Wellen verschlingen am Ende Schiffer und Kahn«. Immer neue Versionen der fantastischen Geschichte ließen sich die Romantiker einfallen. Beispiel Eichendorff: Der Dichter sah in der »Lorelay« 1812 schlichtweg eine Hexe.

Noch heute erklingt das von Friedrich Silcher vertonte Lied bei jeder Schiffstour – immer dann, wenn der Schieferfelsen erreicht wird. Da verstummt dann jegliches Plappern; manche singen, viele summen die Melodie. (Trauer-)Gefühle kommen auf, Melancholie, Untergangsstimmung, eine wie magisch erzeugte Rührung lässt sich aus Gesichtern ablesen. Einige grinsen spöttisch: Ist das wirklich alles? Oh, dieser Kitsch: Ich weiß nicht, was soll es bedeuten... Das ist wirklich alles – Romantik in R(h)einkultur.

Rhein-Romantik auf die englische, auf die deutsche Art. Da fehlt noch wer, **der** Franzose: Victor Hugo, Verfasser des »Glöckner von Notre-Dame«. »William Turner der Nacht« nannte man ihn – mit Vorliebe turnte er bei Mondschein von einer Ruine zur nächsten Burg, eroberte die Rheinlandschaft 1840 (als 38-Jähriger) mit Schreibfeder, Tusche und Zeichenstift. Wie alle

Romantiker erblickte Hugo im Tal der Burgen und Ruinen die verwunschene Kulisse des Mittelalters, den Schauplatz schöner wie schrecklicher Geschichten. Nixen, Elfen, Ungeheuer tummeln sich zwischen Dunst und Dämmerlicht. Der Autor malt Stimmungsbilder in Farben und in Worten. Sein Buch »Le Rhin« (1842) wurde zum Verkaufshit.

Geschichte macht fest an Menschen. Aber immer auch an Orten. Rhein-Romantik, das heißt – natürlich – Loreley. Oder Mäuseturm. Oder Drachenfels. Richtig greifbar, voll menschlich wird die Bewegung an einem Ort im Rheingau. Winkel, unweit Rüdesheim und in Sichtweite von Bingen gelegen, gilt als Wiege für den gewissen, den »modernen« Zeitgeist. Zentralfigur des Hauses: Bettina Brentano, Schwester von Clemens, spätere von Arnim. »Am Lindenplatz 2«, im Brentanohaus von Winkel, agierte das Herzstück der Romantik, die »kleine schwarze Wildkatze«, gab ihren impulsiven Gefühlen und Gelüsten spontan nach, unternahm Kahnpartien im Mondschein, schlief öfter mal auf nacktem Gemäuer. Goethe war hier ebenso zu Gast wie die Gebrüder Grimm oder Caroline von Günderode, die sich 1806 aus Liebeskummer am Rheinufer bei Winkel das Leben nahm.

Der Rhein, er verzaubert noch heute Touristen aus aller Welt. Der Mythos ist nicht klein zu kriegen – dieses Märchen aus uralten Zeiten geht einem auch nach 200 Jahren einfach nicht aus dem Sinn ...

Wolfgang Kroener

Der Mainzer Dom als bekanntestes Wahrzeichen der Stadt.

Mainz

Auf einen Blick: Dom (10.–19. Jh.), St. Stephan (Chagall-Fenster), Augustinerkirche (Barock), St. Peter (Rokoko), St. Ignaz (Klassizismus), St. Johannis (9.–14. Jh.), St. Antonius (14. Jh.), Christuskirche (19./20. Jh.), Dom- und Diözesan-Museum, Römisch-Germanisches Zentralmuseum, Mittelrheinisches Landesmuseum, Gutenberg-Museum, Museum für Antike Schifffahrt, Kupferberg-Museum, Altstadt mit Fachwerkhäusern, Adelshöfe, Landtag, Staatskanzlei, Kurfürstliches Schloss, Rheingoldhalle und Rathaus (20. Jh.).

Mainz, am Zusammenfluss von Rhein und Main hat 2000 Jahre Geschichte zu bieten. Angenehm für den Besucher: so groß die Stadt auch gewachsen ist, die meisten der vielen Sehenswürdigkeiten sind untereinander auf Fußwegweite entfernt. Man sollte Städte wenn möglich immer zu Fuß erkunden, nur so bekommt man das Gefühl für Atmosphäre und Dimensionen, und wenn eine Stadt wie das »Goldene Mainz« einem dabei entgegen kommt, um so besser. In der Literaturgeschichte hat Mainz seinen festen Platz. Am Anfang des gedruckten Wortes überhaupt stand ein Mainzer: Johannes Gutenberg. Aber auch die, die sich seiner Erfindung bedienten, sind zahlreich: Sophie La Roche lebte hier 1754 bis 1761, Goethe wurde Zeuge eines wichtigen Abschnitts der Stadtgeschichte, der Belagerung, Besetzung und Befreiung von Mainz im Jahre 1793. Carl Zuckmayer wurde ganz in der Nähe, in Nackenheim geboren, und Anna Seghers kam unter dem Namen Netty Reiling nahe des Bahnhofes zur Welt. Der in Düsseldorf geborene, und leider weitgehend vergessene rheinische Expressionist Carl Maria Weber dichtete Mainz eine Hymne, die die ideale Einstimmung für einen Besuch darstellt:

Carl Maria Weber (1890 – 1953)
Mainz

Du Goldgetürmte, Mittagüberstrahlte,
Mit Kuppeln sanft sich rundend reif und schwer!
Gläsern schwebt Stille überm Dächermeer –
Nicht wankt der Himmel: Windesfahne fahlte.

Moguntiacum! Klang, womit es prahlte,
Das Volk, das von des Südens Sonnen her
Brachte den Lorbeer, neben seinem Speer
ihn pflanzend – und gemessner, lockrer malte.

Der Siedlung Kranz an den geschweiften Strand. –
Dann bauten Kreuz und Krummstab ihre Vesten
Und Kaisers Name ging von hier ins Land.

So bist du, voll der Zeiten, hergesandt
In unwirklichen Raum. Doch deinen Gästen
Schmückst du dich noch mit sommerlichen Festen.

Seinen Namen verdankt Mainz der keltischen Urbevölkerung und ihrem Lichtgott Mogon. Im Jahre 38 vor Christus entstand hier der römische

In Mainz finden sich auch heute noch bei größeren Bauarbeiten immer wieder Reste römischer Bauwerke, die dann sorgfältig freigelegt werden – wie hier am Bahnhof.

Die Jupitersäule vor dem Landtag

Eingangstor des bischöflichen Gartens

Stützpunkt »Mogontiacum« gegen die Germanen, daraus entwickelte sich in der Folgezeit die Hauptstadt des römischen Obergermaniens. Später wurden die umliegenden Kohortenlager und Zivilsiedlungen zusammengelegt und, nach der Aufgabe des Limes, 297 mit einer Wehrmauer umschlossen, die vor den Germanenüberfällen schützen sollte. Noch heute ist diese Befestigungsanlage im Stadtbild präsent. Weitere, römische Spuren sind der Eichelstein auf dem Gebiet der Zitadelle, die beeindruckenden Römersteine und, in der Innenstadt, die Kopien der **Jupitersäule** vor dem Landtag und des **Dativius-Victor-Bogens** auf der anderen Seite der Großen Bleiche. In der Völkerwanderungszeit fast völlig zerstört, gewinnt Mainz erneut Bedeutung in der Zeit der Karolinger. Durch Bischof Bonifatius (746–754) ist Mainz Ausgangspunkt der Christianisierung der germanischen und slawischen Völker. Mainz wird Erzbistum und schon kurz darauf die größte Kirchenprovinz Deutschlands. Der Mainzer Bischofssitz erhält als einziger neben Rom die Bezeichnung sancta sedes (Heiliger Stuhl). Kein Wunder, dass die Rede vom »Goldenen Mainz« entsteht. Erzbischof Willigis (975–1011) wird Erzkanzler des deutschen Reiches, und krönt Heinrich II zum König. Ab dem 13. Jahrhundert ist der Mainzer Erzbischof auch Kurfürst. Aber auch eine blühende jüdische Gemeinde mit Rabbinerschule besteht hier. Ab 1244 ist Mainz freie Stadt und Mitglied des Rheinischen Städtebundes. Mit der Stiftsfehde 1462 endet die Unabhängigkeit der Stadt, Mainz wird zur Residenz. Rege Bautätigkeit und die Gründung der Universität im Jahre 1476 durch den Erzbischof Diether von Isenburg tragen zum Aufschwung bei. Nach der starken Verwüstung im Dreißigjährigen Krieg erhält Mainz unter dem bedeutenden Erzbischof Franz von Schönborn (1695–1729) und dessen Nachfolgern sein barockes Stadtbild. 1792 wird Mainz nach der Eroberung durch das französische Revolutionsheer für ein Jahr eine Jakobiner-Republik. In Folge der Napoleonischen Kriege endet die Epoche des Erzbistums, Mainz fällt 1816 an das Großherzogtum Hessen und wird Festungsstadt. Bischof Wilhelm Emmanuel von Ketteler (1850–1877) spielt eine wichtige Rolle im Hinblick auf die Sozialgesetzgebung. Nach dem Ersten Weltkrieg ist Mainz bis 1930 erneut von französischen Truppen besetzt, im Zweiten Weltkrieg wird es durch Luftangriffe stark zerstört.

Dativius-Victor-Bogen

Turm der ehemaligen Stadtbefestigung

Mainz wird zunächst amerikanische, später französische Besatzungszone. Dadurch verliert Mainz die rechtsrheinischen Stadtteile. 1946 wird die Johannes Gutenberg-Universität wieder eröffnet, 1950 wird Mainz (zum Ärger von Koblenz) Landeshauptstadt des neuen Bundeslandes Rheinland-Pfalz. Stadtgeschichte im Galopp, aber die einzelnen Phasen der Geschichte haben in Mainz Spuren hinterlassen, die zur ruhigeren Betrachtung und dem Nachspüren der Vergangenheit einladen.

Bedeutendstes Bauwerk der Stadt ist der gewaltige **Dom St. Martin und St. Stephan**. Es handelt sich um eine dreischiffige, gewölbte Pfeilerbasilika mit zwei Querschiffen, zwei Chören, zwei Vierungstürmen und mehreren Kapellen. Unter dem bedeutenden

Die Kirche St. Peter im Rokoko-Stil.

Erzbischof Willigis 975 begonnen, wurde er 1009 geweiht. Am selben Tag noch brannte er nieder und man baute ihn bis 1036 als flach gedeckte Basilika wieder auf. 1081 brannte er nochmals ab und wurde neu errichtet, erweitert und 1239 geweiht. 1767 geriet der Dom durch Blitzschlag abermals in Brand, sowie 1793 durch Beschuss. Danach dienten die Ruinen als Heumagazin und Pferdestall. Nach der Wiederherstellung 1804 blieb er, wie alle Dome, bis heute Baustelle. Der Ostchor ist St. Stephan geweiht, der Westchor St. Martin. Die bronzenen Türflügel des Marktportals stammen noch aus der Zeit des Willigis. In der Krypta unter dem Westchor befindet sich seit 1928 die Grablege der Bischöfe. Im gesamten Dom sind 45 Bischöfe und Erzbischöfe beigesetzt, ihre Grabmäler bilden eine einmalige Portraitgalerie über 1000 Jahre hinweg. Eine Szene des Romans »Das siebte Kreuz« von Anna Seghers spielt im nächtlichen Dom. Die Wandgemälde stammen vom Nazarener Philipp Veit, bemerkenswert sind ansonsten der Marienaltar von 1510 in der Ketteler-Kapelle und der sehenswerte Kreuzgang von 1499 mit angeschlossenem Diözesanmuseum, die Gotthard-Kapelle von 1137 mit staufischem Kreuz und vieles, vieles mehr.

Die Kirche **St. Stephan** liegt in der Kleinen Weißgasse auf dem Ste-

Museum für Antike Schifffahrt

Museumshalle mit Schiffsnachbauten

phansberg, einen vielleicht zwanzigminütigen Spaziergang vom Dom entfernt. (Bestens ausgeschildert, wie überhaupt die Mainzer Sehenswürdigkeiten). Um 990 begründet, zwischen 1290 und 1338 erbaut, 1857 schwer beschädigt und schlichter wieder errichtet, beruht ihre Einmaligkeit aber auf den neun Fenstern, die Marc Chagall ab 1978 für den Ostchor und das Querhaus schuf. Die Fenster der Seitenschiffe schuf sein Mitarbeiter Charles Marq. Man darf über so viel Schönheit aber nicht vergessen, den herrlichen, spätgotischen Kreuzgang von 1461/99 zu bestaunen. Er enthält neben der enormen Vielfalt der Maßwerk-Ornamente interessante Grabplatten der ehemaligen Stiftsherren.

Mainz hält so viele Kirchen bereit, dass der Platz nicht ausreicht, sie alle zu beschreiben. Die **Augustinerkirche** wurde ab 1768 von bayrischen Handwerkern ausgestattet, so erklärt sich die barocke Wucht. **St. Peter** wiederum strahlt in reinstem Rokoko, **St. Ignaz** schon im Klassizismus. **St. Johannis** ist die wohl älteste Kirche der Stadt, eine karolingische Basilika, im 14. Jahrhundert erweitert. Seit 1828 ist sie evangelisch. **St. Antonius** hat gotische Deckengemälde zu bieten, die evangelische **Christuskirche** eine 80 Meter hohe, kupfergedeckte Kuppel.

Auch **Museen** gibt es zahlreiche, wie das schon erwähnte **Dom- und Diözesan-Museum** im Kreuzgang des Doms, in dem der Kirchenschatz ausgestellt ist, das **Römisch-Germanische Zentralmuseum** im **Schloss**, mit Funden aus Frühgeschichte und römi-

Das Gutenberg-Museum widmet sich der Kunst des Buchdrucks. Rechts: Gutenberg.

scher Zeit, das **Mittelrheinische Landesmuseum** und das **Gutenberg-Museum**, das ganz der Buchdruckkunst und dem großen Sohn der Stadt mit seiner Erfindung der beweglichen Lettern gewidmet ist. Präsentiert werden die Gutenberg-Werkstatt, die 42-zeilige Gutenberg-Bibel, Handschriften, Frühdrucke, Schriftgeschichte, Buchkunst der Gegenwart, graphische

Das Mittelrheinische Landesmuseum.

Bummel durch die Straßen der Altstadt. Im Hintergrund erhebt sich der Dom über die Dächer von Mainz.

Techniken, Druckmaschinen, Bucheinbände und Papiergeschichte, sowie Live-Vorführungen. Im **Museum für Antike Schifffahrt** sind die legendären Schiffsfunde aus römischer Zeit und deren Nachbauten zu besichtigen. Für Sektfreunde lockt das **Kupferberg-Museum** mit einer großen Sammlung von Sekt- und Champagnergläsern und dem Traubensaal von der Pariser Weltausstellung 1900 in fulminantem Jugendstil.

Wer einen Einkaufsbummel bevorzugt, sollte durch die malerische **Altstadt** spazieren und die pittoresken **Fachwerkhäuser** bewundern. Die »historische Meile« (rund um die Augustinerstraße) mit ihren verwinkelten Gässchen, mittelalterlichen Plätzen und Brunnen und der Mainzer Markt um den Dom sind sehens- und erlebenswert. Zahlreiche, große **Adelshöfe** des 17. und 18. Jahrhunderts runden das Bild ab, darunter der Stadioner Hof, Wohnort Sophie La Roches.

Am Ende der Großen Bleiche zum Rhein hin konzentrierte und konzentriert sich die Macht: Das **Deutschhaus**

Verzierte Fassaden erwarten den Besucher in den Straßen der Altstadt rings um den Dom.

enthält heute den **Landtag**, daneben die **Staatskanzlei**, auf der anderen Seite das **Kurfürstliche Schloss**. Ein Spaziergang die Rheinpromenade flussauf führt vorbei an der **Rheingoldhalle** und dem **Rathaus**, dem »Fuchsbau«, benannt nach dem kürzlich verstorbenen, langjährigen OB Jockel Fuchs. Bei den Gittern vor den Fenstern fragt man sich unwillkürlich, ob die Politiker nicht hinaus oder das Volk nicht hinein soll. Aber zumindest letzteres kann nicht sein, denn im Inneren stehen Tagungs- und Ausstellungsräume zur Verfügung. Hier ist im Brückenturm auch die Tourist-Information untergebracht. Folgt man dem Ufer weiter, gelangt man zur **Malakoff-Terrasse** mit dem ehemaligen **Fort**.

Mainz bietet unzählige Opern-, Kabarett- und Schauspielaufführungen. Ob »Unterhaus«-Bühne, Rheingoldhalle oder Frankfurter Hof – Kultur wird in Mainz groß geschrieben. Aber Mainz ist auch Medien-Stadt mit zwei Tageszeitungen, dem ZDF und den Studios von Südwestrundfunk Radio und Fernsehen, sowie den Privatsendern RPR und SAT 1.

Und die Gastronomie ist bekannt vielseitig. Ein persönlicher Tipp: Das ehemalige Heilig-Geist-Spital in der Mailandsgasse beim Rathaus stammt von 1232, und drin kann man sich im Ambiente des 13. Jahrhunderts leiblichen Genüssen widmen.

Informationen zu all dem, und vor allem zu dem, was hier zu kurz kam, gibt es beim:

Verkehrsverein Mainz e.V., Touristik Centrale, Brückenturm am Rathaus
55116 Mainz

Das Landtagsgebäude, dahinter die Staatskanzlei.

Das Staatstheater

Telefon: 06131/286210
Fax: 06131/2862155
E-Mail: tourist@info-mainz.de
Homepage: www.info-mainz.de

Tipp: Wenn man einmal in Mainz ist, sollte man auch einen Tag für einen Ausflug über die Rheinbrücke in die hessische Landeshauptstadt Wiesbaden einplanen, die ebenfalls viel Sehenswertes zu bieten hat.

Blick vom Schloss Johannisberg über Geisenheim.

Der Rheingau

Auf einen Blick: Walluf: Adelshöfe (18. Jh.), Pfarrkirche St. Johannis, St.-Martins-Kirche. Eltville: Fachwerkbauten (15. –20. Jh.), Kurfürstliche Burg (14.–17. Jh.), Pfarrkirche St. Peter und Paul (14. Jh.), Adelshöfe. Erbach: Pfarrkirche St. Markus (15.-18. Jh.), Schloss Reinhartshausen (19. Jh.). Hattenheim: Fachwerkhäuser und Adelshöfe, Pfarrkirche St. Vincent. Kiedrich: Ruine Scharfenstein (13. Jh.), Renaissance Rathaus, Hof der Ritter zu Groenensteyn, Höfe (16. bis 19. Jh.), Pfarrkirche St. Dionysius und Valentinus mit Michaelskapelle und Friedhof. Kloster Eberbach (12. –18. Jh.). Oestrich-Winkel: Fachwerkhäuser, Rheinkran, Pfarrkirche St. Martin, Schloss Reichartshausen. Mittelheim: Basilika St. Aegidius (12. Jh.), Winkel: Graues Haus (9./12. Jh.), Pfarrkirche St. Walpurgis, Schloss Vollrads (14. Jh.), Brentano-Haus. Geisenheim: Stockheimer Hof, Rheingauer Dom, Schloss Johannisberg.

Wo die Südhänge des Taunus zum Rhein ein fruchtbares, altes Kulturland bilden, liegt zwischen Wiesbaden und dem Binger Loch der Rheingau mit einer Kette reizvoller Dörfer und Städte.

Walluf

Rechts des Rheins und am Stadtrand von Wiesbaden gelegen, entstand der Wein- und Fremdenverkehrsort aus den Gemeinden Ober- und Niederwalluf. Zwischen beiden Orten befand sich früher eine besondere Form der Befestigungsanlage, das »Gebück«, ein 50 Schritt breites Waldgebüsch aus Unterholz, das Angreifer abhalten sollte und konnte, da es für das Durchkommen von Reiter und Pferd zu dicht war.

Namensgebend war der Bach Walluf, an dessen Ufer Niederwalluf entstand, erstmals erwähnt 770. Dort gibt es nicht nur berühmte Rosen- und Staudengärtnereien, sondern auch einige sehenswerte **Adelshöfe** des 18. Jahrhunderts, die gotische **Pfarrkirche St. Johannis**, Teile einer **Talburg** aus dem 9. Jahrhundert und Ausgrabungen aus dem 5.–8. Jahrhundert.

In Oberwalluf sollte man die **St.-Martins-Kirche** besichtigen, in der das Bußgewand der heiligen Elisabeth

Walluf besitzt einen Yachthafen. Zweimal im Jahr findet hier eine Segelregatta statt.

Die Pfarrkirche St. Johannis in Walluf.

von Thüringen (bis 1803 in Kloster Tiefenthal aufgehoben) zu sehen ist. Infos unter Verkehrs- & Gewerbeverein Walluf e.V., Marktstr., 65396 Walluf Telefon: 06123/971161.

Eltville

Die älteste Stadt im Rheingau, »Stadt des Weines und der Rosen« genannt, liegt wohltuend abseits von Bundesstraße und Bahnlinie direkt und ruhig am Rhein. Ein Glück, denn eigentlich sollte es anders kommen. Gegenüber erstreckt sich die Rheininsel Eltviller Aue.

Unter dem Namen »Alta villa« römischen Ursprungs, wurde sie fränkische Siedlung und Sitz eines Königshofes. 1330 begann Balduin von Trier an dessen Standort mit der Errichtung einer Burg. Eltville erhielt 1332 von Kaiser Ludwig von Bayern die Stadtrechte, die Burg wurde nach Balduins Tod 1348 bevorzugte Sommerresidenz der Mainzer Kurfürsten. Am 17. Januar 1465 ernannte Erzbischof und Kurfürst Adolf II. von Nassau hier Johannes Gutenberg zum Hofedelmann und gewährte ihm eine Leibrente. Das hieß, Kleidung, Steuerfreiheit und jährlich zwanzig Malter Korn (entspricht 2180 Litern) und zwei Fuder Wein, ebenfalls gut 2000 Liter. Davon ließ es sich durchaus leben, leider konnte Gutenberg diese Privilegien nur noch drei Jahre genießen. Durch den Druck des »Vocabularius ex quo«, eines auch für arme Studenten erschwinglichen deutsch-lateinischen Wörterbuches ab 1467, wurde Eltville zu einer der ältesten Druckstätten Europas. 1631 besetzten die Schweden die Stadt und zerstörten beim Abmarsch 1636 die Burg bis auf den Turm. Die Ruine wurde nach 1683 zwar teilweise wieder errichtet, geriet aber schon 1793 in die

Hof mit Fachwerkbauten, typisch für Eltville.

Besonders schön sind die Malereien am Fachwerk des Gasthofs »Zum Krug«.

Viele Fachwerkbauten in Eltville entstanden, so wie dieser, um 1600.

Schusslinie der Franzosen. Bis 1803 gehörte die Stadt zum Besitz der Kurfürsten zu Mainz.
Sehenswert ist in Eltville vieles. In den verwinkelten, mittelalterlich anmutenden Gassen der Altstadt begegnet man auf Schritt und Tritt reizvollen **Fachwerkbauten**. Sie bieten einen hervorragenden Einblick in rund 400 Jahre Baugeschichte, von der Gotik bis zur Gründerzeit. Die meisten Eltviller Fachwerkhäuser entstammen der Zeit zwischen 1550 und 1850. Eine solche Vielfalt an Details, Formen und Stilarten ist auf so engem Raum wohl einmalig. Die **Kurfürstliche Burg** aus dem 14. Jahrhundert mit ihrem weithin sichtbaren, vierstöckigen Wohnturm beherbergt heute ein Gutenbergmuseum und kostbare Frühdrucke aus der Werkstatt der Druckerfamilie Bechtermünz. Verlies und Wehrplatte sowie gotische Kamine und Wandmalereien haben die vielfältigen Zerstörungen überstanden. Von den Wehranlagen der Stadt sind noch das **Martinstor** und der **Sebastiansturm** übrig. Die **Pfarrkirche St. Peter und Paul**, 1353–1434 über einer früheren romanischen Kirche errichtet, wird mit Recht als »Schatzkammer spätgotischer Kunst am Mittelrhein« bezeichnet. Sie enthält neben einer großen Anzahl interessanter Grabdenkmäler ein herrliches Fresko des 15. Jahrhunderts, das Jüngste Gericht darstellend und weitere Ausmalungen und Heiligendarstellungen des 16. Jahrhunderts. Zur reichen Ausstattung gehören zwei Madonnen auf der Mondsichel, ein Triumphbogenkruzifixus und als besondere Sehenswürdigkeiten der Taufstein von 1517

Wohnturm der Kurfürstlichen Burg

Bildstock mit Wappen derer von Eltz am Eltzer Hof

aus der Werkstatt des Hans Backoffen zu Mainz, sowie eine wohl ebenfalls dort entstandene Ölberggruppe von 1520. Der Willigisstein in der Marienkapelle erinnert an den großen Mainzer Bischof, der sein Amt von 975 bis 1011 bekleidete. Zahlreiche **Adelshöfe** prägen zusätzlich das Stadtbild, bespielsweise der **Langwerther Hof**, ein Ensemble mit dem **Lichtensternchen Hof** und dem **Stockheimer Hof**, Geburtshaus der Freiin Langwerth vom Stein, Mutter des Freiherrn vom Stein. Der **Hof Bechtermünz** mit seiner Renaissancearchitektur enthielt seit Gutenbergs Zeit die Druckerei der Gebrüder Bechtermünz. Der **Eltzer Hof** stammt aus dem 16. Jahrhundert, die **Burg Crass** aus dem 15., sie präsentiert sich aber im neugotischen Gewand.
Sehenswert sind im Ortsteil **Erbach** die katholische Pfarrkirche **St. Markus** (15. bis 18. Jahrhundert). Am Ortseingang liegt **Schloss Reinhartshausen** aus dem 19. Jahrhundert, die Mariannen-Aue mit ihren Stein- und Edelobstpflanzungen und der **Markobrunnen** von 1810, das Wahrzeichen der gleichnamigen, berühmten Weinlage und, natürlich, ein **Fachwerkensemble** am Marktplatz.
Hattenheim bietet ebenfalls ein Ortsbild voller herrlichster **Fachwerkhäuser** und **Adelshöfe.** Besonderheit hier sind die teils in Sgraffitotechnik bemalten Häuser. Reste einer **Talburg** aus karolingischer Zeit und die Pfarrkirche St. Vincent sollte man ebenfalls nicht versäumen. Wem das noch nicht genügt an Fachwerkschätzen (und wie könnte es, bei der Schönheit), der findet im eng bebauten Stadtteil **Martinsthal**, der auch eine ehemalige Station der Dampfstraßenbahn von 1895 zu bieten hat und in **Rauenthal** reizvollste, weitere Beispiele.
Angeboten werden Gruppenführungen, Weinbergswanderungen, Weinproben, Kutschfahrten, Schifffahrten und vieles mehr. Näheres dazu beim Kultur & Gästeamt, Schmittstr. 2, 65343 Eltville am Rhein.
Telefon: 06123/9098–0,
Fax: 06123/9098–90,
E-Mail: touristik@eltville.de
Homepage: www.eltville.de.

Kein Umweg, sondern ein Muss ist ein Besuch in **Kiedrich**. Inmitten von Weinbergen gelegen, wird es vom Bergfried der **Ruine Scharfenstein** überragt, Anfang des 13. Jahrhunderts von den Mainzer Erzbischöfen errichtet.

Das prächtige **Renaissance Rathaus** und der barocke **Hof der Ritter zu Groenensteyn**, sowie große **Höfe** des 16. bis 19. Jahrhunderts schaffen eine ungemein reizvolle Atmosphäre. Höhepunkt des Ortes aber ist **die Pfarrkirche St. Dionysius und Valentinus**. Zuerst sollte man sich den malerischen Friedhof betrachten, ein wirklich friedlicher Hof, und mit den umgebenden Bauten ein einmaliges Ensemble jenseits der Zeit. Diesem Eindruck verdankt die Kirche ihre heutige, also damalige Gestalt. Ein von der Rheinromantik angelockter Engländer, John Sutton, blieb 1857 hier hängen und finanzierte bis zu seinem Tod 1873 die Restaurierung und den Rückbau der spätgotischen Kirche. Unter Einbeziehung des mittelalterlichen Altarraumes wurde sie im 14. und 15. Jahrhundert errichtet. Aus dieser Zeit stammt auch noch die Orgel und ist somit eine der ältesten noch spielbaren. Schon das herrliche Westportal von 1420 lässt ahnen, welche Schätze der Bau birgt. Neben der reizvollen Architektur sind es die Rankenmalerei der Gewölbe, die Ausmalung des 19. Jahrhunderts von Franz August Martin, der (rekonstruierte) Lettner, die herrliche Kanzel, das farbig gefasste Originalgestühl von 1510 und das gleichaltrige Chorgestühl, besonders aber die vielfältigen Altäre und Skulpturen. Berühmt ist die »Kiedricher Madonna« von 1330. Besonderheit: hier pflegt man mit der Kiedricher Choralschule eine besondere, gotische Abart der Gregorianik. Die **Michaelskapelle** mit Beinhaus am Friedhof stammt aus dem Jahre 1440.

Weithin sichtbar überragt die Pfarrkirche St. Dionysius und Valentinus den Ort Kiedrich.

Kloster Eberbach ist ein schönes Beispiel für den schlichten, harmonischen Stil der Zisterzienser.

Kreuzgang mit historischen Weinkeltern

Der Rheinkran von 1745

Kloster Eberbach wurde 1116 gegründet, seit 1135 wurde es (Himmerod vergleichbar) als Tochterkloster von Clairvaux von Zisterziensern bewohnt. Weinbau und Weinhandel florierten danach, was immer wieder zu Plünderungen führte. Besonders im Dreißigjährigen Krieg wurde viel vernichtet, die Bibliothek verstreut, die Mönche vertrieben. Aber sie kehrten zurück, bis die Säkularisation abermals schwere Lücken schlug. Dennoch, das Ensemble beeindruckt bis heute. Besonders die **Kirche**, 1145 bis 1186 erbaut, wirkt gerade durch das Fehlen allen Schmuckes. Die sprichwörtliche zisterziensische Strenge tritt so ungeschmälert hervor und schafft einen überwältigenden, spirituellen Raum. Erhalten haben sich zahlreiche interessante Grabplatten aus fünf Jahrhunderten, auch von der Grablege der Grafen von Katzenelnbogen. Die gotischen Seitenkapellen, der nur in Teilen erhaltene Kreuzgang, die Wohnräume der Mönche, das Hospital aus dem frühen 13. Jahrhundert und der Bibliotheksbau von 1500 mit den diversen An- und Umbauten – dem Eindruck dieses Ortes kann man sich nicht entziehen. Regelmäßig stattfindende Konzerte sind ein weiteres Glanzlicht.

Oestrich-Winkel

Die für ihre Rieslingweine bekannte, größte Weinbaugemeinde im Rheingau besteht aus den Ortsteilen Oestrich, Mittelheim und Winkel und liegt an der breitesten Stelle des Mittelrheins, gleichzeitig eine der regenärmsten im Land.

Der Ortsteil **Oestrich** hat neben schönen **Fachwerkhäusern** den **Rheinkran** von 1745 zu bieten. Die **Pfarrkirche St. Martin** stammt in ihren Anfängen aus dem 10. Jahrhundert. Der Turm entstammt dem 12., das Schiff dem Jahre 1508, Ende des 19. Jahrhunderts renoviert. Die dreischiffige Hallenkirche enthält ein Heiliges Grab von 1440, wenige Ausstattungsstücke des 16. und 18. Jahrhunderts, der Rest ist neugotisch. **Schloss Reichartshausen** mit schönem Park und Klosterkeller aus dem 12. Jahrhundert wurde als Hauptkellerei des Klosters Eberbach genutzt, die Gebäude stammen in ihrer heutigen Form aus dem 18. Jahrhundert, die künstliche Ruine kam 1894 dazu.

In **Mittelheim** ist das Sehenswerteste die **Basilika St. Aegidius**, erbaut bis 1170 und fast unverändert erhalten. Sie enthält eine herausragende Kanzel von 1511.

Winkel beherbergt mit dem **»Grauen Haus«** das vermutlich älteste bewohnbare Steinhaus Deutschlands, entstanden im 9. Jahrhundert (oder im 12., aber selbst dann ...). Die **Pfarrkirche St. Walpurgis** hat ebenfalls ihre Wurzeln in dieser Zeit als Wirkungsstätte des Mainzer Erzbischofs Rhabanus Maurus. An ihn erinnert ein Denkmal vor der Kirche. Von dem Bau des 12. Jahrhunderts überlebte der Glockenturm, der Rest bewegt sich zwischen Spätgotik und Barock. Er enthält die Grablege der Herren von Greiffenclau, Besitzer von **Schloss Vollrads** mit dem markanten Wohnturm aus dem frühen 14. Jahrhundert, Schlosshof und Gärten. Das Schloss, 1680 erbaut, ist inzwischen ein berühmtes Weingut, im Namen Matuschka-Greiffenclau lebt die Tradition fort, ein Gutsausschank ist vorhanden. Bettina von Brentanos Wohnsitz, das **Brentano-Haus**, hat heute die Adresse Am Lindenplatz 2. Erbaut 1751, wurde es von den Brentanos 1804 erworben, und bietet (nach Anmeldung) allerlei Zeitko-

Schloss Vollrads ist heute ein berühmtes Weingut.

Der sogenannte Pfefferzoll mit dem markanten Erker gehört zu den bekannten Fachwerkhäusern in Geisenheim.

Das historische Schloss Schönborn.

lorit. Möbel, Gemälde, die Bibliothek, es scheint, als ob die illustren Gäste wie Bruder Clemens, die Gebrüder Grimm, Wieland, Savigny oder Beethoven kurz fort gegangen wären. Goethe war natürlich auch zu Gast, ihm ist ein ganzes Zimmer gewidmet und Caroline von Günderode, die sich hier in Winkel am 26.07.1806 im Rhein das Leben nahm und auf dem **Friedhof** im Ort beigesetzt ist.

Voranmeldungen sind nötig, aber unter Telefon 06723/2068 oder Fax 06723/87792 kein Problem.

Sportliche Möglichkeiten wie Minigolf, Rudern und Paddeln bestehen. Zum Rudern existiert eine Regattastrecke.

Info Adresse: Tourist-Information
An der Basilika 11 a
65375 Oestrich-Winkel
Telefon: 06723/19433
E-Mail: info@oestrich-winkel.de
Homepage: www.oestrich-winkel.de

Geisenheim

wurde 772 erstmals urkundlich erwähnt und ist somit der früheste bekannte Ort des Rheingaus. Zu ihm gehören die Stadtteile Johannisberg und Marienthal. Seinen Zweitnamen »Lindenstadt« erhielt Geisenheim von der uralten Tanz- und Gerichtslinde, deren Doppelkrone noch heute vor dem Rathaus aufragt und die schon 1585 schriftlich genannt wurde.

Sehenswert ist das **Schloss der Grafen Schönborn**, auch **Stockheimer Hof**, einst ein Lieblingsplatz des Mainzer Kurfürsten Johann Philipp von Schönborn, der Leibniz, den großen Mathematiker, hierher einlud. 1550 erbaut, enthält es noch Täfelungen und Türen

des 17. Jahrhunderts. 1647 fanden in Schloss Schönborn Vorverhandlungen zur Beendigung des Dreißigjährigen Krieges statt.
Ein markantes Monument ist der **»Rheingauer Dom«**, schon 1146 in Urkunden genannt, 1500–1520 neu errichtet und 1836–1838 von Philipp Hoffmann in der heutigen Form gestaltet. (Von ihm stammt auch der Neubau des oberhalb gelegenen Klosters Marienthal.) Die Hallenkirche enthält schöne Netzgewölbe und Altäre, Chor und Kanzel wurden um 1750 gefertigt. Weiterhin sind noch die »Muttergottes auf der Mondsichel« aus dem 17. Jahrhundert und der Dreikönigsaltar von 1480 erwähnenswert sowie die Altartafel, wohl eines Mainzer Meisters, um 1500 geschaffen.
Adelssitze und Parks des 16. bis 18. Jahrhunderts prägen das Ortsbild. 1872 wurde hier die »Forschungsanstalt und Fachhochschule für Wein-, Obst- und Gartenbau« gegründet.
Im Stadtteil **Johannisberg** liegt das gleichnamige **Schloss**, von dem man eine schöne Aussicht auf die Umgebung hat.
1106 gründete Erzbischof Ruthard von Mainz hier ein Kloster, welches 1132 zu einer Benediktinerabtei wurde. 1563 wurde es aus Geldmangel aufgehoben und 1716 an die Abtei Fulda verkauft. Diese erbaute 1725 das Schloss, das während der Säkularisation 1802 an Nassau-Oranien überging und 1805 von Napoleon an den Marschall Kellermann, Duc de Valmy, verschenkt wurde. Friedrich Wilhelm III. von Preußen wollte es 1814 Blücher vermachen, doch der

Der Rheingauer Dom am Bischof-Blum-Platz.

Die Ortseingangstafel von Johannisberg.

Blick auf Schloss Johannisberg. Im Vordergrund ein Bildstock von 1746.

Die idyllische Brücke über den Blaubach in Geisenheim

Kaiser von Österreich kam ihm zuvor und schenkte es 1816 Fürst Metternich als Lehen, heute befindet es sich im Besitz der Nachkommen Metternichs. Wie man liest, geht der »Zehnt« noch immer an das Haus Habsburg. 1942 zerstört, entstand es ab 1954 in heutiger Form wieder. Die modern umgestaltete **Kirche St. Johannes der Täufer** enthält noch ein paar Zeugen der großen Vergangenheit.

Die **Geisenheimer Linde** am Marktplatz ist etwa 700 Jahre alt. Hier trafen im Mittelalter Gemeinden und Schöffen zu Rats- und Gerichtsversammlungen.

Heute findet unter ihrer Krone alljährlich ein traditionelles Lindenfest statt. Gegenüber befindet sich das 1856 errichtete **Rathaus** mit repräsentativer Freitreppe und halboffener Bogen-

halle. Die nicht gerade unbekannte Weinhändlerfamilie Mumm erbaute sich Anfang des 19. Jahrhunderts in Geisenheim eine Villa und ist auch für eine weitere, künstliche Ruine verantwortlich: **Burg Schwarzenstein** entstand 1874.
Infos: Städtisches Verkehrsamt
Rüdesheimer Str. 48
65366 Geisenheim.
Telefon: 06722/7010
Fax: 06722/701120
Homepage: www.geisenheim.de

Das ist natürlich nicht alles, was diese Region an schönen und interessanten Orten und Landschaften bereit hält. Ein Blick auf die Karte genügt, um zu sehen, dass sich hier eine Menge lohnender Ziele findet. **Hallgarten** mit seiner Kirche und der wunderschönen »Madonna mit der Scherbe«, Ausflüge in die abwechslungsreiche Landschaft des **Taunus** mit ihren Burgen und Städten, das **Rheingau Musik Festival**, hier gibt es viel zu entdecken.
Ausführliche Informationen finden sich unter www.rheingau-taunus-info.de

Das Rheingau Musik Festival lockt jedes Jahr viele Zuschauer an.

Telefon: 06723/995599
Fax: 06723/995555.
Hier gibt es alles, was das wissbegierige Touristenherz begehrt.

Übernachtungs-Tipp:
Ferienwohnung Edith Rischer, Hubertusweg 1
65366 Geisenheim-Marienthal
Telefon 06722/972481, Fax 06722/972482

Denkmal des Kartographen Sebastian Münster vor der Remigius Kirche.

Ingelheim

Auf einen Blick: Reste der Kaiserpfalz mit Museum, Saalkirche St. Peter (8./ 20. Jh.) und »aula regia«, staufische Mauern, Pfarrkirche St. Remigius (13./18. Jh.), Burgkirche mit Wehrkirchhof (15. Jh.), Pfarrkirche St. Michael (18. Jh.).

Ingelheim bietet eine Kombination, die schwer zu schlagen ist: Rotwein, Obst und Spargel gepaart mit 2000 Jahren Geschichte. Allerlei Köstliches also für Auge und Gaumen, gute Gründe für einen Besuch. Dabei entstand Ingelheim selbst erst im Jahre 1939 aus den ehemals selbständigen Gemeinden Ober-Ingelheim, Nieder-Ingelheim mit Sporkenheim und Frei-Weinheim, Großwinternheim wurde 1972 eingemeindet, seit 1996 ist Ingelheim Kreisstadt des Landkreis Mainz-Bingen.
Ingelheim weist kontinuierliche Besiedelung seit der Altsteinzeit auf, was sicherlich zu einem nicht geringen Teil am milden Klima und an der fruchtbaren Beschaffenheit der Böden liegt. Nach den Kelten kamen die Römer. Zahlreiche Funde aus dieser Zeit bezeugen eine lebhafte Besiedlung, zahlreiche Straßen schnitten sich auf dem heutigen Stadtgebiet. Die Völkerwanderung brachte eine fränkische Besiedelung und führte zur Gründung der meisten heutigen Stadtteile. Aber erst durch den Bau der Kaiserpfalz

"Aula regia" - Mauerreste des karolingischen Reichsaales.

Mauern der Wehranlage um die Burgkirche

unter Karl dem Großen 788 errang Ingelheim größere Bedeutung. 807 erwähnt eine Urkunde den »palatium ingelinheim«. Im Jahre 948 tagte in der Remigiuskirche die Reichssynode in Gegenwart Ottos des Großen und des Königs Ludwig IV. von Frankreich. Nach der erzwungenen Abdankung Heinrichs IV. auf dem Ingelheimer

Ober-Ingelheim bietet dem Besucher große Strecken gut erhaltener Stadtbefestigung mit Toren und Wehrgängen.

Fürstentag von 1105 verlor die Kaiserpfalz immer mehr an Bedeutung, wurde unter Friedrich Barbarossa eher zum Denkmal ausgebaut, bis sie schließlich 1375 von Kaiser Karl IV. an Kurpfalz verpfändet wurde. 1402 wurde das Gebiet der Kaiserpfalz zur Besiedlung freigegeben, bebaut und als willkommener Steinbruch genutzt. Noch einmal, im Jahre 1488, geschah geschichtlich Bedeutendes: Sebastian Münster, Theologe, Geograph und Historiker kam in Nieder-Ingelheim zur Welt.

Ober-Ingelheim hingegen wuchs im Mittelalter, die Burgkirche mit ihrer doppelten Wehrmauer, die Stadtmauer mit ihren Toren und Wehrtürmen und bedeutende Adelshöfe beweisen das bis heute. Im 14. und 15. Jahrhundert war der »Ingelheimer Oberhof« kaiserliches Berufungsgericht. 1802–1814 war Ingelheim unter französischer Herrschaft, Ober-Ingelheim wurde Kantonshauptort des Departements Mont Tonnere. 1816 fiel der Ingelheimer Grund an das Großherzogtum Hessen-Darmstadt. Das Jahr 1885 brachte mit Gründung der Chemie-Fabrik C. H. Boehringer und Sohn die Basis der bis heute bestimmenden Industrialisierung. Nach dem Ersten Weltkrieg war von 1918–1930 wieder eine Französische Besatzung in Ingelheim, 1938 wurde in der Reichspogromnacht die Synagoge in Ober-Ingelheim zerstört, es folgte die Deportation der jüdischen Bevölkerung. Im März 1945 von amerikanischen Truppen befreit, wurde Ingelheim Teil der französischen Besatzungszone, seit 1947 gehört es zu Rheinland-Pfalz.

Die Saalkirche von 997.

So kann man sich die alte Situation leichter vorstellen: Im bräunlichen Straßenpflaster wurden mit grauen Pflastersteinen die Grundmauern der ehemaligen Kaiserpfalz nachempfunden.

Sehenswert und hervorragend aufbereitet sind die erhaltenen Reste der **Kaiserpfalz**: Teile einer römischen Wasserleitung, eines karolingischen Bades und der **Saalkirche**, 997 als Pfalzkapelle St. Peter erstmals genannt, heute evangelische Pfarrkirche. Chor und ornamentaler und figürlicher Schmuck stammen aus Barbarossas Zeit, ein spätgotisches Relief stellt Karl den Großen mit Heiligenschein dar. Reste des karolingischen Reichssaales **aula regia** oder aula palatina und der äußere Ring der stauffischen Mauern mit Eckturm »Bolander« und »Heidesheimer Tor« sind ebenfalls erhalten. Die heute barocke **Pfarrkirche St. Remigius**, die ab 1739 errichtet wurde, hat noch den romanischen Turm von 1230 bewahrt. Ein überschaubares Bild der Vergangenheit vermittelt das **Museum** bei der Kaiserpfalz – Rathausplatz 5, 55218 Ingelheim, Tel.: 06132/1374 – in dem Funde

Von der Aussichtsplattform bietet sich ein ein guter Überblick über die »aula regia« und die ganze Kaiserpfalz.

aus karolingischer Zeit und ein Modell der Kaiserpfalz präsentiert werden.

Altes Rathaus von Ober-Ingelheim

Ober-Ingelheim (Ingelheim-Süd) vermittelt noch einen guten Eindruck von seinem mittelalterlichen Ortsbild und der Befestigung. Besonders die heutige evangelische Pfarrkirche, die **Burgkirche**, mit ihrem doppelten Mauerring des Wehrkirchhofes, der als Fluchtburg diente und dem Kirchturm aus dem 12. Jahrhundert ist ein spektakulärer Anblick. Erst nach 1400 entstand der Chor. Sehenswert im Inneren sind besonders die Grabdenkmäler des Hans von Ingelheim (gest. 1480) und des Wilhelm von Ochenheim (gest. 1465) und die Rankenmalerei der Gewölbe. Wenige Schritte entfernt zeugt der Geismarsche Hof von den einst vielen, prächtigen Adelshöfen. Auch ein Besuch der katholischen **Pfarrkirche St. Michael** aus dem frühen 18. Jahrhundert lohnt.

In Ingelheim bestehen Bademöglichkeiten in Hallenfreibad und Rheinstrandbad. Minigolf, Tennis, Paddeln, Rudern, Angeln, Segeln und Reiten runden den sportlichen Teil ab. Aber Ingelheim hat auch seinen weltberühmten Ingelheimer Spätburgunder, der auf einer Rebanbaufläche von 260 ha angebaut wird. Die Anbaufläche für Weißwein beträgt

Burgkirche

Malakoffturm

Wehrturm in Ober-Ingelheim

Altes Rathaus in Nieder-Ingelheim

noch einmal 400 ha. Dazu kommen 2.000 ha für Obst und 120 ha für Spargel. Es muss also durchaus nicht nur die Geschichte oder Sport sein, was in und an Ingelheim fasziniert. Die Umgebung bietet sich an zu reizvollen Ausflügen, zum Beispiel nach Gau-Algesheim.

Info Adresse: Touristinformation
Neuer Markt 1, 55218 Ingelheim
Tel.: 0613/782216 oder 782138
Fax: 06132/782134 , E-Mail:
stadtinformation@ingelheim.de
Homepage: www.ingelheim.de

Bekannt ist Ingelheim auch durch seinen Anbau von Obst und Gemüse. Auf den Gemüsemärkten findet man deshalb auch immer eine besonders reiche Auswahl frischer Obst- und Gemüsesorten.

Reste des Stadtbefestigung finden sich beim ehemaligen Elektrizitätswerk in Ober-Ingelheim.

Oberhalb von Rüdesheim steht das bekannte Niederwald Denkmal. Von hier genießt man einen wunderbaren Ausblick über das Rheintal.

⇒ Rüdesheim liegt rechts des Rheins gegenüber von Bingen.

Rüdesheim, Burg Ehrenfels und Assmannshausen

Auf einen Blick: Adlerturm (15. Jh.), Pfarrkirche St. Jakobus (urspr. 14. Jh.), Adelshöfe, Brömserhof (16. Jh.), Drosselgasse, Oberburg/ Boosenburg (9. Jh.), Niederburg/ Brömserburg (10. Jh.), Niederwalddenkmal (19. Jh.), Jagdschloss Niederwald (18./20. Jh.), Pfarr- und Wallfahrtskirche St. Hildegard und Abtei St. Hildegard (20. Jh.), Ruine Ehrenfels, Weinort Assmannshausen, Pfarrkirche »Zur Kreuzerhöhung« (Ende 15. Jh.).

Rüdesheim gehört zu den international bekanntesten Orten am Rhein. Die berühmte Drosselgasse ist ein fester Programmpunkt auf den Tourplänen in jeder erdenklichen Sprache, aber natürlich ist sie nur eine der vielen Sehenswürdigkeiten dieser uralten und malerischen Stadt.
Die ersten Einwohner siedelten sich vor rund 2.500 Jahren an, weit über einhundert Grabhügel geben davon Zeugnis. Sie waren offenbar keltischer Herkunft. Mit Ankunft der Römer entstanden in und um Rüdesheim Landgüter, ein römisches Rebschnittmesser, um 1900 ausgegraben, beweist, dass hier seit 2000 Jahren Weinbau betrieben wurde, der bis heute die wirtschaftliche Grundlage Rüdesheims blieb. Im 3.-4. Jahrhundert wanderten Franken vom Niederrhein in den Rheingau ein, die nach dem Abzug der Römer im 5. Jahrhundert die Führung übernahmen. Spätestens seit dem 8. Jahrhundert wurde der Rheingau zu einem eigenen Verwaltungsbezirk, der von den Rheingrafen geführt wurde. Auf diese geht die Errichtung der Niederburg zurück. Urkundlich wird Rüdesheim erstmals 1074 erwähnt. Die Rheingrafen gerieten aber bald in Konkurrenz zum geistlichen Adel in Gestalt der Erzbischöfe von Mainz. Durch Schenkungen und Kauf wurden sie hier zu Großgrundbesitzern und verdrängten 1279 schließlich die Rheingrafen endgültig aus dem Rheingau. Der Rüdesheimer Adel wurde in Mainzer Dienste übernommen und der Erzbischof übernahm die Niederburg als Amtssitz. Mainz erhob in Rüdesheim einen eigenen Zoll, um 1220 lohnte sich bereits der Bau der Zollburg Ehrenfels oberhalb des Binger Loches. Somit ging die Niederburg zurück an die Herren von Rüdesheim, ab 1279 als Lehen mit der Auflage, die Burg ständig in wehrfähigem Zustand zu erhalten. Die weitläufige, bis zum Beginn des 14. Jahrhunderts mehrfach erweiterte und verstärkte Burganlage erstreckte sich bis hin zur heutigen Amselgasse. Durch Schenkungen, Verkauf und Erbschaften teilte sich der Besitz immer weiter auf, so dass die Familienzweige des Ortsadels ihre eigenen Burgsitze erbauten,

die Oberburg für die »Füchse« und das ehemals fränkische Herrenhaus Brömserhof für die »Brömser«, sowie die Vorderburg, die mit ihrem weiten Mauerring die ganze Westseite des Marktplatzes einnahm. Der Kern der bürgerlichen Altstadt ist nördlich des Marktplatzes zu suchen. Rüdesheim lebte vom Weinbau, und das nicht schlecht. Der Reichtum führte immer wieder zu kriegerischen Überfällen und Zerstörungen. Im 15. und 16. Jahrhundert wurde die Ringmauer als Stadtbefestigung erweitert und durch mehrere Türme verstärkt, von denen nur der Adlerturm als ehemaliger Pulverturm erhalten blieb.

Der Adlerturm, ein Teil der ehemaligen Stadtbefestigung, ist heute durch die Eisenbahn vom Rheinufer getrennt.

Für den wachsenden Schiffsverkehr war Rüdesheim wichtig, denn hier endete die Landstraße und aller Verkehr rheinabwärts musste auf Schiffe umsteigen, so fanden die Rüdesheimer Arbeit genug, und erste Gasthöfe entstanden. Im Dreißigjährigen Krieg wurde Rüdesheim völlig verwüstet, auch die Burgen wurden zu Ruinen, es folgten jahrhundertelange Streitigkeiten und Erbfolgekriege. 1806 endete die Mainzer Herrschaft, der Rheingau kam zum Herzogtum Nassau. Rüdesheim wurde Metropole eines eigenen Amtes und erhielt 1818 offiziell die Stadtrechte. 1825 landete das erste Dampfschiff und 1856 fuhr die erste Eisenbahn. Das beflügelte Handel und Tourismus. Rüdesheim wuchs. 1842 entstand die erste Synagoge, 1862 wurde ein Gotteshaus für die evangelische Kirchengemeinde errichtet und die Gasbeleuchtung eingeführt. Mit der Eingliederung nach Preußen 1867 wurde Rüdesheim Kreisstadt. Ein weiterer Einschnitt, aber auch Aufschwung für den Tourismus war der Bau des Nationaldenkmals auf dem Niederwald in den Jahren 1877–83. 1939 kam durch Eingemeindung das benachbarte Weindorf Eibingen hinzu, wo vor mehr als 700 Jahren die Heilige Hildegard ein Kloster gegründet hatte. Ihre Reliquien befinden sich noch heute in der Eibinger Pfarrkiche. 1944 zerstörte ein schwerer Bombenangriff weite Teile der Stadt und forderte über 200 Tote. 1977 siedelte die Kreisverwaltung von Rüdesheim nach Bad Schwalbach über, Assmannshausen, Aulhausen und Presberg wurden eingemeindet. Eine Autofähre verbindet die Stadt mit Bingen. Zu den Spezialitäten der Region gehören außer Wein auch Sekt und Weinbrand. Thomas Manns »Felix Krull« stammt nicht zufällig von hier.

Von der **Stadtmauer** ist nur noch der **Adlerturm** übrig. Er stammt aus dem 15. Jahrhundert. Im 19. Jahrhundert befand sich darin das Gasthaus »Zum Adler«, wo Goethe mehrmals während seiner Rüdesheimer Aufenthalte wohnte. Die Katholische **Pfarrkirche St. Jakobus** am Marktplatz wurde nach der Zerstörung 1390 von den Rittern Brömser neu erbaut. Die Turmspitze zieren Halbmond und Stern. Eine fromme Legende bringt dies in Zusammenhang mit den Kreuzzügen an welchen die Brömser teilgenommen hatten. 1944 zerstört, wurde sie in rheinischem Bruchstein-Mauerwerk wieder aufgebaut. Interessant sind die mittelalterlichen Bildnisgrabsteine des Rüdesheimer Adels im nördlichen Seitenschiff. Das gotische Tympanon am Westportal fasst Jesu Leben in Gestalt von Anbetung der drei Könige und Schweißtuch zusammen. In der Turmkapelle finden wir das Gnadenbild »Noth Gottes« aus dem 14. Jahrhundert, die Marienkapelle beherbergt eine Madonna mit Kind von 1330. Der Hauptaltar umfasst Skulpturen des 16. bis 18. Jahrhunderts. Die **evangelische Kirche** am anderen Ende der Kirchstraße war die erste im Rheingau.

Der **Klunkhardshof** ist ein beeindruckender, zweigeschossiger Fachwerkbau aus dem frühen 16. Jahrhundert. Weitere **Adelshöfe** finden sich in der Oberstraße, so der Frankensteiner Hof, der Ritter'sche Hof und der Bassenheimer Hof. Der 1542 erbaute **Brömserhof** mit seinem charakteristischen, spätgotischen Fachwerkturm enthält eine gotische Kapelle und den Ahnensaal mit herrlichen Fresken. Heute beherbergt er »Siegfrieds Mechanisches Musikkabinett«, eine der größten privaten Sammlungen selbst spielender Musikinstrumente. Unterhalb verläuft die nur 144 Meter lange **Drosselgasse** mit ihren Lokalen. Vielleicht ist sie wirklich die »berühmteste Gasse der Welt«, sicherlich eine der vollsten. Die **Oberburg**, auch **Boosenburg** genannt, gehörte

Der Klunkhardshof ist einer jener prächtigen Fachwerkbauten, die es in Rüdesheim gibt. Liebevoll restauriert erstrahlt er wieder in altem Glanz.

den Boos von Waldeck. Entstanden wohl schon im 9. Jahrhundert, beherrscht heute der romanische Bergfried von 38 Metern Höhe die Kulisse der Stadt. Das schlossähnliche, neugotische Wohngebäude stammt von Philipp Hoffmann. Das Anwesen befindet sich in Privatbesitz und ist nicht zu besichtigen. Darunter liegt die **Niederburg** oder **Brömserburg**. Sie steht wohl schon auf den Grundmauern eines römischen Kastells. Vom Anfang des 10. bis Anfang des 19. Jahrhunderts war sie im Besitz der Erzbischöfe von Mainz, die den alten Wehrbau im 12. Jahrhundert zur Zoll- und Wohnburg umbauen ließen. Früher unmittelbar am Rhein gelegen und mit diesem verbunden, war sie vollständig von Wasser umgeben. Die mehr als zwei Meter starken Mauern trotzten allen Angriffen. 1803 säkularisiert, kam sie in den Besitz der Grafen von Ingelheim, die sie rheinromantisch-wohnlich umgestalteten. Schließlich wurde die Burg im Jahre 1941 von der Stadt erworben. Heute sind hier die umfangreichen und äußerst sehenswerten Sammlungen des Rheingauer Weinmuseums zu bestaunen. Die dritte Burg, **Burg auf der Lach** genannt, wurde schon um 1300 zerstört, einige Spuren wurden östlich des Ortes entdeckt. Von der vierten, der **Vorderburg**, blieb nur ein Turmstumpf nahe des Marktes. In der Grabenstraße findet sich ein etwas kurioses Museum, das Mittelalterliche Foltermuseum nämlich, es zeigt auf 500 Quadratmeter Ausstellungsfläche Objekte zur Rechtsgeschichte des Mittelalters und der Zeit der Hexenverfolgung.

Oberhalb von Rüdesheim reckt sich unübersehbar das **Niederwalddenkmal** in die Landschaft. Errichtet wurde es 1877–1883 zur Erinnerung an die

Die bekannte Drosselgasse zieht jedes Jahr viele Besucher an.

Auch Goethe genoss in der Brömserburg die Gastfreundschaft der Grafen von Ingelheim.

Die Brömserburg beherbergt heute ein Weinmuseum.

Mit der Seilbahn kommt man bequem zum Niederwalddenkmal und genießt dabei einen schönen Blick über die Umgebung.

Einigung des Deutschen Reiches nach Plänen des Architekten Weisbach und des Bildhauers Johann Schilling. Germania thront auf einem 25 m hohen Sockel zwischen den Figuren Krieg und Frieden. Das Bronzerelief zeigt in lebensgroßen Figuren die beteiligten Persönlichkeiten, u.a, Kaiser Wilhelm I., Bismarck, Prinz Friedrich Wilhelm. Den Fuß des Sockels bildet Vater Rhein, der Tochter Mosel ein Signalhorn für die »Wacht am Rhein« überreicht. Zu Fuß kann man das Niederwalddenkmal in 45 Min erwandern oder bequem mit der Kabinenseilbahn hinauffahren. Der Ausblick ist sensationell, falls man es schafft, der kolossalen Germania den Rücken zu kehren. Nur wenige Gehminuten vom Denkmal entfernt befindet sich die künstliche **Ruine Rossel**, von deren Turm sich ebenfalls eine schöne Rundum-Aussicht bietet. Ganz in der Nähe liegt auch das **Jagdschloss Niederwald**, 1764 unter Graf Karl Maximilian von Ostein erbaut und 1924 nach einem Brand neu als Hotel erstanden. Im dazu gehörigen Waldpark lohnt ein Besuch der Zauberhöhle mit ihren überraschenden Ausblicken

Im Ortsteil Eibingen befindet sich auf den Fundamenten des ehemaligen, 1165 von Hildegard von Bingen gegründeten Klosters die **Pfarr- und Wallfahrtskirche St. Hildegard**. 1632 zerstörten die Schweden das Kloster Rupertsberg, so dass die Reliquien der Heiligen hierher überführt wurden. Der Hildegardis-Schrein ist alljährlich am 17. September, dem Todestag Hildegards, Ziel vieler Wallfahrer. Weiter oben liegt die 1900 bis 1904 erbaute **Abtei St. Hildegard**,

Niederwald-denkmal

deren Kirche 1907 bis 1913 von Pater Paulus Krebs ganz im Beuroner Stil ausgemalt wurde, ein einmaliges Zeugnis dieser Richtung.
Natürlich gibt es umfangreiche Angebote zu Aktivitäten, Wandern, Fahrten mit dem Winzerexpress, das Ponyland, Schiffstouren und vieles mehr. Ein besonderer Tipp: Das Asbach Besucher Center in der Ingelheimer Str. 4 mit Multivisionsshow, Destillerie und Verkostung.
Informationen gibt es bei der
Tourist-Information Rüdesheim
Geisenheimer Straße 22
66385 Rüdesheim am Rhein
Telefon: 06722/19433
Fax: 06722/3485
E-Mail: touristinfo@t-online.de
Homepage: www.ruedesheim.de

Zwischen Rüdesheim und Assmannshausen liegt die Ruine der **Burg**

Die Ruine der Burg Ehrenfels steht hoch oben auf einem Felsvorsprung.

Ehrenfels malerisch auf einem Felsvorsprung. Sie ist, sozusagen, die Idealruine der Romantik, und wenn man sie sieht, kann man sich ihrem Zauber wirklich nicht entziehen. Anfang des 13. Jahrhunderts wurde sie von Philipp von Bolanden im Auftrag des Erzbischofs Siegfried von Mainz auf halber Höhe des Berges, am Eingang des Binger Lochs erbaut und bildete mit der gegenüberliegenden Burg Klopp und dem gleichzeitig errichteten Mäuseturm einen Sperriegel und eine gut funktionierende Zollanlage. Der Ehrenfelser Zoll war eine wesentliche Einnahmequelle für das Erzbistum. Nachdem sie die Burg Mitte des 14. Jahrhunderts beträchtlich ausgebaut hatten, zogen sich die Mainzer Erzbischöfe hierher zurück und verwahrten auf Ehrenfels den Schatz des Erzstiftes. Das unterhalb gelegene Zollhaus wurde im Dreißigjährigen Krieg zerstört. Auch die Burg wechselte während des Krieges dauernd den Besitzer. Während der pfälzischen Erbfolgekriege wurde sie 1689 zerstört, einzig die mächtige Schildmauer (immerhin 20 Meter lang und über vier Meter stark) und die beiden Türme waren nicht klein zu kriegen. Bis 1803 blieb die Ruine in Mainzer Besitz, danach ging auch sie an Nassau und 1866 an Preußen. Seit 1945 gehört sie dem Land Hessen.
Der Stadtteil **Assmannshausen** ist mit Recht berühmt für seinen Rotwein. Die Rheinfront wird geprägt von Hotelbauten des späten 19. Jahrhunderts. Freiligrath dichtete in der »Krone«, Geibel auch und Bismarck machte Urlaub. Von den Weinbergen oberhalb hat

Blick auf Assmannshausen

man einen großartigen Blick auf den Ort und, auf der anderen Rheinseite, Burg Rheinstein.

Die erste Erwähnung stammt aus dem Jahre 1108, als der Mainzer Erzbischof Ruthard dem Kloster Dissibodenberg einen Weinberg in der Gemarkung Hasemanneshusen schenkte. Daraus wurde Hasemannshausen, dann Assmannshausen. Der Ort dürfte fränkischen Ursprunges sein und besass ab 1325 einen Pfarrer und ab 1361 ein eigenes Schöffengericht. 1491 wurde unter Kurfürst Berthold von Henneberg die starke Ringmauer errichtet, die gegen Feinde und Eisgang gleichzeitig nützlich war. Teile davon sind noch zu finden. Der Turm der Kirche diente gleichzeitig zur Befestigung. Warme Quellen und der Abbau von Blei und Silber bescherten Einnahmen. Besonders im 19. Jahrhundert führten die Heilquellen zu regem Kurbetrieb. Im Ort selbst lohnt die spätgotische Kirche »Zur Kreuzerhöhung« vom Ende des 15. Jahrhunderts, erweitert im 19., den Besuch, die Altartafel und eine Madonna stammen noch aus dem 15. Jahrhundert.

In Assmannshausen gibt es natürlich historische Gaststätten, in denen der ausgezeichnete Spätburgunder der Weinlage »Höllenberg« verkostet werden kann. Außerdem bietet die reizvolle Umgebung Wandermöglichkeiten mit schönen Aussichtspunkten und Sportarten wie Reiten und Segelflug. Informationen bei der Tourist-Information Rüdesheim.

Das bekanntes- te Wahrzeichen von Bingen: der Mäuseturm. Im Hintergrund auf der anderen Rhein- seite steht Burg Ehrenfels.

Bingen mit Mäuseturm und Burg Klopp

Auf einen Blick: Mäuseturm (13./19. Jh.), Basilika St. Martin (15./19. Jh.), Drususbrücke (10./20. Jh.), Alter Kran (16. Jh.), Kapuzinerkirche (17. Jh.), Burg Klopp (13./19. Jh.), Rochuskapelle (17./19. Jh.).

Bingen, das mit Recht so bezeichnete »Tor zum Mittelrhein« liegt südlich der Nahemündung und ist historischer Boden in jeder Beziehung. Hildegard von Bingen assoziiert man, und einen viel späteren Künder, Stefan George, 1868 in Büdesheim geboren, aber auch den allgegenwärtigen Goethe, der das St. Rochus-Fest beschrieb. Er wohnte damals (August 1814) im Gasthof »Weißes Ross«. Im Stadtteil Bingerbrück lebte, in unruhigen Zeiten zwischen 1849 und 1851, August Heinrich Hoffmann von Fallersleben. Sie mögen stellvertretend stehen für eine produktive, kreative Gegend. Auch wenn, oder weil, man nicht blieb.

Anfang des ersten Jahrhunderts wurde hier das römische Kastell »Bingium« errichtet, wovon noch die Drususbrücke über die Nahe zeugt. Auch scheint unter St. Martin ein Merkurtempel zu liegen. Bingen erhält nach Aufgabe des Limes eine

Die Drususbrücke

Einem weiteren Großen hat Bingen am Rheinufer ein Denkmal gesetzt. »Dichter – Romantiker – Europäer« steht auf dem Sockel mit der Büste Victor Hugos, der in seinem Buch »Le Rhin – Lettres à un ami« von 1842 seine Reiseeindrücke festhielt.

eigene Befestigung. Die Franken drängen aber unaufhaltsam vor und nehmen die Gegend Anfang des 5. Jahrhunderts in Besitz. 983 überträgt Kaiser Otto II. das Gebiet um die Nahemündung Erzbischof Willigis von Mainz. 1146 kommt Hildegard, die vielleicht vielseitigste Frau ihrer Zeit, Dichterin, Naturforscherin, Seherin und Mystikerin, und gründet ihr Kloster, das 1152 geweiht wird. 1165 erwirbt sie auf der anderen Rheinseite Kloster Eibingen dazu, das heute als Nachfolgekloster ihres im Dreißigjährigen Krieg verheerten Klosters Rupertsberg gilt. 1165 ist auch das Jahr, in dem Bingen wegen eines Streites zwischen Kaiser und Erzbischof zum ersten Mal zerstört wird. Die Freiheitsbestrebungen Bingens werden vom Erzbischof im Laufe des 13. Jahrhunderts immer mehr unterdrückt, Burg Klopp wird Zwingburg. Mehrmals brennt Bingen ab, nach dem erfolglosen Bauernaufstand 1525 wird es endgültig von Mainz in die Knie gezwungen. Im Dreißigjährigen Krieg folgen Belagerungen, 1666 bricht die Pest aus, 1689 zerstören die Franzosen die Stadt und 1797 geht sie an Frankreich, nach Vollzug der Wiener Kongressakte an das Großherzogtum Hessen. Seit 1969 besteht der Kreis Mainz-Bingen in seiner heutigen Gliederung.

Sehenswert ist der in der Mitte des Rheins als Spähturm der Burg Ehrenfels errichtete **Mäuseturm** aus dem 13. Jahrhundert. Schon die Römer hatten hier wohl eine kleine Befestigungsanlage. Erzbischof Hatto II. erzwang 968 Abgaben und strenge Unterordnung der Bevölkerung. Der Legende nach setzte er den Inselturm wieder in Stand und flüchtete 969 vor einer riesigen Mäuseschar dort hin, doch die Mäuse schwammen hinter ihm her und frassen ihn auf. So ist das mit geizigen, hartherzigen Herrschern – in der Sage. 1298 wird der Turm in das Zoll-Sperrsystem der Burg Ehrenfels einbezogen. 1689 zerstören französische Truppen das Bauwerk. Romantiker König Friedrich Wilhelm von Preußen rettet es, indem er 1848 den Unterbau des Vorwerks und 1855 den ganzen Turm restaurieren lässt. So erhält er seine heutige, neugotische Gestalt. Bis 1974 diente er als Signalstation für die Rheinschifffahrt.

Die **Basilika St. Martin** wird erstmals urkundlich im Schenkungsverzeichnis der Abtei Lorsch für das Jahr 793 erwähnt. 883 wird das romanische Bauwerk zerstört und erst 1220 wieder geweiht. Doch auch dieser Bau fällt 1403 einem Feuer zum Opfer. Schon dreizehn Jahre später wird eine neue St. Martinskirche im gotischen Stil fertiggestellt, 1505 der Barbarabau als Volkskirche angebaut. 1930 verlieh ihr Papst Pius XI. den Titel einer päpstlichen Basilika. Nach der Bombardierung von 1944 stürzten das Gewölbe des Hauptschiffes und ein Teil des Hochaltares ein. Die Krypta stammt noch aus dem 11. Jahrhundert, Statuen der Heiligen Barbara und Katharina aus dem 15. Jahrhundert, eine thronende Madonna aus dem 14., weitere interessante Kunstschätze sind vorhanden.

Die **Drususbrücke** entstand angeblich unter Drusus um Christi Geburt als Holzbrücke über die Nahe. Nach ihrer Zerstörung 70 n. Chr. folgte die

Der alte Kran in Bingen.

erste Steinbrücke, die den Normannen um 891 zum Opfer fiel. Erzbischof Willigis ließ hundert Jahre später eine neue Steinbrücke errichten, die 1689 von den Franzosen zerstört und 1772 erneut aufgebaut wurde. Im März 1945 vor den anrückenden Truppen der Alliierten gesprengt, wurde sie 1952 in ihrer heutigen Form errichtet. Der **Alte Kran** im Binger Hafen steht nicht mehr direkt am Rhein, da 1893 das Rheinufer aufgeschüttet wurde. Ähnlich wie in Andernach hat die komplette Inneneinrichtung überdauert. Die **Kapuzinerkirche** wurde im Jahre 1658 geweiht, 1689 und bis 1698 wieder aufgebaut, renoviert 1823.

Das Wahrzeichen von Bingen aber ist die **Burg Klopp**. Ursprünglich stand hier schon eine römische Anlage, später, in der Regierungszeit der Erzbischöfe, war Burg Klopp Sitz der adeligen Burgmannen. Friedrich I. Barbarossa eroberte im Jahre 1165 Bingen und zerstörte die Stadt sowie die Burg, die um 1200 wieder aufgebaut wurde. 1230 kam es bei einem Aufstand zur Belagerung, weitere folgten. Im Jahre 1354 verpfändete das Erzbistum Burg und Stadt an Kuno von Falkenstein, der jedoch wenige Jahre später Erzbischof von Trier wurde. Im Dreißigjährigen Krieg wurde Burg Klopp mehrmals belagert, dann eingenommen. Nach der Zerstörung 1689 war sie gerade wieder aufgebaut, als das Domkapitel zu Mainz sie 1713 endgültig sprengen ließ. Nach alten Plänen wurde die Burg zwischen 1875 und 1879 wieder aufgebaut. Seit dem Jahre 1897 ist sie Sitz der Stadtverwaltung und beherbergt ein sehenswertes Heimatmuseum.

Burg Klopp beherbergt heute die Stadtverwaltung.

Eingangsbereich der Rochuskapelle

Für Gottesdienste im Freien vorgesehen ist der neugotische Außenaltar mit Kreuzigungsgruppe.

Stefan-George-Museum nahe St. Martin.

Ein ähnlich wechselvolles Schicksal hat die **Rochuskapelle**. Errichtet während der Pest-Epidemie von 1666, 1689 geplündert, Neubau 1698. 1795 geht die Kapelle bei Kämpfen mit den französischen Revolutionstruppen in Flammen auf. Erst als sich nach der Völkerschlacht bei Leipzig Typhus in der Stadt ausbreitet, baut man die Kapelle wieder auf. Am 16. August 1814 wird der Rochustag wieder feierlich begangen. Zeitzeuge Goethe stiftet ein Gemälde »Der Heilige Rochus auf Pilgerfahrt«. Hartnäckig hält sich das Gerücht, dass es ihn selbst als Heiligen Rochus zeige. 1889 schlägt während der Restaurierung der Blitz ein, die Kapelle brennt erneut ab. Auf dem Fundament entsteht nun die neugotische Version nach Plänen des Freiburger Dombaumeisters Max Meckel. Am Vorabend des Rochusfestes 1895 wird die Kapelle geweiht.

Weiter sehenswert ist das **Stefan-George-Museum**, und das **»Historische Museum am Strom – Hildegard von Bingen«** mit einer zusätzlichen Ausstellung zur Rheinromantik.

Aber Bingen hat auch eine Menge Natur. Der Höhenpark Rochusberg bietet eine Vielzahl von Freizeitmöglichkeiten (Rundwanderwege, Weinlehrpfad, Grillplätze, Jogging, Tenniszentrum) und herrlichen Aussichten (Goetheruh, Kaiser-Friedrich-Turm). Auch der Binger Wald ist ein beliebtes Ausflugsziel, ca. 7000 ha groß, mit einem Erlebnispfad und Schautafeln, aber auch bewirtschafteten Forsthäusern. Seit 1999 wird hier eine »villa rustica«, eine römische Gutsanlage aus den ersten Jahrhunderten n. Chr. ausgegraben

und erforscht. Funde, Texttafeln und Bilder veranschaulichen die Resultate der ersten Grabungsjahre. Bereits im ersten Jahr wurden die Umrisse des Wohngebäudes mit Badeanlage frei gelegt und das Gesamtareal mit umgebender Hofmauer, Nebengebäuden und Zisternen erfasst. Oder wie wäre es mit einem Ausflug zu den Rheinauen bei Bingen-Gaulsheim?
Kontakt Adresse:
Naturschutzzentrum Rheinauen
An den Rheinwiesen 5
55411 Bingen-Gaulsheim
Telefon: 06721/14367
Fax: 06721/10004
E-Mail: NaturschutzzentrumRheingauen@t-online.de, Homepage: www.NABU-Rheinauen.de

Im Gebäude des ehemaligen Elektrizitätswerkes von Bingen befindet sich jetzt das Historische Museum am Strom.

Nach Süden liegen Worms, Speyer und die Pfalz in unmittelbarer Nähe, im Osten Mainz, Wiesbaden und Frankfurt, im Westen die Heilbäder Bad Kreuznach, Bad Münster a. St.-Ebernburg und Bad Sobernheim sowie die Edelsteinstadt Idar-Oberstein. Rheinhessen, der Hunsrück und der Rheingau, sie alle bieten vielfältige Ziele.

Informationen bei der Tourist Information Bingen, Rheinkai 21
55411 Bingen am Rhein.
Telefon: 06742/184201
Fax: 06742/16275
E-Mail: tourist-information@bingen.de
Homepage: www.bingen.de.

Bei Sonnenschein sitzt man hier gemütlich bei einer Tasse Kaffee und schaut dem Treiben zu.

Übernachtungs-Tipp:

Pension Grünewald, Mainzer Str. 228, 55411 Bingen
Telefon 06721-12495, Fax 06721-921692

Burg Reichenstein oberhalb von Trechtingshausen. Blick in den Wehrgang.

⇒ Trechtingshausen liegt links des Rheins zwischen Bingen und Niederheimbach.

Trechtingshausen, Burg Rheinstein und Reichenstein

Auf einen Blick: Wehranlage, Pfarrkirche St. Clemens (19. Jh.), Kirche St. Clemens (13. Jh.), Fachwerkhäuser, Burg Rheinstein (9./19. Jh.), Burg Reichenstein (10./19. Jh.)

Das zu Füßen des Soonwaldes in der Nähe der romantischen Morgenbachtalmündung gelegene Weindorf Trechtingshausen hat viele romantische Gässchen zu bieten. Von verschiedenen Herrschern in Besitz genommen, hatte der Ort eine lebhafte und wechselvolle Geschichte. Davon erzählen auch die Reste der mittelalterlichen **Wehranlagen**, die früher den gesamten Ortskern umschlossen. Sie wurden um 1300 errichtet und 1670 nochmals verstärkt. Gut erhaltene Überbleibsel sind das **Lohkauttor** mit dem benachbarten **Wehrturm** am Rhein, sowie das **Neutor** am westlichen Ortsrand. In der Römerstraße markiert eine Hinweistafel den Standort des alten **Clemenstores**. Die **Pfarrkirche St. Clemens** stammt aus den Jahren 1823–25, enthält aber spätgotische Heiligenfiguren, die aus der alten Kirche gleichen Namens stammen. Diese liegt unterhalb der Burg Reichenstein unmittelbar am Rhein inmitten des Friedhofes. **St. Cle-**

Wehr- und Gefängnisturm

Lohkauttor

1664 wurde dieses Haus in der Kirchstraße erbaut.

mens gilt als südlichster Bau der niederrheinischen Romanik, Anfang des 13. Jahrhunderts als dreischiffige Pfeilerbasilika errichtet, die durch ihre Schlichtheit, die schöne Lage und die unveränderte Erhaltung besticht. Funde legen nahe, dass hier schon seit dem 4. Jahrhundert eine Kirche stand. Sie ist flach gedeckt und hat einen achteckigen Turm. Das Chorgestühl stammt aus dem 16. Jahrhundert, weiter beherbergt sie einige Grabmale aus dem 15. und 17. Jahrhundert. Der hoch liegende Fußboden verrät den Nachteil der malerisch anmutenden Lage: Hochwassergefahr. Der Legende nach fand hier die Hinrichtung der Raubrittergeschlechter von Sooneck und Reichenstein durch Rudolf von Habsburg statt.

Der Ortskern mit seinen engen Stiegen und kopfsteingepflasterten Gassen vermittelt den wohltuenden

Typisches Kopfsteinpflaster in den Gassen des Ortskerns.

St. Clemens, der südlichste Bau der niederrheinischen Romanik.

Eindruck von Zeitlosigkeit. Schöne **Fachwerkhäuser** unterstützen das, so das Haus Kirchstraße 10, das 1664 erbaut wurde. In der Kirchstraße liegt auch das Museum für Ortsgeschichte und Heimatkunde mit einer interessanten Sammlung. Erwandern sollte man sich das Morgenbachtal, das mit seinen bizarren Felsformationen und der Aussicht vom 618 m hohen Franzosenkopf besonders pittoresk anmutet. Informationen unter Tel.: 06721/6160.

Zwei Burgen aber sind es, die Trechtingshausen umgeben, und beide sind mit allem Recht Berühmtheiten.

Zum Einen **Burg Rheinstein**, auf einen 90 Meter hohen, steilen Felsen über dem Rhein. Sie war die erste, die im Zuge der romantischen Burgenbegeisterung wieder aufgebaut wurde.

Das genaue Entstehungsjahr ist nicht bekannt, sie könnte um 900 als Zollstätte erbaut worden sein. Damals trug sie den Namen Vogtsburg. Kaiser Otto II. schenkte sie dem Erzbistum Mainz. Zwischen dem 11. und 12. Jahrhundert wurde sie zur Schutzburg ausgebaut. Rudolf von Habsburg saß hier zu Gericht über die Raubritter der Nachbarschaft. Er benannte die Anlage in Königstein um. Vom 14. bis zum 17. Jahrhundert wurde sie von Mainz als Lehen vergeben und wechselte so häufig den Besitzer. 1572 ging sie schließlich an Anton von Wiltberg, der sich dadurch finanziell übernahm. Nach und nach verfiel sie zur Ruine.

Am 31. März des Jahres 1823 hatte dieser traurige Zustand ein Ende. Friedrich Ludwig Prinz von Preußen

Burg Rheinstein wurde ab 1825 als erste Ruine wieder aufgebaut.

erwarb die Ruine samt dem Felsen. 1825 bis 1829 erfolgte der Wiederaufbau, zuerst unter Leitung von Claudius von Lassaulx. Als dieser aber zu teuer baute und Schinkel sich einmischte, erhielt 1827 Lassaulx' Schüler Wilhelm Kuhn die Bauleitung. Ludwig Pose aus Düsseldorf übernahm die Ausmalung der Räume. Wegen seiner imposanten Lage über dem Strom erhielt der Neubau den Namen Burg Rheinstein, er wurde der Lieblingsaufenthalt des Prinzen. Hier empfing er Gäste, so Königin Victoria von England und die Zarin Alexandra Feodorowna. 1844 entstand nach den Plänen von Philipp Hoffmann unterhalb eine Kapelle mit Grablege. 1902 erbte Prinz Heinrich von Preußen, der Bruder Kaiser Wilhelms II., die Burg. Dann kam sie in den Besitz der Familie seiner Frau, Irene von Hessen und Rhein. 1975 kaufte sie der Opernsänger Hermann Hecher,

der sie in über 20-jähriger Arbeit renovieren ließ. Er musste die Burg mit einem Förderverein zusammen völlig neu einrichten. Das Ergebnis aber ist absolut sehenswert. Heute ist es auch möglich, dort in einer Ferienwohnung einen romantischen Urlaub zu verbringen, oder auch einen eigenen Rebstock im Burgwingert zu pachten.
Die andere ist **Burg Reichenstein**, auch Falkenburg genannt. Auch diese riesige Burganlage ist ein gutes Beispiel für den, diesmal geldadeligen, Wiederaufbau, nicht gerade historisch exakt, aber imposant.
Im Mittelalter betrieben die Ritter auf Reichenstein und der nicht weit entfernten Burg Sooneck das Metier der Raubritterei. In den Urkunden des Klosters Kornelimünster wurde die wohl im 11. Jahrhundert errichtete Burg 1213 erstmals erwähnt. In diesem Jahr übernahm Gerhard von Rheinbod die Verwaltung der Burg und tat sich im Ausplündern und Morden hervor. Nach dessen Vertreibung 1214 wurde Philipp von Bolanden sein Nachfolger, nachdem er einen Schwur abgelegt hatte, in dem er der Räuberei entsagte. Vorläufig kehrte Ruhe in der Burg Reichenstein ein. Doch schon 1241 nutzte Philipp von Hohenfels die Burg wieder in gleicher Weise. Um dem Raubrittertum endgültig ein Ende zu setzten, zerstörte ein Heer des Rheinischen Städtebundes 1253 das Anwesen, doch Philipp von Hohenfels baute es wieder auf, erweiterte die Burg sogar mit dickeren Verteidigungsmauern und weiteren Bauten und lebte weiter seiner Berufung. Auch der Verkauf der Burg an Mainz 1270 änderte nichts. Nach Philipps Tod 1277 wütete sein Sohn Dietrich

Burg Reichenstein ist ein imposantes Bauwerk, eine Besichtigung ist lohnenswert.

An den Schießscharten stehen die Kanonen bereit.

von Hohenfels wenn möglich noch gewalttätiger und brutaler als sein Vater. Rudolf von Habsburg ließ in vierjähriger Belagerung die Raubritter aushungern und 1282 hinrichten, die Burgen Sooneck und Reichenstein zerstören. Neuer Besitzer wurde Pfalzgraf Ludwig der Strenge, dessen Söhne trotz Wiederaufbauverbots die beiden Burgen neu errichteten. 1344 wechselte Reichenstein in den Besitz des Erzbistums Mainz. Aber die Burg wurde militärisch uninteressant und nach dem Aussterben des Geschlechts von Reichenstein verfiel sie rasch. 1689 wurden die Reste von den Franzosen gesprengt. Der Torbau wurde 1834 von General von Barfus als Wohnung ausgebaut. 1899 erwarb der Baron Nikolaus Kirsch-Puricelli, Besitzer der Rheinböller Eisenhütte, die Burg und ließ sie vom Architekten Strebel großzügig wiederherstellen. In der Burg befinden sich 1200 Jagdtrophäen aus 4 Kontinenten, Waffen, Rokoko-Porzellan, Möbel des 16.–19. Jahrhunderts und, man bedenke den Beruf der Burgherren, die größte Taken- und Ofenplatten-Sammlung in Rheinland-Pfalz. Die Burgkapelle enthält einen Altar aus dem 16. und eine Pieta des 15. Jahrhunderts. Darüber hinaus beherbergt die Burg ein Schlosshotel.

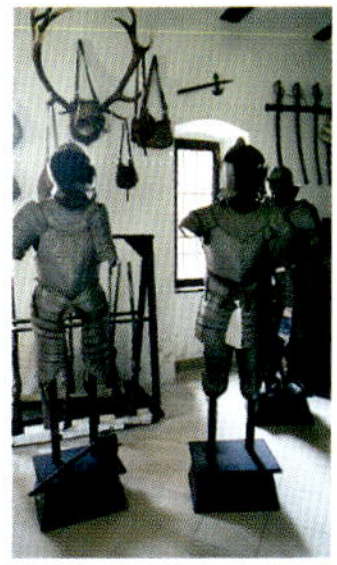

Auch Ritterrüstungen und Waffen gibt es im Museum zu bewundern.

Wichtige Adressen:
Burgverwaltung Burg Reichenstein,
55413 Trechtingshausen
Telefon: 06721/6117 oder 6101
Fax: 06721/6198.

Burg Rheinstein:
Familie Hecher, Burg Rheinstein,
55413 Trechtingshausen.
Burg Telefon: 06721/6377
Fax: 06721/6659
Burggaststätte Tel.: 06721/6348

Verkehrsamt der Verbandsgemeinde
Rhein-Nahe, Rathaus Bacharach,
Oberstr. 1, 55422 Bacharach
Telefon: 06743/2968 oder 1297
Fax: 06743/3155

Übernachtungs-Tipp:

Ferienwohnung P. u. U. Metzroth, Burgweg 4
55413 Trechtingshausen, Telefon 06721-6373

Burg Sooneck

⇒ Niederheimbach liegt links des Rheins zwischen Trechtingshausen und Bacharach.

Niederheimbach, Burg Sooneck, die Heimburg und Burg Fürstenberg

Auf einen Blick: mittelalterliche Ortsbefestigung, Fachwerkbauten, Pfarrkirche Mariae Himmelfahrt (13.–20. Jh.), Oberheimbach: Lamberger Hof (17. Jh.) Pfarrkirche, Michaelskapelle (16. Jh.), Pfarrhaus (17. Jh.), Burg Sooneck (11./19. Jh.), Heimburg / Hoheneck (14./19. Jh.), Ruine Fürstenberg (13. Jh.).

Das Weinbau- und Rheinschifferdorf Niederheimbach lohnt nicht nur wegen seiner herrlichen landschaftlichen Lage am Ausgang des Heimbachtales oder der bedeutenden Burgen einen Besuch, es hat auch selbst eine Menge Sehenswürdigkeiten zu bieten.
Der Ort gehörte der Abtei Kornelimünster bei Aachen, was die Burgendichte erklärt. Neben dem Weinbau lebte Niederheimbach vor allem von der Rheinschifffahrt. Jedes Schiff auf der damals klippenreichen und gefährlichen Fahrt nach Bingen nahm hier einen Lotsen an Bord, ein einträglicher Erwerbszweig für die Bevölkerung. Die Nähe zur Kurpfalz machte eine eigene **Ortsbefestigung**

Gemeindehaus von Niederheimbach in Fachwerk-Bauweise.

Reste der Stadtbefestigung, darüber die Heimburg.

Pfarrkirche St. Mariae Himmelfahrt

St. Michaelskapelle in Oberheimbach

nötig. Deren Reste sind längs des Bachufers noch zu sehen. Der historische Ortskern enthält malerische **Fachwerkhäuser**, deren Ursprung teils bis ins 16. Jahrhundert zurück reicht. An der Rheinstraße liegt auch die **Pfarrkirche St. Mariae Himmelfahrt**, deren heutige Gestalt sich den Umbauten Anfang des 20. Jahrhunderts verdankt, deren romanischer Chorturm aber aus dem 13. Jahrhundert stammt. Die gotische Seitenkapelle, zum Eingang umfunktioniert, stammt aus dem 14. Jahrhundert, die Sakristei aus dem Jahre 1516. Der Chor ist barock. Auch die Ausstattung ist nicht uninteressant.

Der Lamberger Hof wurde 1617 erbaut.

Gut zwei Kilometer das Heimbachtal aufwärts liegt die Weinbaugemeinde **Oberheimbach**, 1050 erstmals urkundlich erwähnt. Auch dieser Ort hat historisch und kunstgeschichtlich interessante Gebäude, so den **Lamberger Hof** aus dem Jahre 1617, die katholische **Pfarrkirche** und die **St. Michaelskapelle** aus dem Jahr 1575, so wie das **Pfarrhaus** von 1680, die

Heiligkreuzkapelle und eine am Heimbach liegende **Wassermühle**.
Im Rhein liegt die Doppelinsel Lorcher Werth. Eine **Rheinfähre** verkehrt zwischen Niederheimbach und Lorch.
Burg Sooneck am Steilhang des Soonwaldes war mit Burg Reichenstein als Raubritternest bekannt. Unter dem Namen »Saneck« wurde sie wohl im 11. Jahrhundert erbaut, sie war mit Reichenstein im Besitz der Abtei Kornelimünster, weit weg, weit genug zumindest für die Vögte, auch hier ab 1213 die Ritter von Bolanden und ab 1241 Philipp von Hohenfels. Sie erhoben unrechtmäßige Rheinzölle und plünderten munter Vorbeiziehende aus. So wird auch Sooneck vom Rheinischen Städtebund 1254 geschleift, wieder aufgebaut und 1282 von Rudolf von Habsburg erobert und zerstört, der Vogt, ein Waldeck, geköpft. Auch Sooneck ging nicht an die Pfalzgrafen, sondern 1344 an Mainz.
1349 erfolgte der Wiederaufbau, Lehensträger war wieder die Familie Waldeck. Nachdem im Jahre 1649 die von Waldecks ausstarben wurden die Herren von Breidbach-Bürresheim ihre Nachfolger. Sie erweiterten die Anlage noch, bis auch sie ausstarben und die Burg Sooneck zu verfallen begann. 1689 niedergebrannt, verkaufte das Mainzer Domkapitel 1774 das Gelände an die Gemeinde Niederheimbach. 1834 kaufte Kronprinz Friedrich Wilhelm von Preußen die Ruine, gemeinsam mit seinen Brüdern Carl und Albrecht. Eine Jagdburg schwebte ihnen vor, aber erst 1842 begannen die Bauarbeiten. Unterbrochen von der Revolution 1848,

Eine Autofähre verkehrt zwischen Niederheimbach und Lorch

Krankheit und Streit, wurde Sooneck erst unter dem späteren Kaiser Wilhelm I. 1862 fertig. Somit ist sie eine der letzten von den Hohenzollern im 19. Jahrhundert wieder aufgebauten Rheinburgen. Genutzt jedoch wurde sie selten, bis sie 1918 in Staatsbesitz kam und der Öffentlichkeit zugänglich gemacht wurde. Der Zweite Weltkrieg beraubte sie ihrer Einrichtung,

Burg Sooneck mit herrlichem Blick auf den Rhein.

Der Rittersaal von Burg Sooneck

diese wurde aber mustergültig ersetzt durch eine reichhaltige Sammlung an antikem Mobiliar, Gemälden, Stichen, Waffen und Rüstungen. Ihre romantische, fast intime Atmosphäre und der herrliche Ausblick lohnen den Besuch, werden aber durch den Betrieb im benachbarten Steinbruch arg geschmälert.

Die **Heimburg**, auch **Burg Hoheneck** genannt, wurde als kurmainzische Trutzburg zwischen 1296 und 1305 zum Schutz gegen die Pfalzgrafen erbaut. Die Burg liegt auf einem vergleichsweise niedrigen Felsen über dem Ort. Da sich Mainz dann aber 1344 doch gegen die Pfälzer durchsetzte, war sie eigentlich überflüssig. Dennoch wurde sie Mitte des 15. Jahrhunderts ausgebaut und zum Sitz eines Mainzer Amtsmannes. Das konnte ihr Schicksal aber nur verzögern, bald begann sie zu verfallen. Im Jahre 1689 wurde sie, man kann fast sagen aus Gewohnheit, zerstört. Viele Besitzerwechsel später kaufte sie Ende des 19. Jahrhunderts der Großindustrielle Hugo Stinnes, der sie als Sommersitz auf quadratischem Grundriss und in

Blick auf die Heimburg und auf den Rhein

Ruine Fürstenberg

neugotischem Stil ausbauen ließ. Die Heimburg ist noch immer in Privatbesitz und nicht zu besichtigen.

Einen Kilometer weiter thront über dem kleinen Ort **Rheindiebach** inmitten von Weinbergen die Ruine **Fürstenberg**. An der Grenze zu Kurmainz gelegen, hatte sie große Bedeutung als Grenzverteidigung. 1219 unter dem Kölner Erzbischof Engelbert I. zur Sicherung seines Besitzes um Bacharach und des Zolls gegen die pfalzgräfliche Burg Stahleck erbaut, ging sie 1243 als erbliches Lehen an König Ludwig von Bayern aus dem Hause Wittelsbach. 1297 erhielt Mechthild, die Tochter König Adolfs, von Pfalzgraf Rudolf I. die Burg als Witwensitz, bis sie 1321 von Rudolfs Bruder Kaiser Ludwig gewaltsam vertrieben wurde. 1326 kam die Burg an Margareta von Holland, die Gemahlin Kaiser Ludwigs, 1410 zusammen mit dem Amt Bacharach an Kurpfalz. Während des Dreißigjährigen Krieges eroberte Ambrosio Spinola 1620 die Burg, bis er sie 1632 kampflos an König Gustav Adolf von Schweden übergab. 1689 folgte das Übliche, die Franzosen sprengten die Burg und hinterließen eine Ruine. Diese ging durch mehrere Hände, unter anderem die des Prinzen Friedrich der Niederlande und des Fürsten Wilhelm zu Wied, immer wieder wurde über einen Wiederaufbau nachgedacht, aber es kam nie dazu. 1912 erwarb die Weingroßhändlerfamilie Wasum aus Bacharach die Ruine und die dazu gehörigen Weinberge, 1973 ging sie an die Eigner der Kurpfalz-Sektkellerei in Speyer. Seit 1993 ist sie im Besitz der Familie Stelter. Sie wartet vielleicht noch immer auf eine neue, große Zeit, aber auch als malerische Ruine in herrlicher Lage kann sie begeistern.

Informationen:
Verkehrsverein Niederheimbach e.V.
Rheinstr. 88 (Bahnhof)
55413 Niederheimbach
Telefon: 06743/6266
Fax: 06743/6266.

Frühling in Lorch. Fachwerkbauten bestimmen hier das Straßenbild.

⇒ Lorch liegt rechts des Rheins zwischen Rüdesheim und Kaub.

Lorch und Burg Nollig

Auf einen Blick: Pfarrkirche St. Martin (13.–15. Jh.), Hilchenhaus (Renaissance), Kunst- und Heimatmuseum (Skulpturen Sammlung), Ruine Burg Nollig (13. Jh.).

Der schon seit karolingischer Zeit für Weinbau bekannte Ort liegt günstig an der Einmündung des Wispertales in den Rhein.

Von den Römern »Laureacum« genannt, ist Lorch eines der ältesten Rheinstädtchen. Erstmals 1085 erwähnt in einer Urkunde des Mainzer Erzbischofes über die Schenkung einiger Güter an das Domkapitel, so auch »in villa autem, que dicitur Loricha, domus bona cum omni suppellectili sua, vinee bone, quarum quantitas et denominatio hec est« (Hof mit Weinstücken in Lorch), verweisen Bodenfunde auf frühere Siedlungen der Kelten und Römer. Entlang des Kaufmannsweges stieß man in den 1970er Jahren auf Gräber aus keltischer Zeit. Der Kaufmannsweg, Teil des uralten Rheingauer Höhenweges, begann in Lorch und führte nach Rüdesheim und Geisenheim. In römischer Zeit war Lorch wohl nur ein kleiner militärischer Stützpunkt, nach Aufgabe des Limes aber wurde an der

Blick auf die Stadt Lorch, dahinter im Rhein die Insel »Große Lorcher Werth«.

Das Rathaus von Lorch – ein stattlicher Fachwerkbau.

Wisper Mündung ein Burgus errichtet. Der heutige Kirchturm steht auf dessen Fundamenten. Die Franken errichteten einen Salhof am heutigen Marktplatz (Reste sind hinter dem Haus Nummer 1 zu sehen), eine Lorcher Burg ist seit Anfang des 12. Jahrhunderts nachgewiesen.

Seit einer Schenkung Ottos II. im Jahre 983 gehörte Lorch dem Erzbischof von Mainz, wurde somit zur nordwestlichsten Stadt des Mainzer Gebietes und zum wichtigen Bollwerk, daher sicherte man die Stadt im 13. Jahrhundert mit Mauern und Türmen.

Lorch war durchaus wohlhabend. Die Lage am Ende des Wispertales bot Raum im engen Rheintal, noch dazu war hier der Ausweichpunkt für die Schiffe vor den gefährlichen Stromschnellen des Binger Loches. In Lorch wurden die Ladungen entweder über Land weiter transportiert oder mittels Kränen auf mehrere, kleinere Schiffe verteilt. So entwickelte sich ein blühender Handel, vor allem natürlich mit

Lorchhausen, seit 1971 Stadtteil von Lorch.

Wein, und auch Tuchweber siedelten sich an, mit ihnen Färber. Es wurde Färberwaid angebaut, dessen Produkt, die blaue Farbe, bis nach Holland und England exportiert wurde. Auch zahlreiche Adelsgeschlechter waren ansässig.
Im Dreißigjährigen Krieg wurde Lorch 1631 stark zerstört, 1794 versuchten die französischen Truppen eine Besetzung, wurden jedoch erfolgreich abgewehrt. Lorch versank in Bedeutungslosigkeit, bis die technischen Neuerungen des 19. Jahrhunderts auch hier für Aufschwung sorgten. So die Wispertalstraße (1856–1870) und die Eisenbahn Linie Wiesbaden – Niederlahnstein (1862). 1885 erhielt Lorch das Stadtrecht. 1923/24 wurde die heutige B 42 angelegt, 1965 wurde Lorch Garnisonsstadt. 1971 folgte der Zusammenschluss von Lorch und Lorchhausen, durch die hessische Gebietsreform kamen 1977 Espenschied, Ransel und Wollmerschied dazu.
Eine kuriose, fast vergessene Epoche begann nach dem Ende des 1. Weltkrieges. Von den Siegermächten wurden um Köln, Koblenz und Mainz halbkreisförmige Brückenköpfe mit einem Radius von 30 km eingerichtet. Die Brückenköpfe von Mainz (französisch) und Koblenz (amerikanisch) ließen zwischen sich ein unbesetztes Gebiet in Form eines Flaschenhalses: der **»Freistaat Flaschenhals«**, abgeschnitten vom übrigen Deutschland, verwaltet durch den Lorcher Bürgermeister. Dieser führte sogar ein eige-

Die Sandstein-Brücke über die Wisper, im Hintergrund der mächtige Glockenturm der Pfarrkirche.

Die Seitentüren der Pfarrkirche St. Martin mit ihren kunstvollen Beschlägen.

nes »Freistaatgeld« ein. Der Freistaat hatte 8.000 Einwohner, der gesamte Waren- und Postverkehr war nur über Schmuggelpfade möglich. Kein Zug durfte hier halten. Am 25. Februar 1923 erst wurde der Freistaat von französischen Truppen besetzt.

Sehenswert ist die schöne, doppelbögige **Brücke** über die Wisper von 1567 aus rotem und hellen Sandstein. Die gotische **Pfarrkirche St. Martin** stammt aus dem 13. Jahrhundert, erbaut über den teilweise erhaltenen Resten einer spätromanischen Basilika, die für die wachsende Einwohnerschaft zu klein geworden war. 1270 wurde daher zunächst ein frühgotischer Chor errichtet, und zwar durch eine Kölner Bauhütte. Mit dem Hauptschiff wurde 1304 begonnen, 1398 das Nordschiff. Nach Anbau der inneren Vorhalle mit der Taufkapelle wurde Ende des 15. Jahrhunderts die äußere Vorhalle errichtet und der ehemalige Wehrturm als Glockenturm einbezogen.

Die äußere Vorhalle der Pfarrkirche St. Martin.

Wie schon erwähnt, Lorch war wohlhabend, und das zeigte man auch bei der Ausstattung. Leider verblieb der Kirche nur ein Bruchteil der wertvollen Kunstwerke, der Rest wurde Anfang des 19. Jahrhunderts verkauft. Dennoch, es blieb der 1483 errichtete, herrliche Schnitzaltar, der bedeutendste des mittelrheinischen Gebietes, von 13 großen Freifiguren geschmückt, das romanische Triumphkreuz und das Chorgestühl aus dem 13. Jahrhundert, der Taufstein aus dem Jahr 1464, sowie interessante Grabdenkmäler. Als »schönster Renaissance-Bau am Mittelrhein« gilt das **Hilchenhaus** am Rheinufer, das der kaiserliche Feldmarschall Johann Hilchen 1546–1548 errichten ließ, und das nach den Zerstörungen des 2. Weltkrieges wieder erstanden ist. Verputzter Bruchstein wechselt mit schönem Sandstein, besonders der zweistöckige Erker ist wundervoll.

Heute kann man dort den Wein der Grafen von Kanitz geniessen.
Interessant ist ebenfalls der »**Strunk**«, ein alter Befestigungsturm von 1527, und das **Leprosenhaus**. Das **Kunst- und Heimat Museum** bietet vor allem eine reiche Sammlung von Skulpturen, darunter den beeindruckenden Kopf Johannes des Täufers.
Oberhalb des Städtchens, 176 m über dem Rhein, steht die Burgruine **Nollig**. Sie entstand als nordwestlicher Eckpfeiler der Stadtbefestigung um das Jahr 1300 als Fachwerkturm, der den Übergang in kurpfälzisches Gebiet absicherte. Das Fachwerk wurde außen bald mit Bruchstein ummauert und mit einer Schildmauer mit zwei Rundtürmen verstärkt. Im 20. Jahrhundert erfolgte der Umbau zum Wohnhaus. Weiter im Hinterland beim Ort Sauerthal liegen die Burgruinen **Waldeck** und **Sauerburg**, der Stammsitz der Grafen von Sickingen. Franz von Sickingen (1481–1521), streitbare Figur der Reformation, stammt von dieser Burg, die allerdings heute nicht mehr besichtigt werden kann.
Von **Lorchhausen** führte das **»Rheingauer Cebück«**, cin dichtcr Schutz wall aus Gestrüpp und Dornen, über Schlangenbad nach Niederwalluf wieder zum Flußufer.
Informationen beim Städtischen Verkehrsamt Lorch, Rathaus
65391 Lorch/Rhein
Telefon: 06726/1815
Fax: 06726/1844

Vor dem Gasthaus »Zur Schmiede« steht der schöne Stadtbrunnen mit fein gearbeiteten Wasserspeiher.

Hoch über Stadt und Rheintal: die Ruine Burg Nollig.

Das »Alte Haus« in Bacharach ist eines der bekanntesten mittelrheinischen Fachwerkhäuser am Rhein.

⇒ Bacharach liegt links des Rheins zwischen Niederheimbach und Oberwesel.

Bacharach, Burg Stahleck und Ruine Stahlberg

Auf einen Blick: Stadtbefestigung (14. Jh.) mit Krahntor, Markttor und Münztor, Altes Haus, Amtskellerei, Haus Sickingen, Zehnthaus, Alte Post, kurpfälzische Münze und Haus Utsch (16. Jh.), Wernerkapelle (13. Jh.), Sankt Nikolaus (17. Jh.), Burg Stahleck (11./20. Jh.), Ruine Stahlberg (13. Jh.).

Bacharach bietet einen herrlichen Anblick. Man sollte sich die (kleine) Mühe machen und es sich wandernd von oben betrachten, man wird belohnt mit einem der schönsten, geschlossensten Stadtbilder des Rheins. Victor Hugo (1802-1885) verbrachte auf seiner Rheinreise 1840 drei Tage hier. Sein Bericht beginnt: *»Ich befinde mich gegenwärtig in den schönsten, bravsten und unbekanntesten Städten der Welt.«* Und er fährt fort: *»Bacharach ist wohl die älteste Anhäufung menschlicher Behausungen, die ich je gesehen habe. Im Vergleich mit Bacharach sind Oberwesel, St. Goar und Andernach vornehm wie die Rue de Rivoli. Bacharach ist das alte Bacchi Ara. Es sieht aus, als hätte ein Riese, der sich einen Trödlerladen am Rhein einrichten wollte, ein Stück Gebirge als Regal benutzt und dar-*

Blick auf Bacharach. Über der Stadt thront die Burg Stahleck.

auf von oben bis unten mit seinem Riesengeschmack einen Haufen ungeheurer Kuriositäten aufgebaut.« (Aus: Der Rhein, Übs. Karl Zimmer, München 1973, S. 61.)
Bacharach hat sich auch seinen Platz in der Literaturgeschichte verdient. Clemens Brentanos Ballade »Zu Bacharach am Rheine« löste den Loreley-Mythos aus, zahllose andere Texte folgten, Robert Stolz siedelte hier gar seine Operette »Wenn die kleinen Veilchen blühn« an. Aber auch das »Bacchi Ara«, der Altar des Bacchus ist ein, wenn auch nahe liegender, Mythos. Man habe auf einem bei Niedrigwasser auftauchenden Rheinfelsen dem Gott des Weines geopfert.
Bacharach ist keine römische Gründung, es ist älter. Der Name geht wohl auf das keltische »Baccaracum« zurück. Bacharach war merowingisch, dann kölnisch. Die erste urkundliche Erwähnung stammt aus dem Jahre 923. 1214 ging die Pfalzgrafschaft auf das Haus Wittelsbach über, zu dem Bacharach am Rhein fast 600 Jahre bis zur französischen Revolution gehörte. 1243 besaß Wittelsbach mit Burg Stahlberg und Burg Fürstenberg das ganze, so genannte Viertäler-Gebiet, Bacharach, Steeg, Oberdiebach und Manubach. Von 1214 bis 1508 prägten die Pfalzgrafen hier Münzen. 1254 wurden Bacharach und Diebach in den Rheinischen Städtebund aufgenommen, 1314 hier Ludwig der Bayer zum König gewählt. Der »Bacharacher Landfrieden« verbot Streitigkeiten, und 1349 heiratete Kaiser Karl IV. auf Burg Stahleck Anna, die Tochter des Pfalzgrafen Rudolf. Zwischen 1344 und 1364 wurde Bacharach befestigt, dazwischen, 1356 erhielt es die Stadtrechte.

Das Steeger Tor mit der Stadtmauer, im Hintergrund der Postenturm.

Mitte des 15. Jahrhunderts entstand eine Zollstätte, einhundert Jahre später führte Pfalzgraf Friedrich II. die Reformation ein. Dann ging es rapide abwärts. Der Dreißigjährige Krieg mit seinen wechselnden Besatzungen und Zerstörungen und die Schleifung der Burgen und der Stadtmauer 1689, der Pfälzische Erbfolgekrieg und die Französische Revolution mit nachfolgender napoleonischer Eroberung brachten die einstmalige Bedeutung der Stadt zum Erliegen. 1813/14 wurde Bacharach preußisch. Es war das 19. Jahrhundert, das mit der Öffnung des »Binger Lochs«, der Rheinregulierung und der Einführung von Dampfschiffen eine Wende brachte, den Tourismus, nicht zuletzt angelockt vom berühmten Bacharacher Wein. Nach dem Zweiten Weltkrieg gehört Bacharach fast wieder zur Kurpfalz, zumindest zum Regierungsbezirk Rheinhessen-

Das Markttor mit hübschen Fachwerkelementen und Türmchen.

Das Münztor.

Alter Brunnen vor Fachwerkhäusern.

Idyllisch gelegene Fachwerkhäuser in Bacharach

Pfalz. Heute umfasst es die Stadtteile Henschhausen, Medenscheid, Neurath und Steeg.

Die Sehenswürdigkeiten sind zahlreich. Von der **Stadtbefestigung** aus dem 14. Jahrhundert sind noch die **Ringmauer**, die zwischen Zollhof und Münzturm begehbar ist, so wie **Krahntor**, **Markttor** und **Münztor** und mehrere **Türme** erhalten. Bedeutende Zeugnisse des mittelrheinischen Fachwerks sind: das **Alte Haus**, ein Fachwerkbau von 1568, viel besungen und Schauplatz der Operette von Stolz, die kurfürstliche **Amtskellerei** von 1558, das **Haus Sickingen**, 1420 erbaut, der Fachwerk-Oberbau stammt aus dem 16. Jahrhundert, das Haus befand sich lange im Besitz der Familie des Reichsritters Franz von Sickingen, das **Zehnthaus**, die **Alte Post** von 1593, seit 1724 Sitz der Thurn- und Taxischen Postverwaltung und bis 1987 Bacharacher Postamt und die **kurpfälzische Münze**. Ebenfalls bedeutend ist das 1585 erbaute **Haus Utsch**. Im 18. Jahrhundert residierte in dem mittelalterlichen Fachwerkhaus Friedrich Wilhelm Utsch, einer der beiden Aspiranten auf den Inspirator des »Jägers aus Kurpfalz.« Bacharachs Wahrzeichen ist die hochgotische **Wernerkapelle** aus dem 13. Jahrhundert. 1337 wurde ihr Chor geweiht, doch vollendet wurde der Bau erst 1427. Der Anlass zum Bau diese Juwels war weniger angenehm: Der Mord an dem Knaben Werner, dessen Leiche man in der Karwoche 1287 in Bacharach fand, wurde ohne jeglichen Grund der Judengemeinde im benachbarten Oberwesel angelastet. Die Folge war eine wilde Judenverfolgung, der über 40 Menschen zum Opfer fielen. Heinrich Heines Erzählung »Der Rabbi von Bacharach« spiegelt noch die Geschehnisse. Gleichzeitig

Die Wernerkapelle, früher eine vielbesuchte Wallfahrtskirche.

setzten damals Wallfahrten zum Grabe des als Märtyrer verehrten Werner ein, den man in der kleinen Kunibertskapelle auf dem Friedhof oberhalb der Bacharacher Pfarrkirche beigesetzt hatte. Dennoch, die erwartete Heiligsprechung Werners blieb aus. Bis heute. Allerdings dauerte es bis 1963, das Fest zu Ehren Werners aus dem Trierer Kalender zu streichen. Immerhin, eine Gedenktafel mahnt jetzt hier zur Versöhnung zwischen Christen und Juden. Die Sprengung von Stahleck 1689 zerstörte Dach und Gewölbe des Gebäudes, weitere Schäden folgten. Aber gerade das führte bei den Rheinromantikern zu Begeisterung. Mit Recht, denn die Ruine zählt zu den schönsten Schöpfungen gotischer Architektur am Rhein.

Die Pfarrkirche **Sankt Nikolaus** ist Bestandteil eines 1688 an der Stelle der alten Zollstation errichteten früheren Kapuzinerklosters und beherbergt ein spätgotisches Kreuzigungsrelief, eine durch Gerhard von Kügelgen gefertigte gute Kopie der »Maria Magdalena« von Correggio und schöne Barockaltäre. Die evangelische Pfarrkirche **St. Peter** (11.–14. Jahrhundert) ist architektonisch hoch interessant. Ihre Grabdenkmäler und der riesige Christophorus sind ebenso überraschend wie sehenswert.

Die genaue Entstehungszeit von **Burg Stahleck** ist nicht bekannt, doch ist nachgewiesen, dass die Burg schon im Jahre 1095 bewohnt war. Urkundlich wird sie erstmals 1135 genannt. 1156 wurde Konrad von Hohenstaufen Pfalzgraf und machte Bacharach zu Zentrum und Residenz des entstehenden pfalzgräflichen Territoriums

Die evangelische Kirche St. Peter steht im Zentrum Bacharachs an der Abzweigung nach Steeg.

am Rhein. 1194 ging die »Hochzeit von Stahleck«, die heimliche Vermählung zwischen dem Sohn Heinrich des Löwen und der Tochter des Pfalzgrafen Konrad, in die Geschichte ein, ein vergeblicher Versuch, mit den Mitteln der Liebe Staufer und Welfen zu versöhnen. 1214 fiel Stahleck als erledigtes Lehen an den Wittelsbacher Ludwig von Bayern. 1349 heiratete Kaiser Karl IV. hier Pfalzgräfin Anna. Im Dreißigjährigen Krieg wurde Stahleck stark beschädigt, 1666 unter Pfalzgraf Karl Ludwig wieder hergestellt, aber das Jahr 1689 bedeutete auch hier das Ende. Als Ruine kaufte sie 1828 Kronprinz Friedrich Wilhelm von Preußen, um seiner Gemahlin Elisabeth von Bayern mit diesem Sitz ihrer Vorfahren eine Freude zu machen, aber wie das manchmal mit Geschenken ist, schien sie gar nicht erfreut über den Steinhaufen. Erst 1909 verkaufte die preußische Domänenverwaltung die Burg an den Rheinischen Verein für Denkmalpflege und Landschaftsschutz, der erste Instandsetzungsarbeiten durchführte.

Burg Stahleck ist eine der bekanntesten Jugendherbergen.

Zwischen 1925 und 1927 wurden die Ring- und Schildmauer der Burg wieder hergestellt und auf den Grundmauern eine Jugendherberge errichtet. Am 23. Juni 1926 wurde die Jugendburg zunächst mit 65 Betten eröffnet. Umbauten folgten 1967, der Bergfried wurde neu errichtet und überdacht. Heute ist Stahleck eine der bekanntesten Jugendherbergen. Schaut man sie an, sieht man eine gelungene Rekonstruktion, die, herrlich gelegen, Abenteuerlust weckt, nicht nur bei den jungen Besuchern.
Über einen eindrucksvollen und abwechslungsreichen Serpentinenweg mit Ruheplätzen und Aussichtspunkten ist sie von der Peterskirche aus in zehn Minuten erreichbar. Zu besichtigen ist nur der Burghof, aber der Blick über Bacharach, die Weinberge, Rheindiebach und das gegenüberliegenden Ufer mit Lorch und Lorchhausen ist den Aufstieg allemal wert.
Über dem Ortsende von Steeg liegt die **Ruine Stahlberg**. Bergfried und Schildmauer sind noch erhalten, die Reste einer Vorburg sichbar.
Burg Stahlberg entstand gleichzeitig mit der 1219 vollendeten Burg Fürstenberg zum Schutz des Viertälergebietes. 1243 überließ sie der Kölner Erzbischof Conrad von Hochstaden dem Pfalzgrafen Otto von Wittelsbach zum Lehen. 1316 wurde sie von Ludwig von Bayern an den Erzbischof Balduin von Trier verpfändet, fiel nach dessen Tod 1354 samt Viertälergebiet wieder an die Pfalzgrafschaft. Im Dreißigjährigen Krieg 1620 von

spanischen Truppen, 1632 von den Schweden sowie mehrmals von den anderen kriegsführenden Parteien eingenommen, wurde Stahlberg schon mehr oder weniger zerstört, 1689 im Pfälzischen Erbfolgekrieg von den Truppen Ludwigs des XIV. gesprengt. 1804 wurden die Trümmer für 350 Francs versteigert. Seit 1912 gehört die Ruine dem Rheinischen Verein für Denkmalpflege und Landschaftsschutz. Seither wurden zahlreiche Maßnahmen unternommen, den weiteren Verfall zu stoppen. Der Weg zur Ruine ist nur unzureichend ausgeschildert. In Steeg biegt man nach dem Wasserwerk auf einen unbefestigten Weg nach links ab.
Lohnenswert ist auch ein Besuch der Rheinanlagen und der vielleicht etwas mühsame Weg zum Postenturm. Von hier aus hat man einen einmaligen Panoramablick über Bacharach, die »heimliche Hauptstadt der Rheinromantik«. Der »Posten« bezeichnet auch eine sehr bekannte Weinlage. Von dieser Stelle aus haben schon viele Maler Bacharach in Bildern festgehalten.

Romantisches Rheinufer

Die Burgruine Stahlberg liegt umgeben von Wäldern bei Steeg.

Eine Holzbrücke führt über den Festungsgraben ins innere der Burganlage.

Informationen:
Rhein-Nahe Touristik e.V. Bacharach
Oberstr. 1, 55422 Bacharach
Telefon: 06743/2968
Fax: 06743/3155

Übernachtungs-Tipps:

Hotel Restaurant Café am Markt, Oberstraße 64
55422 Bacharach, Telefon und Fax 06743-1715

Haus Gisela - Ferienwohnung, Blücherstraße 66
55422 Bacharach, Telefon 06743-1272, Fax -1284

Campingplatz Sonnenstrand, 55422 Bacharach
Telefon 06743-1752, Fax 06743-3192

Die Pfalz bei Kaub:
»Ein steinernes Schiff, ewig auf dem Rheine schwimmend, ewig angesichts der Pfalzgrafenstadt vor Anker liegend«
(Victor Hugo über den Pfalzgrafenstein)

⇒ Kaub liegt rechts des Rheins zwischen Lorch und St. Goarshausen.

Kaub mit Pfalzgrafenstein und Burg Gutenfels

Auf einen Blick: Reste der Stadtmauer mit Wehrgang und Türmen, Altes Rathaus, Simultan-Kirche, Blücher-Museum, Burg Pfalzgrafenstein im Rhein (14. Jh.), Burg Gutenfels (13. Jh.).

Das mittelalterliche Weinstädtchen Kaub hat die größte Weinbaufläche am Mittelrhein und war früher ein Hauptort des rheinischen Schieferbergbaus. Mit der auf einer Insel im Strom liegenden Pfalz und Burg Gutenfels über dem Ort bietet es eine Kulisse, die malerischer nicht sein kann. Kein Wunder, dass Kaub so ein häufiges Motiv war (und ist) für Dichter, Maler und Fotografen (siehe Titelbild).

Grabfunde aus der La-Tène-Zeit und dem 3. Jahrhundert n. Chr. belegen auch hier eine frühe Besiedelung. Beim Bau der Saalburg durch die Römer wurde schon Kauber Schiefer verwendet. Erstmals urkundlich erwähnt wird Kaub als »Cuba villula« im Jahre 983 und von Kaiser Otto II dem Mainzer Erzbischof Willigis teilweise übergeben. »Cuba« könnte von

Blick über den Rhein auf Kaub und Burg Gutenfels.

dem keltischen »Cabi« (kleines Haus) kommen. Aber auch die Ableitung vom lateinischen »cubare« (lagern) ist möglich, oder, volkstümlich, von cupa vini, Wein-Kufe, denn der hl. Theonest soll in einer Kufe den Rhein hinab getrieben und von hiesigen Anwohnern gerettet worden sein.

Mit der im frühen 13. Jahrhundert errichteten Burg war ein einträglicher Rheinzoll verbunden, der sich gut verpfänden ließ. Burg und Zoll kamen um 1257 an die Herren von Falkenstein, die ihrerseits den Besitz im Jahre 1277 an die Pfalz verkauften. 1289 erwarb Ludwig II. von der Pfalz auch die restlichen Rechte der Falkensteiner. Der Ort kam durch Weinbau und den Abbau von Schiefer zu Wohlstand. Im Jahre 1324 erhielt Kaub die Stadtrechte, 1326 wurde zur Kontrolle des Schiffsverkehrs ein Zollturm im Rhein errichtet. Während der bayrisch-pfälzischen Erbfolgekriege 1504 wurde Burg Gutenfels erfolglos belagert, daher erhielt sie wohl ihren Namen. Hier ist auch der Ursprung der Geschichte des Elslein von Kaub, Else Weizer, der Tochter eines Geschützgießer Meisters, die wegen der Liebe zu einem Gesellen das Vaterhaus verlassen musste, aber gerade rechtzeitig zurückkehrte, um den Entsatz-Truppen den rechten Weg durch die Klippen des Rheines zu weisen, und zwar als Soldat verkleidet. Kein Wunder also, dass man sie hier bis heute feiert.

Während des Dreißigjährigen Krieges brannte Kaub 1635 teilweise nieder, nach den Verheerungen bestand der Ort nur noch aus 66 Wohnhäusern

Sehr befehlend steht Blücher am Ufer

Denkmal für die Gefallenen

mit insgesamt 198 Einwohnern. Unter Napoleon wurde Burg Gutenfels 1807 zum Abbruch versteigert. Militärgeschichte schrieb Kaub in der Neujahrswoche 1814, als Blücher als preußischer Feldmarschall und Oberkommandierender der Schlesischen Armee mit 60.000 Soldaten, 15.000 Pferden und 182 Geschützen auf einer russischen Pontonbrücke hier den Rhein überquerte. Das daran erinnernde **Blücher Denkmal**, am 18. Juni 1894 enthüllt, stammt vom Berliner Bildhauer Friedrich Schaper. Die Statue ist vier Meter hoch auf einem gleich hohen Granitsockel.

In den Jahren 1846, 1848 und 1910 vernichteten Brände weitere Gebäude. Kaub bietet aber dennoch eine Menge Sehenswertes. Das mittelalterliche Stadtbild wird noch immer von den Resten der **Stadtmauer** geprägt. Im Bereich um Marktplatz und Metzgergasse sind die Häuser bis heute über den ehemaligen **Wehrgang** erreichbar, praktisch besonders bei Hochwasser. In der Zollstrasse, parallell zur Bahn, hat sich der **Zollschreiber Turm** erhalten, weiter der **Weseler Turm** und der markante **Dicke Turm**. Das kurpfälzische **Amtshaus** um den Stadtmauereckturm aus dem 12./13 Jahrhundert stammt aus dem 15. Jahrhundert. In seinem Innnenhof enthält es Hochwasser- und Eisgangmarken ab 1784. Am Marktplatz erhebt sich der ebenfalls in die Verteidigungsanlage integrierte, romanische **Kirchturm**. Wie in Bendorf schart sich um ihn eine **Simultan-Kirche**. 1685 trat in der protestantischen Pfalz die katholische Linie Pfalz-Neuburg die Regierung an, Auslöser nicht nur für einen Erbfolge-

Turm der ehemaligen Stadtbefestigung

Krieg, sondern auch für die Bildung neuer, katholischer Gemeinden im Land. In Kaub wurde folglich der Chor der spätgotischen Kirche 1707 durch eine Mauer abgetrennt und von den

Das alte Amtshaus

Blick auf die Zollstraße und Burg Gutenfels.

Katholiken genutzt. Das Provisorium wurde 1770 abgerissen und an seiner Stelle der heutige Kirchenraum errichtet. Dieser Teil ist am barocken Dachreiter erkennbar. Auch die gut erhaltene zeitgenössische Innenausstattung ist sehenswert. So finden sich jetzt **St. Nikolaus** und die protestantische **Trinitatis** Kirche unter einem Dach mit gemeinsamem Turm. Interessant ist auch das **Alte Rathaus**. Der Treppenturm stammt noch von 1511, das Fach-

Kopie der »Kauber Madonna« in St. Nikolaus

Die Kirche St. Nikolaus

Portal an der Simultan-Kirche

werk-Obergeschoss aus der Zeit nach dem großen Brand, Mitte des 17. Jahrhunderts erbaut. Das heutige **Blücher Museum**, das ehemalige Gasthaus »Zur Stadt Mannheim«, 1780 errichtet, war das Hauptquartier Blüchers beim Rheinübergang. Die beiden praktisch unveränderten Wohnräume Blüchers sind 1913 zum Museum umgestaltet worden und zeigen ein Stück bürgerlicher Wohnkultur um 1800. Leinwandtapeten aus der Zeit um 1780 mit Ölgemälden, Papiertapeten aus der Zeit um 1800 mit feinen Aquarellen, ein Flügel aus dem Jahre 1790, ein Klavicord von 1786, Flügeltüren aus Nussbaum, es war eine wohlhabende und kunstsinnige Familie, die hier wohnte. An Blücher persönlich erinnern seine Tabakdose, ein Handschuh, eine Schreibmappe mit einigen Briefen, seine Kriegskasse und eine Stutzuhr aus seinem Besitz. Erinnert wird mit originalen Exponaten auch an Gneisenau und Yorck. Illustrationen, Schautafeln und Dioramen mit Zinnfiguren lassen die Zeit lebendig werden. Eine bedeutende Militaria Sammlung vervollständigt das Bild.

Metzgergasse 6, 56349 Kaub
Telefon 06774/400 u. 222.
Geöffnet: Täglich, außer Montag, 10–12 Uhr und 14–16 Uhr (von November bis März werktags nur an Vormittagen)

Burg Pfalzgrafenstein wurde ab 1327 mitten im Rhein errichtet. Am Anfang beschränkte sich die Anlage auf den sechsgeschossigen, fünfeckigen Turm zur Sicherung des Zolles. Diese guten Einnahmen weckten Begehrlichkeiten, es kam zu Protesten des Papstes und

Pfalzgrafenstein, erbaut auf einer Felseninsel mitten im Strom.

Bei schönem Wetter laden in Kaub Biergärten und Cafés zum Verweilen ein.

des Erzbischofs. Dies führte zum noch wehrhafteren Ausbau, so durch die zwölf Meter hohe sechseckige Ringmauer mit zwei Wehrgängen. Seit 1339 heißt die Anlage Pfalzgrafenstein. Sie hat die wechselhafte Geschichte unzerstört und unbeschädigt überstanden. 1803 kam sie an Nassau, 1866 an Preussen. Bis 1876 blieb sie Zollstation. Seit 1946 ist sie im Besitz des Landes Rheinland-Pfalz und wurde als Signalstation der Rheinschifffahrt genutzt, bis sie Ende der 60er, Anfang der 70er Jahre komplett renoviert wurde. Auf der Südspitze der Bastion thront ein Löwe als Halter des pfälzischen Wappens, heute eine Kopie. Es lohnt sehr, die Anlage zu besichtigen. Um den Burghof ziehen sich die Arkaden mit Wehrgang, in der Mitte steht der fünfseitige Bergfried, nein, hier kam niemand vorbei, ohne den Zoll entrichtet zu haben. Über die Wehrgänge erreicht man den ehemaligen Kanonenstand mit angrenzenden Aufenthaltsräumen und das Verlies, eine Wendeltreppe führt ins Obergeschoss mit herrlichem Blick auf das Rheintal in ungewöhnlicher Perspektive. Ergänzt wird das Bild durch Möbel des 17. bis 19. Jahrhunderts, so wie Stücke des damaligen Hausrates. Natürlich ist die »Pfalz im Rhein« nur bei normalem Wasserstand erreichbar, dann kann man aber bequem mit dem Fährboot über setzen.

Geöffnet vom 1. April bis 30. September, 9–13 und 14–18 Uhr, und vom 1. Oktober bis 31. März, 9– 13 und 14–17 Uhr. Im Dezember sowie montags geschlossen, in der Sommersaison bis Ende Oktober aber auch montags geöffnet. Letzte Überfahrt mit der Fähre jeweils eine Stunde vor Schließung.

Heinrich Heine (1797–1856)

Herzliebchen in der Pfalz

Auf Perlen schäumenden Weines
Herzliebchen trag' ich Dich fort,
Fort zu den Ufern des Rheines,
Dort weiß ich den schönsten Ort.

Dort siehst eine Insel Du ragen
Im hellen Mondenschein,
Die Pfalz die tut sie tragen,
Dort wandern wir dann zu zwei'n.

Es rauschen im Winde die Weiden,
Wir schaun zu den Sternen empor.
Wie gut ich Dich mag leiden,
Das küß' ich Dir lachend in's Ohr.

Es schwimmen herbei und lauschen
Die Salme, die leckern Gesell'n,
Und rings um uns da rauschen
Des Deutschen Stromes Well'n.

Dort wollen wir niedersinken
Im Schloßhof beim Lindenbaum
Und Liebe und Cauber trinken
Und träumen seligen Traum!

Die Burg Gutenfels beherbergt heute ein Hotel.

Burg Gutenfels wurde in der ersten Hälfte des 13. Jahrhunderts errichtet, 1257 erstmals urkundlich erwähnt. Sie war ebenfalls im Besitz der Falkensteiner und ging mit Kaub 1277 in kurpfälzische Hände über. Sie ist eines der bedeutendsten Beispiele staufischer Wehr- und Wohnbaukunst am Rhein. Ursprünglich hieß sie Burg Kaub, erhielt aber nach der vergeblichen Belagerung durch Landgraf Wilhelm von Hessen 1504 ihren neuen, sprechenden Namen. Wie schon erwähnt, wurde sie unter Napoleon zum Abbruch versteigert, dieser Abbruch fand auch statt, aber nach dem Kauf durch den Architekten Gustav Walter folgte in den Jahren 1889 bis 1892 der Wiederaufbau. Heute dient Burg Gutenfels als Hotel.

Informationen beim Städtischen Verkehrsamt Kaub
Metzgergasse 26, 56349 Kaub
Telefon: 06774/222
Fax: 06774/8230.

Übernachtungs-Tipps:

Hotel Haus Berlin, Hochstr. 44, 56349 Kaub
Telefon 06774-9100

Teile der guterhaltenen Stadtmauer von Oberwesel sind begehbar. Blick auf zwei der sechzehn erhaltenen Wehrtürme.

⇒ Oberwesel liegt links des Rheins zwischen Bacharach und St. Goar.

Oberwesel und die Schönburg

Auf einen Blick: Liebfrauenkirche, Martinskirche (14. Jh.), Ruine der Wernerkapelle (14. Jh.), Stadtbefestigung mit 16 Türmen, Schönburg (10. Jh.).

Die Stadtmauer aus dem 13.–15. Jh.

Der Beiname »Stadt der Türme und des Weines« passt zu dem von mittelalterlichen Bauten geprägten Oberwesel. Es liegt gegenüber der Loreley und früher nahe den »Sieben Jungfrauen«, Felsen, so genannten Hungersteinen, an denen schon so manches Schiff zerschellt ist. Zur Stadt gehören die Ortsteile Dellhofen, Urbar, Engehöll und Langscheid. Oberwesel ist Teil der Verbandsgemeinde St. Goar-Oberwesel. Hier geschah eine Premiere, deren Tragweite wohl keiner der Beteiligten ermessen konnte: 1843 wurde im Gasthof »Zum goldenen Pfropfenzieher« das Deutschlandlied von seinem Autor Heinrich Hoffmann von Fallersleben (1798-1874) zum ersten Male öffentlich gelesen.

Oberwesel wurde bereits vor der Römerzeit von dem keltischen Stamm der Treverer besiedelt. Auch der Name ist keltischen Ursprungs. Die Römer richteten um 12 v. Chr. in »Vosavia« eine Militärstation ein. Die Franken errichteten einen Königshof. 966 schenkte Otto I. den Ort dem Erzbistum Magdeburg, dann kam er an Mainz, bis 1166 Friedrich I. Barbarossa ihn ertauschte. 1216 übergab Kaiser Friedrich II. Stadt und Burg wieder dem Erzbistum Magdeburg, bis sie 1220 endlich gegen 2.000 Mark Silber an das Reich zurückkamen. Seit 1237 reichsunmittelbar, trat Wesel 1254 dem rheinischen Städtebund bei. Es folgte die Befestigung. Kaiser Heinrich VII. verpfändete 1309 und endgültig 1312 Oberwesel und Boppard seinem Bruder Balduin, Erzbischof und Kurfürst zu Trier, wo es blieb. Nicht gerade freiwillig, man versuchte, sich 1389 gegen Kurfürst Werner von Falkenstein aufzulehnen,

Gedenktafel zu Ehren von Hoffmann von Fallersleben

Die Treppenaufgänge wurden platzsparend in die Stadtmauer hineingebaut.

Eindrucksvoll ist dieses gut erhaltene Tor der Stadtbefestigung.

der Lohn war eine einjährige Belagerung. Die Schönburg hatte sich zur Ganerbenburg entwickelt. Der Einfluss der Herren von Schönburg lässt sich an einem Beispiel illustrieren: Friedrich von Schönburg (1615–1690) führte die Titel Duke of Leinster, Graf von Mertola, Maréchal de France, Grande von Portugal und Chef der kurbrandenburgischen Truppen. Sein Grab befindet sich in der St. Patricks-Kathedrale in Dublin, das seines Sohnes Meinhard in der Westminster-Abtei in London. Die Familie existiert noch, sie lebt auf Schloss Eybach bei Geislingen an der Steige. Der Dreißigjährige Krieg tobte kräftig durch den Ort, der Pfälzische Krieg gab ihm den Rest, die Franzosen steckten die Stadt 1689 in Brand. Dennoch, das 19. Jahrhundert entdeckte das romantische, mittelalterlich anmutende Oberwesel mit seiner unvergleichlich schönen Lage neu. Verständlich, denn trotz aller weiteren Veränderungen ist es noch immer mit seinen Kirchen, der Klosterruine und der erhaltenen **Stadtmauer mit 16 (!) Wehrtürmen** ein Kleinod des Mittelalters.

Die **Stifts- oder Liebfrauenkirche**, (rote Kirche genannt), wurde zwischen 1308 und 1351 erbaut. Aussen denkbar schlicht, öffnet sich das in rot und weiß gehaltene gotische Innere zu einem reinen, klaren spirituellen Raum. Der herrliche Lettner, die Fresken mit Darstellungen von Schutzheiligen und ihren Kirchen und der Hochaltar von 1331 sind ein Form gewordenes Loblied Gottes. Die Altarbilder, das Sakramentshaus, die Orgel mit stolzen 2788 Pfeifen, die Grablegungsgruppe und die Grabdenkmäler, man sollte sich viel Zeit nehmen, all das gebührend zu erfassen und wirken zu lassen. Die ebenfalls gotische **St.-Martins-Kirche** (weiße Kirche) von 1303 liegt oberhalb der Stadt und besitzt einen mächtigen Glockenturm, der ursprünglich Teil der Stadtbefestigung war. Vorher stand hier wohl die Kapelle des fränkischen Königshofes. Hier bestechen die Gewölbemalereien und das Chorgestühl aus der Entstehungszeit. Der barocke Hochaltar stammt aus dem Jahre 1682, das gotische Sakramentshaus von etwa 1450. Rheinseitig auf der Stadtmauer befindet sich die **Wernerkapelle**, Ende des 14. Jahrhunderts als Hospitalkapelle errichtet und gleich ihrer Schwester in Bacharach Ruine. Neben dem mittelalterlich anmutenden **Rathaus** von 1842 in der Oberstrasse die Ruinen des **Minoritenklosters.** Es war eines der ältesten Franziskanerklöster Deutschlands und besaß bereits 1262 eine bedeutende Lateinschule.

Die **Schönburg**, oder, um einmal mehr mit Freiligrath zu sprechen, »der Romantik schönster Zufluchtsort am Rhein« wird wohl im Zusammenhang mit der Schenkung des Ortes Wesel an das Erzstift Magdeburg entstanden sein als Sitz für die bestellten Vögte. Erstmals erwähnt wird sie 1149, im Besitz des Lehenträgers Pfalzgraf Hermann von Stahleck. Als Friedrich Barbarossa 1166 die Schönburg und den Ort zurück erwarb, wurde erstmals das Geschlecht Schönburg erwähnt, das rasch wuchs. Deshalb wuchs die Burg mit. Im Jahr 1318 ging sie an Balduin von Trier, während des Dreißigjährigen Krieges war sie bereits im Verfall, 1689 ausgeplündert, niedergebrannt und zerstört. 1796 wurde sie zu französischem Nationaleigentum erklärt. Es folgten zahlreiche Besitzerwechsel, bis gegen Ende des 19. Jahrhunderts der deutsch-amerikanische Bankier T. J. Oakley Rhinelander aus New York die Ruine kaufte und restaurieren ließ. Die Schönburg hat (so ist das mit den Ganerben) drei Bergfriede und eine mächtige Schildmauer, eine der bedeutendsten ihrer Art. Die spätgotische Burgkapelle wurde von Rhinelander auf ihren alten Grundmauern wieder errichtet. 1950 erwarb die Stadt Oberwesel die Burg und baute weitere Teile aus. Heute dient der südliche Teil der Schönburg, die früheren Kemenaten, als Burghotel-Restaurant.

Blick von der Schönburg auf die Stadt, hoch ragt die rote Liebfrauenkirche aus den Häusern hervor.

Oberwesel hat zu all dem auch ein Stadtmuseum und ein Bäckereimuseum zu bieten, und natürlich viele Möglichkeiten der Freizeitgestaltung.

Innenseite der Schildmauer der Schönburg.

Info Adresse:
Tourist Information
Oberwesel
Rathausstr. 3
55430 Oberwesel
Telefon: 06744/1521
Fax: 06744/1540
Homepage: www.oberwesel.com

Der steile Loreley-Felsen lliegt an der engsten Stelle nahe St. Goarshausen. Unzählige Lieder, Gedichte und Geschichten ranken sich um ihn.

⇒ Die Loreley und St. Goarshausen liegen rechts des Rheins zwischen Kaub und Kamp-Bornhofen.

Die Loreley und St. Goarshausen mit Burg Katz und Burg Maus

Auf einen Blick: Loreley-Felsen mit Besucherzentrum, St. Goarshausen Runder Turm, Viereckiger Turm (14. Jh.) Turm, Altes Rathaus (16. Jh.), evangelische Kirche (19. Jh.), Pfarrkirche (20. Jh.), Burg Katz (14./19. Jh.), Ruine Reichenberg (14. Jh.), Wellmich: Burg Maus (14./19. Jh.), Pfarrkirche St. Martin.

Von Kaub kommend folgt man der B 42. Das Flussbett wird immer enger, kurz vor St. Goarshausen liegt mit 130 Meter die engste Stelle. Dort ragt der berühmte und viel besungene Loreley-Felsen 120 Meter hoch über den Strom. Wenn die Schiffer der vergangenen Jahrhunderte die Loreley passiert hatten, konnten sie aufatmen, hatten sie doch ihre Fracht glücklich und unbeschadet an den gefährlichen Klippen im Fluss vorbei manövriert. Kein Wunder, dass sich allerlei Sagen um den gefährlichen Ort rankten. Erst Clemes Brentano aber personifizierte den Namen des Berges in Gestalt der verführerischen Zauberin, gab ihr aber einen anderen Wohnsitz, nämlich Bacharach. »*Zu Bacharach am Rheine/Wohnt' eine Zauberin,/ Sie war so schön und feine/Und riß viel Herzen hin./Und brachte viel zu Schanden/Der Männer ringsumher,/ Aus ihren Liebesbanden/War keine Rettung mehr.*« heißt es in der Ballade aus seinem ersten Roman »Godwi oder das steinerne Bild der Mutter« von 1802. Vom Bischof geladen und ins Kloster geschickt, stürzt sie sich vom Felsen in den Strom. Heinrich Heine gab dann 1824 dem Mythos die Form, die dank Silchers Vertonung ein Volkslied wurde und sich jeden Tag aus ungezählten Schiffslautsprechern am Felsen bricht. Vielleicht ist es gut, dass der Bau der Eisenbahn das einst berühmte Echo hier zerstört hat. Manchmal hat man den Eindruck, jeder Japaner beherrsche die Verse im

Manche Schiffe benötigen die Hilfe eines Schleppers, um die starke Strömung zu überwinden.

Schlaf. Eigentlich unnötig, sie noch einmal abzudrucken, aber sie gehören eben unzweifelhaft hierher:

Heinrich Heine (1797-1856)
Lore-Lei

Ich weiß nicht was soll es bedeuten
Daß ich so traurig bin;
Ein Märchen aus alten Zeiten,
Das kommt mir nicht aus dem Sinn.

Die Luft ist kühl und es dunkelt,
Und ruhig fließt der Rhein;
Der Gipfel des Berges funkelt
Im Abendsonnenschein.

Die schönste Jungfrau sitzet
Dort oben wunderbar;
Ihr goldnes Geschmeide blitzet,
Sie kämmt ihr goldenes Haar.

Sie kämmt es mit goldenem Kamme
Und singt ein Lied dabei;
Das hat eine wundersame,
Gewaltige Melodei.

Den Schiffer im kleinen Schiffe
Ergreift es mit wildem Weh;
Er schaut nicht die Felsenriffe,
Es schaut nur hinauf in die Höh'.

Ich glaube, die Wellen verschlingen
Am Ende Schiffer und Kahn;
Und das hat mit ihrem Singen
Die Lore-Lei getan.

Zahllose Neufassungen und Parodien gibt es, von Karl Valentin über Erich Kästner bis zur famosen »Torelorelie-se« von Cornelis Buddingh', und auch die bildende Kunst arbeitete sich breitest am Thema ab. Die Nationalsozialisten errichteten hier einen Thingplatz und die bis heute genutzte Freilichtbühne. Inzwischen locken harmlosere Dinge. Die berühmten Rock-Events, aber auch das Besucherzentrum mit seiner Multi-Media-Schau und einer gut sortierten Buchhandlung, ein Hotel, ein Rundwanderweg und, das Beste, die absolut wunderbare Aussicht. Und manchmal, selten zwar, hat man Glück, und es ist richtig still. Dann lebt der Mythos, und eine leichte, angenehme Gänsehaut stellt sich ein.

Loreley-Statue

Die kleine Stadt **St. Goarshausen** liegt inmitten idyllischer Weinberge zu Füßen von Burg Katz. Zu ihr gehören die Stadtteile Ehrenthal, Heide und Wellmich. St. Goarshausen ist heute Verwaltungssitz der Verbandsgemeinde »Loreley« mit 17 Gemeinden. Somit hat es richtig Karriere gemacht, bedenkt man seine Anfänge.

St. Goarshausen hat zwei Stadttürme. Hier der runde Turm.

Der eckige Turm beherbergt ein Museum und eine Gaststätte.

St. Goarshausen verdankt seine Existenz der Ansiedelung des Mönches Goar gegenüber im heutigen St. Goar. Die Rechte über die Gemarkung St. Goarshausen mit der noch unbedeutenden Ansiedlung wurden von dem Erzstift Trier als Lehen vergeben und gelangten wohl im 12. Jahrhundert an die Herren von Isenburg. Urkundlich, aber nicht namentlich erwähnt wird es erstmals 1222. Ende des 13. Jahrhunderts kam es an die Grafen von Katzenelnbogen, die Burg Reichenstein erbauen liessen und 1324 die Stadtrechte erwirkten. Die Stadt mit 200 Einwohnern erhielt auch eine Befestigung, von der zwei Türme erhalten blieben. Sie lebte von Fischfang und Weinbau, für Landwirtschaft war der Uferstreifen zu schmal. Vor allem der Salmfang lohnte sich. Um 1800 waren noch 44 Salmfischer tätig, doch die zunehmende Rheinschifffahrt und die abnehmende Wasserqualität erlaubte die Fortsetzung nicht. Noch vor dem Zweiten Weltkrieg war endgültig Schluss. St. Goarshausen wuchs daher auch kaum. 1587 zählte es 39 Familien mit etwa 210 Seelen, 1635 starben 178 der rund 220 Einwohner an der Pest, 1798 zählte man 411 Einwohner in 88 Häusern. Trotzdem wurde St. Goarshausen 1816 auch amtlich zur Stadt und zum Amtssitz im neu gegründeten Herzogtum Nassau erklärt. 1859 bis 1862 wurde auf dem ohnehin engen Terrain auch noch die Eisenbahn gebaut, 16 Wohnhäuser fielen der Streckenführung zum Opfer, doch dadurch entwickelte sich ein Geschäftsviertel und St. Goarshausen wandelte sich zum Fremdenverkehrsort mit der Loreley als Hauptanziehungspunkt.

Sehenswert sind neben den erwähnten zwei Stadttürmen, dem **Runden Turm** und dem **Viereckigen Turm**

Das alte Rathaus von 1532 mitten in St. Goarshausen.

Schöne Fachwerkbauten finden sich auch hier im Ortskern.

(Gaststätte und Museum) das **Alte Rathaus** von 1532, die **evangelische Kirche** von 1863 und die katholische **Pfarrkirche St Johannes der Täufer**, von 1923-25, in der sich ein Altargemälde aus der Schule von Lucas Cranach dem Älteren befindet. Eine **Auto- und Personenfähre** verbindet St. Goarshausen mit St. Goar.

Burg Katz, eigentlich Burg Neu-Katzenelnbogen, wurde um 1371 durch Graf Wilhelm II. von Katzenelnbogen als Reaktion auf den Bau von Burg Maus durch die Trierer Erzbischöfe erbaut. Aus dieser Zeit stammt noch die Burgkapelle. Graf Johann von Katzenelnbogen ließ die Burg 1395 weiter ausbauen. Nach dem Aussterben der Grafen von Katzenelnbogen gelangte Burg Katz im Jahre 1479 durch Erbschaft in den

Burg Katz beherrscht den Felsen über St. Goarshausen.

Blick über den Rhein auf St. Goarshausen mit Burg Katz.

Besitz der Landgrafen von Hessen die sie mit Rheinfels und Reichenberg zu einem Festungswerk verstärkten. So wurde der Bergfried auf eine Höhe von 60 Metern aufgestockt. Die Streitigkeiten zwischen Hessen-Kassel und Hessen-Darmstadt im 17. Jahrhundert führten zur Belagerung. Sie überstand Besetzungen und Kriege, bis sie im Jahre 1806 als eine der letzten Burgen am Rhein auf Napoleons Befehl durch französische Truppen gesprengt wurde. Nach einigen Besitzerwechseln wurde die Ruine 1896 bis 1898 durch den Landrat Ferdinand Berg wieder ausgebaut. Der Bergfried ist bis heute Ruine. 1989 verkauft, ist Burg Katz zur Zeit in japanischem Privatbesitz und kann nicht besichtigt werden.

Burg Maus über dem Stadtteil Wellmich.

Die St.-Martins-Kirche in Wellmich ...

... und ihre gotischen Fresken.

Burg Maus, auch Deuernburg, Thurnberg oder Peterseck genannt, liegt oberhalb des Stadtteils **Wellmich**, einer fränkischen Gründung. Sie wurde vom Trierer Erzbischof Boemund II., Graf von Saarbrücken im Jahre 1355 zur Sicherung seines neu erworbenen Besitzes errichtet und wurde zur beliebten Residenz, daher musste der Wohnturm bald zu seiner doppelten Fläche erweitert werden. Den Namen Maus verdankt sie wohl dem Spott der Grafen von Katzenelnbogen. Burg Maus endete, da sich niemand mehr darum kümmerte, im Jahre 1806 als Ruine und wurde verkauft. Erst um 1900 wurde sie durch den Architekten Gärtner aus Köln unter Berücksichtigung des vorhandenen mittelalterlichen Erscheinungsbildes wieder aufgebaut. Das Innere birgt wertvolle Möbel und Sammlungen und einen Adler- und Falkenhof. Öffnungszeiten: Ende März bis Anfang Oktober täglich ab 10 Uhr. Um 11.00 und 14.30 Uhr, an Sonn- und Feiertagen auch um 16.30 Uhr Flugvorführungen mit Lehrvortrag.
Telefon: 06771/7669
Fax: 06771/951003
E-Mail: UlrichVoell@t-online.de
Homepage: www.burg-maus.de

In **Wellmich,** 1042 erstmals erwähnt und seit 1969 zu St. Goarshausen gehörig, ist die **St.-Martins-Kirche** sehenswert, sie stammt im Kern aus dem 14. Jahrhundert, zu sehen sind gotische Fresken, das Grabdenkmal des 1538 verstorbenen Ritters Coryn von Nassau, eine schöne Piéta des 14. und ein St. Martin des 15. Jahrhunderts.

Blick auf Kestert und die gegenüberliegende steile Felswand.

Der gastliche Rheinort **Kestert** war früher als Obst- und Kirschen-Gemeinde bekannt. Von Kestert bietet sich eine eindrucksvolle Aussicht auf die gegenüberliegende Felswand, eine der größten und steilsten am Mittelrhein.

In St. Goarshausen werden vielfältige Aktivitäten angeboten, falls man vor lauter interessanten Besichtigungen überhaupt noch zu etwas anderem kommt. Seit 1999 führt der Bergbau und Landschaftspfad von Wellmich über Prath nach Ehrental. Angeboten werden auch Schiffstouren und mehr.

Auskunft erteilt die Tourist-Information
St. Goarshausen, Bahnhofsstr. 8
56346 St. Goarshausen
Telefon: 06771/9100
Fax: 06771/91015
E-Mail:
loreley-tourist-info@t-online.de
Homepage:
www.loreley-touristik.de.
Besucherzentrum Loreley
56346 St. Goarshausen
Telefon: 06771/599093
Fax: 06771/599094
E-Mail:
info@besucherzentrum-loreley.de
Homepage:
www.besucherzentrum-loreley.de.

Blick über St. Goar auf St. Goarshausen. Die Stiftskirche ragt hoch über die Dächer.

⇒ St. Goar liegt links des Rheins zwischen Oberwesel und Boppard.

St. Goar und Burg Rheinfels

Auf einen Blick: Stiftskirche St. Goar (11.–15. Jh.), Katholische Pfarrkirche (19. Jh.), Stadtmauertürme, Ruine Rheinfels (13.–18. Jh.).

St. Goar war einmal berühmt als bester Fangplatz für den Salm, als der im Rhein noch in Mengen vorkam. (Damals gab es Lehrlinge, die in ihren Verträgen stehen hatten, dass sie nicht jeden Tag Salm essen müssten.) Ob das je wieder so wird steht in den Sternen. Der Ort steht ein wenig im Schatten der (in jeder Beziehung) mächtigen Ruine Rheinfels. Dabei war hier in den 1840er Jahren kräftig etwas los: Ferdinand Freiligrath wohnte in der Heerstraße und empfing viele und namhafte Kollegen zu Gesprächen, Speis und Trank. So Hans Christian Andersen, Emanuel Geibel, August Hoffmann von Fallersleben, Justinus Kerner, Henry Wadsworth Longfellow, Karl Simrock und andere mehr. Hier schrieb er sein »Glaubensbekenntnis«, das ein Gedicht enthält, das eine Programmschrift zur Rheinromantik und ihren Vertretern ist. Leider ist es zu lang für diesen Rahmen hier, dennoch, einige Strophen seien angeführt (nächste Seite).
Grabungsfunde belegen, dass das heutige Stadtgebiet bereits in römischer Zeit besiedelt war. Vermutlich

Rheinpromenade von St. Goar. Rechts über dem Ort Burg Rheinfels.

Ferdinand Freiligrath (1810–1876)

Ein Flecken am Rhein (St. Goar, September 1842)

Gruß dir, Romantik! – Welch ein prächtig Nest!
Mit seines schlanken Mauerthurmes Zinnen,
Mit seiner Thore moosbewachs'nem Rest!
Mit seiner Burg, so schartig und so fest,
Wie reißt es sieghaft meinen Geist von hinnen!
Gruß dir Romantik! Träumend zieh´ ich ein
In deinen schönsten Zufluchtsort am Rhein!

Drin weilst du noch! Im schlichten Nonnenkleid
Blickst Du mich an durch die bemalten Scheiben.
Es hat geächtet dich die Nüchternheit,
Ach, und die Klugheit dieser hast'gen Zeit;
Sie möchten gern dich ganz und gar vertreiben.
In kleinen Ufervesten, morsch und grau
Birgst du dich zitternd, wunderbare Frau!

Doch – ach, in Kirchen, die des Schmuckes bar,
Dort ist die Statt, wo deine Seele jammert!
In öden Kirchen, mit zerwehtem Haar,
In öden Kirchen knie'st du am Altar;
Und hältst mit Weinen brünstig ihn umklammert,
In seines Schattens ewigheil'ger Ruh'
Suchst eine Freistatt deinem Schmerze du.

Und bist dieselbe doch, die einst mit Lob
Und trunkner Scheu des Volkes Beste nannten;
Die Ludwig Tieck einst auf den Zelter hob,
Die keck den Forst der Poesie durchstob,
Arnim, Brentano deines Zugs Trabanten.
Die Waldung glühte, silbern sprang der Born,
Und wie ein Mährchen scholl das Wunderhorn.

Das war vordem! – Jüngst ging ich am Gestad;
Grün floß der Strom: nicht Volker sah ihn reiner.
Ein Dampfboot zog vorüber seinen Pfad,
Tief in die Wellen griff es mit dem Rad,
Und auf dem Deck stand deiner Priester Einer:
Der jüngste wohl - und doch schon grauen Haars
Um die gewölbten Schläfen: Uhland war's!

Wir kannten uns – wir grüßten uns. Vorbei
Mein einsam Städtchen schwamm er zu den Dänen.
Auf uns hernieder sah die Lorelei,
Im Hals erstickt' ich einen Freudenschrei,
Doch in den Augen hatt' ich helle Thränen.
Trüb klang ein Lied in meiner Seele Schrein;
Das hieß: »Drei Burschen zogen über'n Rhein!«

...

Du wußtest es, daß er vorüberzog!
Aus Burg und Felsriß durch des Morgens Nässe
Sahst du hernieder, und ein Lächeln flog,
Ein sonnig Lächeln, als das Schiff sich bog,
Durch deiner Züge kummervolle Blässe.
Mit trüber Freude sahst du auf den Knie'n
Auf deinem Strome deinen Dichter ziehn.

Da flog er hin, der letzte Rauch verschwamm!
Da flog er hin, dein jüngster, reinster Kämpfer!
Dein Lächeln floh, trüb stand der Berge Kamm,
In meinem Herze pocht' es wundersam:
Dein letzter Ritter – ach, und auf dem Dämpfer!
Dahingerissen von der neuen Zeit
Des Mittelalters fromme Trunkenheit!

Ein Gleichniß nur! – Doch kam es über mich,
Und nicht vermocht' ich's trotzig abzuweisen;
Daher die Trauer, die mich überschlich.
Du Stille, Bleiche, ja verhülle dich!
Die Zeit, o Herrin, ist für dich von Eisen!
Kalt unterwühlt sie dein vermorscht Asyl –
Ach, nicht allein mit ihrer Dämpfer Kiel!

Dein Reich ist aus! - Ja, ich versteh' es nicht;
Ein andrer Geist regiert die Welt als deiner.
Wir fühlen's Alle, wie er Bahn sich bricht;
Er pulst im Leben, lobert im Gedicht,
Er strebt, er ringt – so strebte vor ihm keiner!
Ich dien' ihm auch und wünsch' ihm frohen Sieg –
Doch warum dir, Verbannte, deßhalb Krieg?

Dir, deren prächtig Banner ohnehin
Einsam nur weht noch auf zerfallner Mauer!
Dir, der Entthronten! - Mit bewegtem Sinn
Zu deinen Füßen werf' ich still mich hin,
Ein ernster Zeuge deiner Witwentrauer!
Ein Kind der Neuzeit, fiebernd und erregt,
Das um die alte fromm doch Leide trägt!

... ...

gab es sogar eine Rheinfähre. Seinen Namen verdankt der Ort dem heiligen Goar, der sich um 550 hier nieder ließ. Sein Grab entwickelte sich zur Wallfahrtsstätte, die von einem Kollegium betreut wurde, das seit dem 8. Jahrhundert der Abtei Prüm unterstand. Abt Asver von Prüm ließ damals die erste Kirche errichten, die Ende des 11. Jahrhunderts durch eine neue, größere ersetzt wurde. Aus dieser Zeit stammt noch die Krypta. Als Vögte des Klosters waren zuerst die Grafen von Arnstein und ab 1190 die Grafen von Katzenelnbogen zuständig. Zur Sicherung des Rheinzolls ließ Dieter V. von Katzenelnbogen 1245 die Kernburg Rheinfels errichten. Schon zehn Jahre später versuchte der Rheinische Städtebund, sie einzunehmen, aber nach über einem Jahr Belagerung mussten seine Truppen unverrichteter Dinge abziehen. Nach dem Aussterben der Grafenfamilie 1479 kamen die Hessischen Landgrafen in den Besitz von Rheinfels und bauten sie ab dem 15. Jahrhundert zur Schloss-Festung aus. Graf Philipp dem Älteren von Hessen verdankt auch die Stiftskirche ihre heutige Form. Er führte die Reformation ein und hob das Stift auf. In den folgenden Jahren gab es schwere Kämpfe und die Burg wechselte mehrfach den Besitzer, bis sie, welch unrühmliches Ende, 1797 / 98 von den Franzosen gesprengt und danach als Steinbruch genutzt wurde. St. Goar war bis 1813 unter französischer Verwaltung, kam 1815 zu Preußen und wurde Kreisstadt. Die Auflösung des Kreises St. Goar im Zuge der Verwaltungsreform sowie die Eingliederung der Stadt St. Goar in die Verbandsgemeinde St. Goar-Oberwesel mit Sitz in Oberwesel im Jahre 1972 brachten wieder eine stärkere Hinwendung zum Fremdenverkehr.

Der heilige St. Goar also erbaute Mitte des 6. Jahrhunderts an der Lohbach-Mündung eine Klause. Daraus

Spätgotische Fresken

Die evangelische Stiftskirche St. Goar

Kirchenschiff der katholischen Pfarrkirche St. Goar.

entstand um 765 eines der ältesten Klöster Deutschlands und die erste **Stiftskirche St. Goar**. Im 11. Jahrhundert wesentlich erweitert, wurde ab 1444 die bis heute vorhandene, dreischiffige Halle errichtet. Die zierlichen Netzgewölbe und die Farbgestaltung sind mehr als beachtlich. Die Fresken wurden 1905 wieder entdeckt, sie stellen die vollständigsten spätgotischen Ausmalungen im Rheinland dar. Die mit hervorragenden Skulpturen gestaltete Kanzel von 1460 und zwei Grabdenkmäler überstanden als einzige Stücke der Ausstattung die Einführung der Reformation. Die Grabmonumente Philipps II.

Gotischer Flügelaltar

und seiner Gemahlin Anna Elisabeth von Bayern befinden sich in einer eigenen Grabkapelle. Sie stammen von Wilhelm Vernukken, dem Meister der Kölner Rathausvorhalle. Die **katholische Pfarrkirche St. Goar** durfte 1660 außerhalb der Stadtmauern errichtet werden. Dieser Bau wurde Ende des 19. Jahrhunderts durch den jetzigen ersetzt. Zentrum ist ein spätgotischer Flügelaltar aus der Schule des Hausbuchmeisters um 1480. Am Glockenturm, früher ein Torturm der Stadtmau-

Kanzleiturm

Der Hexenturm

er, ist eine Darstellung des heiligen Goar, ursprünglich ein Schlussstein der Stiftskirche, eingemauert. Über dem rechten Seitenaltar ist die Deckplatte der Tumba des Heiligengrabes eingelassen, eine ausdrucksstarke Arbeit des 14. Jahrhunderts. Von der

Fußgängerzone

mittelalterlichen **Stadtmauer** sind noch Teile erhalten, nämlich der sogenannte **Hexenturm** beim Bahnhof und der **Kanzleiturm**, sowie die Nordmauer mit dem **Schleiertor**. Ein keltisches Monument, die 1,20 m hohe »Flammensäule« kann hier nur als Kopie besichtigt werden, denn das Original befindet sich im Rheinischen Landesmuseum in Bonn.

Burg Rheinfels hat noch immer schier riesige Ausmaße, wie muss sie erst gewirkt haben, bevor man sie so fleißig als Steinbruch nutzte. Traurig, dass man die eine große Anlage abbrach, um die andere (die Festung Ehrenbreitstein) wieder herzurichten. Wie schon erwähnt ließ Dieter V. von Katzenelnbogen die Burg 1245 errichten. Bei der Belagerung durch den Rheinischen Städtebund (Dieter hatte den Zoll erhöht) widerstand sie

Die Druckpumpe der Wasserversorgung steht als technisches Denkmal am Feuerwehrhaus.

Blick auf Burg Rheinfels

ein Jahr und vierzehn Wochen den rund 9000 Angreifern und fünfzig Schiffen. Im 14. Jahrhundert folgte eine weitere Bauphase, damals erhielt der heute verschwundene Bergfried seinen »Butterfassaufsatz«, den wir von der Marksburg kennen. Unter den Landgrafen von Hessen wird die Burg gemäß der neuesten Geschütztechnik nachgerüstet, dann im 16. und 17. Jahrhundert zum Wohnsitz und zur Festung ausgebaut. 1692 widerstand Rheinfels als einzige linksrheinische Festung den Truppen Ludwigs XIV., auch 1734 hielt sie stand, 1794 mußte sie jedoch den französischen Truppen überlassen werden und 1796/97 wurden die Aussenwerke, der Bergfried und der so genannte Darmstädter Bau gesprengt. Sie wurde 1812 versteigert und zum Steinbruch, bis sie der spätere Kaiser Wilhelm I. 1843 kaufte und so den weiteren Abbau unterband. Bis 1925 verblieb sie im Besitz des Hauses Hohenzollern, dann kam sie an die Stadt.

Die mächtigen Mauern der Burg

Durchgang in der Burg

Anlagen um die Festung

Die Ruinen der mittelalterlichen Burg und die unterirdischen Gänge der Festung sind eindrucksvoll, ebenso die Aussicht. Die Burg beherbergt ein Museum und ein Schlosshotel mit Restaurant.
Öffnungszeiten für Burg und Museum: Ostern bis 1. Sonntag im November täglich 9.00 bis 18.00 Uhr, ab 1. Sonntag im November bis Sonntag vor Ostern (bei guter Witterung) Samstag und Sonntag 11.00 bis 16.00 Uhr.

St. Goar bietet sportliche Betätigungen wie Angeln, Minigolf und Wassersport, aber von hier aus lässt sich auch gut der Rhein-Hunsrück-Kreis entdecken. Oder wie wäre es mit dem Deutschen Bären- und Puppenmuseum in der Sonnengasse 8, oder das Wahrschauer- und Lotsenmuseum, oder ...
Das alles kennt und weiß die Tourist-Information St. Goar
Heerstr. 86, 56329 St. Goar
Telefon: 06741/383
Fax: 06741/7209
Homepage: www.TalderLoreley.de/html/stgoar.html

Übernachtungs-Tipps:

Ferienwohnung E. Wolters, Schlossberg 24
56329 St. Goar, Telefon 06741-1695

Blick über den Rhein auf Boppard. Die Türme der Kirche St. Serverus und die Hotels an der Uferpromenade bestimmen das Bild.

⇒ Boppard liegt links des Rheins zwischen St. Goar und Rhens.

Boppard und Bad Salzig

Auf einen Blick: römische Kastellmauern, Pfarrkirche St. Severus (13. Jh.), Kurfürstliche Burg (1327), mittelalterliche Stadttore und Adelshöfe, Karmeliterkirche (14. und 15. Jh.), Kloster Marienberg (18. Jh.)

Das 2000-jährige Boppard ist in jeder Hinsicht ein interessanter Ort. Umgeben von Streuobstwiesen, Weinbergen und einem mehr als 3000 ha großen Waldgebiet liegt die Stadt, »die sich in die Berge hinein aufbaut wie ein grandioses Naturtheater« (Richard Klaphek) an der größten Rheinschleife und ist eine wahre Schatzkammer für Besucher.

Um 50 v. Chr. errichteten die Römer hier ein vicus, eine offene Straßensiedlung und nannten es nach einem benachbarten keltischen Dorf »Bodobrica«. Als im 3. und 4. Jahrhundert der Limes die vorstürmenden Franken und Alemannen nicht mehr aufhalten konnte, wurde bis 359 eine starke Festungsanlage errichtet. Dieses Kastell maß 308 mal 154 Meter, die Mauern waren über 8 Meter hoch und zwischen zwei und drei Meter stark. Insgesamt 28 halbrunde Türme waren vorgelagert. Der Standort lässt sich im Ortsbild noch gut nachvollziehen, die Mauern und Türme sind in weiten Teilen erhalten. An der Nordmauer zum Rhein befanden sich ausgedehnte Thermen- und Badeanlagen.

Anfang des 5. Jahrhunderts wurde das Kastell aufgegeben, die Bevölkerung nutzte die Anlage zu ihrem Schutz, fränkische Stämme wandern ein. Schon im 5. Jahrhundert wurde die Thermenanlage mit einer Kirche überbaut. Vom 10. bis 12. Jahrhundert war Boppard geschätzter Aufenthaltsort für die ottonischen und staufischen Könige und Kaiser, Boppard stieg zur freien Reichsstadt auf. Bis ins 12. Jahrhundert wurden dabei die Kastellreste als Stadtmauer genutzt, erst im 14. Jahrhundert wurde unter Kurfürst Balduin von Trier eine Vergrößerung der Wohnfläche und die Errichtung weiterer Mauern nötig. Balduin hatte Boppard 1312 als Pfand von seinem Bruder, König Heinrich VII. von Luxemburg, erhalten, Boppard kämpfte vergeblich um seine Freiheit, 1327 ließ Balduin die Kurfürstliche Burg als Zoll- und Zwingburg erbauen. 1497 siegte Johann

Römische Mauer im archäologischen Park.

von Baden, Kurfürst und Bischof von Trier über die Stadt, die unter Führung des Ritters von Schwalbach einen letzten Versuch unternommen hatte, ihren Status als freie Reichsstadt zurück zu erlangen.

Im Dreißigjährigen Krieg wechselten sich die Besetzer ab, Spanier, Schweden, Franzosen, Kaiserliche und Bayern plünderten munter vor sich hin. 1794 wird Boppard französisch, 1815 preußisch, seit 1975 besteht die Stadt aus zehn Ortsgemeinden mit rund 17.000 Einwohnern.

Boppard bietet eine Menge sehenswerter Bauten aus seiner langen und bewegten Geschichte. Der **Archäologische Park** an der Angertstraße zeigt 55 Meter römische Mauer mit Türmen im Originalzustand. Hier wurden auch 30 frühchristliche Gräber gefunden.

Die Pfarrkirche **St. Severus** erhebt sich über den römischen Thermen und der nördlichen Stadtmauerseite. Von den zwei Vorgängerbauten sind Reste erhalten, so das frühchristliche Taufbecken und der Ambo, deren Positionen im Fußboden vermerkt sind. Die heutige Kirche wurde 1236 vollendet. Charakteristisch sind die beiden gewaltigen Chorflankentürme. Das dreischiffige Innere mit seiner farbigen Fassung ist eindrucksvoll. Das hochragende Mittelschiff wird vom 16-rippigen Spinnengewölbe geprägt. Bemerkenswert ist das herrliche, spätromanische Triumphkreuz über dem Hauptaltar, sowie die frühgotische Madonna mit Kind und Lilienszepter. Die Wandmalereien berichten vom Leben des Namenspatrons, des heiligen Severus, Bischof von Ravenna. Im rechten Seitenschiff finden sich Heiligendarstellungen sowie ein Christus als Richter. Die Rückwand beherbergt mehrere frühchristliche Grabsteine, darunter der für den Diakon Besontio und seine Nichte Justiciola (5. Jahrhundert).

Die St. Serverus-Kirche auf dem Marktplatz von Boppard.

Neben der Kirche versucht der Bau des ehemaligen **Rathauses** von 1885, die italienische Renaissance wieder zu erwecken.

Wenige Schritte entfernt liegt die **Kurfürstliche Burg**. Sie zählt zu den wuchtigsten Wehrbauten am Mittelrhein und erzählt somit ihre eigene Geschichte. Nach der gewaltsamen Einnahme der Stadt im Jahre 1327 durch den Trierer Kurfürsten Balduin folgten jahrelange Aufstände gegen die aufgezwungene erzbischöfliche Herrschaft. Im Jahre 1340 ließ er daraufhin die Burg errichten. Der quadratischen Bergfried mit Gusslöchern und ein zwölf Meter breiter und sechs Meter tiefer Wassergraben machten den Machtanspruch Balduins überdeutlich.

Im Bopparder Krieg 1497 wurde die Burg schwer beschädigt und belagert, worauf hin die Geschütze der Burg das Bopparder Zollhaus sowie einige Wohnhäuser zerstörten.

Ende des Jahres 1499 wurde die Burg durch einen großen Brand vernichtet, man kann Brandstiftung vermuten. Mit dem Wiederaufbau wurde sofort begonnen. Bis zum 16. und 17. Jahrhundert folgten weitere, umfangreiche Baumaßnahmen und Erweiterungen, erst 1840 wurde der Burggraben zugeschüttet um einen großen Burgplatz zu gewinnen. Heute wird der Bergfried als **Museum** genutzt, er beherbergt eine beachtliche Sammlung von Bugholzmöbeln des in Boppard geborenen Michael **Thonet** (1796–1871). Im fünften Geschoss ist die **Kapelle** mit originalen Wandmalereien erhalten.

Das Thonet-Museum beherbergt die größte öffentlich zugängliche Thonet-Möbel-Sammlung. Öffnungszeiten April bis Oktober von 10–12 Uhr und von 14–17 Uhr.

Die Kurfürstliche Burg mit ihrem mächtigen quadratischen Wohnturm.

Wieder nur ein paar Schritte sind es zum **Ritter-Schwalbach-Haus**, Sitz einer im Mittelalter bedeutenden Adelsfamilie. Das Gebäude zeigt sich nach der Renovierung wieder in seiner Gestalt des 15. Jahrhunderts, daneben die Reste des **Sandtores** mit neugotischer Aussichtskanzel. Die Altstadt hat insgesamt neun ehemalige **Adelshöfe** zu bieten, sowie interessante Wohngebäude aus mehreren Jahrhunderten, nicht zuletzt die Villen und Hotelbauten des 19.

Im Nordwesten, außerhalb der Mauern, hatten sich 1265 Mönche des Karmeliterordens niedergelassen. Der heute sichtbare Klosterbau stammt aus dem Jahre 1730. Ein Schatz erster Ordnung ist die **Karmeliterkirche**, erbaut im 14. und 15. Jahrhundert. Das schlichte Äußere birgt eine reiche und recht geschlossen erhaltene Ausstattung. Der Hochaltar aus dem Jahre 1699 ist gerahmt von den Grabmälern des Johann von Eltz und seiner Gemahlin, bedeutende Werke der Renaissance, sowie vom Epitaph für Margarete von Eltz mit Dreifaltigkeits-Relief von 1511. Ein Höhepunkt ist das detailreich geschnitzte Chorgestühl von 1460, sowie der Priester-Dreisitz von 1470. Oberhalb der steinernen Kanzel erzählen 14 Wandgemälde des 15. Jahrhunderts die Lebensgeschichte des heiligen Alexius, rechts daneben fand der aufständische Ritter von Schwalbach seine letzte Ruhe. Die Grabplatte zeigt den vollkommenen Ritter in voller Rüstung. Die Westwand wird von der Empore dominiert, sie zeigt reiche Steinmetzarbeiten des 15. Jahrhunderts. Hier findet sich eine Pieta aus der Zeit um 1430.

Ritter-Schwalbach-Haus

Kunstvoll geschnitztes Chorgestühl

Im nördlichen Seitenschiff ist der Kreuzigungsaltar sehenswert. Der Seitenschiff-Altar mit einer Abendmahls-Szene war ehemals der Hauptaltar von St. Severus. Weitere Schätze sind die barocke Maria im Rosenkranz und die außen bei der Sakristei angebrachte Trauben-Madonna von 1330.

Oberhalb der Stadt liegt das 1123 gegründete, ehemalige Benediktinerinnen Kloster **Marienberg**, die Klos-

Ein Spaziergang entlang der Rheinpromenade oder …

tergebäude in barocker Pracht sind erhalten.
Im 75 ha großen »Bopparder Hamm« wächst nicht nur ein mit Recht berühmter Wein, sondern auch die nur hier vorkommende »Iberis Boppardensis«, eine vom Naturforscher Michael Bach entdeckte Blume.
Neben all den sehenswerten Bauten und der bewegten Geschichte ist Boppard aber auch ein Ort mit viel Atmosphäre, um einfach nur zu schlendern, es sich gut gehen zu lassen. Eine breite Auswahl von Geschäften lockt, die Fußgängerzone bietet Straßencafés, die Rheinpromenade lädt zum Spazieren und Betrachten, und wenn sich dann der nötige Appetit eingestellt hat, findet sich in der Vielfalt der Gastronomie für jeden Geschmack das Passende.

… ein Bummel durch die Fußgängerzone – Boppard hat Atmosphäre.

Und keinesfalls sollte man Boppard verlassen, ohne den in jeder Hinsicht ausgezeichneten Wein probiert zu haben. Wer es zudem sportlich liebt, kann Tennis oder Golf spielen, im großen Frei- und Hallenbad schwimmen oder reiten.

Sehr empfehlenswert ist die Fahrt mit der **Hunsrückbahn**, die einen Höhenunterschied von 350 Meter zu überwinden hat und durch fünf Tunnels und über zwei große Viadukte führt. Sie verbindet die Stadtteile Boppard und Buchholz und endet in Emmelshausen. Nicht minder interessant ist eine Tour mit der Sesselbahn zum **»Vierseenblick«** mit einem grandiosen Ausblick auf den Rheinbogen und über die Stadt.

Für Wanderfreunde sind die **Seitentäler** des Hunsrücks zu empfehlen. Das **Ehrbachtal** führt in 17 Kilometern von Emmelshausen bis Brodenbach an der Mosel. Die Wanderung führt zu drei bedeutenden Burgen: Die **Rauschenburg** über den Wassern des Ehrbaches, 1332 von Balduin erbaut als Trutz- oder Gegenburg, denn 1331 schlossen sich die Häuser Waldeck, Schöneck, Eltz und Ehrenberg zur »Eltzer Fehde« zusammen, um sich dem Vordringen Balduins auf dem Hunsrück zu widersetzen.

Heute ist sie Ruine, lässt aber die Anlage mit Innenhof, Schildmauer, Resten von Pallas und Bergfried noch gut erkennen. Die **Ehrenburg**, um 1125 erbaut, nach wechselvoller Geschichte im Zuge des Dreißigjährigen Krieges von den Spaniern besetzt, 1689 von den Franzosen teilweise gesprengt, ist sie seit 1991 Privatbesitz und wurde

Der Ausblick auf die Umgebung von der Sesselbahn aus ist einmalig.

durch den gemeinnützigen »Freundeskreis der Ehrenburg e. V.« wieder aufgebaut.
Das interessanteste Gebäude aber ist die Burg **Schöneck** bei Windhausen. Konrad von Boppard erbaute als Ministerial der Staufer Ende des 12. Jahrhundert die Burg. Die Schönecker strebten eine vom Reich losgelöste Herrschaft an und betrieben diese Politik durch das Bekleiden hoher geistlicher Ämter. Am 9. Januar 1336 wurde die »Eltzer Fehde« durch den »Frieden von Schöneck« beendet. Ab dem 17. Jahrhundert wurde Schöneck als Schloss geführt, verfiel aber mehr und mehr. 1910 erwarb der Maler Wilhelm von Steinhausen Schloss Schöneck. Im Jahre 1929 kauften die Erben des Malers die Unterburg hinzu. Die Steinhausen-Familie bewohnt das Schloss noch immer, es ist nicht zu besichtigen, aber einmal im Jahr, zum Tag des offenen Denkmals am zweiten September Wochenende, kann man es auch von innen betrachten.
Das **Baybachtal**, eine enge Klamm, folgt in abwechslungsreichem Weg dem Bachbett. Ausgangspunkt ist auch hier Emmelshausen. Hier liegt die Heimstatt eines weiteren Mitglieds der »Eltzer Fehde«, Burg und Schloss **Waldeck**. Erbaut im Jahre 1150 unter Wilhelm I., Ritter von Heinzenberg, wurde die Burg 1242 dem Erzstift Köln zu Lehen übertragen. Die Niederburg wurde 1688 durch die Franzosen zerstört. Heute ist Burg im Besitz der »Nerother Wandervögel«, die dort auch ihren Sitz haben. Mancher erinnert sich des Namens wegen der Liederfestivals ab den 60er Jahren.
Das dritte Tal ist das **Lützbachtal**, 12 Kilometer durch Wald und Feld, mit der Burgruine **Kastellaun** aus dem 13. Jahrhundert.

Bad Salzig: Ortseingang

Aber auch die Bopparder Stadtteile bieten Interessantes: in **Bad Salzig** befinden sich die 1902 und 1905 erbohrten »Barbara-« und »Leonorenquellen«, die dem Ort im 20. Jahrhundert die Bezeichnung »Karlsbad am Rhein« einbrachte. Ihr Wasser kommt aus 446 m Tiefe. Bad Salzig liegt gut geschützt in einer Talmulde mit schönem Ausblick auf die Burgen Sterrenberg und Liebenstein am gegenüberliegenden Ufer. Erstmals im Jahre 922 erwähnt, war die Stadt bis 1312 reichsunmittelbar, fiel dann aber wie Boppard und Oberwesel an Balduin von Trier, bis 1794 Soldaten der französischen Revolution den Ort eroberten. 1815 kam Salzig an Preußen. Ursprünglich ein Bauern- und Winzerdorf, gehörten die Weinstöcke dem Kurfürsten von Trier, dem Großherzog von Hessen, den Freiherren

Kurhaus und Trinkhalle von Bad Salzig

von Boos, Clodt, Eltz und Stein und den Deutschherren in Koblenz. Seit dem 18. Jahrhundert dominierte der Obstanbau. Besonders die Salziger Kirschen waren wegen ihres guten Geschmackes bis weit über Deutschland bekannt, sodass die Früchte auf Schiffen bis nach Holland und England exportiert wurden. Seit dem 19. Jahrhundert werden die Salzquellen, die dem Ort seinen Namen gaben, für den Badebetrieb genutzt. Bad Salzig ist Mineralheilbad für Leber-, Magen, Darm-, Gallen- und Stoffwechselerkrankungen.

Sehenswürdigkeiten in Bad Salzig sind die **Pfarrkirche St. Ägidius** aus dem 15. Jahrhundert mit der Skulptur des Schutzpatrons aus der Entstehungszeit, sowie das **Kurhaus**, der **Kurpark** mit der schönen Plantanenallee und die **Trink- und Wandelhalle**. Zur Blütezeit verwandeln sich die weitläufigen Obstplantagen in ein traumhaftes Blütenmeer. Außerdem verläuft – in Bad Salzig beginnend – die »Rheingoldstraße« über die Höhen des linken Rheinufers. Das bekannte Rheinlied »Es zogen drei Burschen wohl über den Rhein« bezieht sich auf den Ort.

Das tausendjährige Weindorf **Hirzenach** wird dominiert von der Pfarrkirche **St. Bartholomäus** aus der Zeit um 1100, eine kreuzförmig angelegte, romanische Pfeilerbasilika mit frühgotischem Chor um 1250 und wuchtigem Turm, sowie durch die **Probstei**, ehemals Sitz des Priors der hiesigen Außenstelle der Abtei Siegburg.

Informationen zu allen Bereichen
bei der Tourist Information Boppard,
56140 Boppard, PF 1661
Telefon: 06742/3888, Fax: 06742/
81402
E-Mail: tourist@boppard.de
Homepage: www.boppard.de.

Ferdinand Freiligrath setzte dem Ort ein Denkmal:

Ferdinand Freiligrath (1810–1876)
Die Linde bei Hirzenach(1840)

Nur leis bewegt vom lauen Uferwinde,
Rot noch vom Abend, dem erst halb verglühten,
Dein friedlich Dörfchen friedlich zu behüten,
Wie stehst du schön am Rheine da, o Linde!

Nun wird es Nacht! Nun eilt mit ihrem Kinde
Die junge Bäurin unter deine Blüten!
Nun kühlst du auch, die sich am Tage mühten,
Den alten Winzer und sein Hausgesinde!

Der Gute spricht von längst verfloßnen Jahren;
Er hat als Kind den Freiheitsbaum umsprungen,
und der warst du – so melden die Berichte.

Nun spielt dein Wehn zahm mit des Greises
Haaren – –
Abtrünnige! Noch hast Du nicht geschwungen
Dein letztes Laub! Vorwärts geht die Geschichte!

Die Linde – eine Rundum-Bank lädt zum Sitzen ein.

Die alte Probstei in Hirzenach

Die Wallfahrtskirche von Bornhofen über die Obstbäume gesehen. Oberhalb die Burgen Liebenstein und Sterrenberg.

⇒ Kamp-Bornhofen liegt rechts des Rheins zwischen St. Goarshausen und Braubach.

Kamp-Bornhofen

Auf einen Blick: Wallfahrtskirche (15. Jh.) mit Gnadenkapelle (17. Jh.) und Kloster, Ruinen Burg Sterrenberg und Burg Liebenstein (11. und 13. Jh.).

Kamp-Bornhofen wird gern das »tausendjährige Herz am romantischen Mittelrhein« genannt.

Es ist bekannt als Wallfahrtsort, besonders aber für die sogenannten »Feindlichen Brüder«, die Burgen

Vorhalle der Wallfahrtskirche

Sterrenberg und Liebenstein. Hier beginnt (bzw. endet), die »Loreley-Burgenstraße«, die über Dahlheim, Weyer, St. Goarshausen und Bornich nach Sauerthal führt.

Bereits in Keltischer Zeit war das Gebiet besiedelt, 1224 erfolgte die erste Erwähnung einer Kapelle in **Bornhofen**, seit dem 13. Jahrhundert schließlich sind Wallfahrten bekannt.

Die **Wallfahrtskirche** mit ihrer spätgotischen, zweischiffigen Halle wurde 1435 geweiht, aus dieser Zeit stammt auch das Gnadenbild, eine Pieta. Der Trierer Erzbischof Hugo von Orsbeck erwies sich im 17. Jahrhundert als großzügiger Förderer. Er sie-

Die Gnadenkapelle mit Wallfahrtsbild und reicher Marmorausstattung

Idylle an der Kirchenmauer

St. Nikolaus in Kamp

Das neoromanische Innere der Kirche St. Nikolaus

delte Mönche des Kapuziner-Ordens hier an und ließ den Hofbaumeister Sebastiani die Pläne für die Gnadenkapelle entwerfen. Diese stammt aus dem Jahre 1690, ebenso wie die Bogenhalle vor der Kirche und die Klostergebäude. Schön ist die marmorne Ausstattung, es ist hiesiger, so genannter Lahn-Marmor. 1803 säkularisiert, ist das Kloster seit 1850 wieder bewohnt, seit 1890 von Franziskanern. Noch immer zieht die Wallfahrt etwa 200.000 Pilger pro Jahr hier her. Eine Besonderheit sind dabei die seit dem Mittelalter stattfindenden Schiffsprozessionen.

Kamp fiel mit dem »Bopparder Reich« Anfang des 14. Jahrhunderts an Trier, somit war es sozusagen der erzbischöfliche Brückenkopf rechts des Rheins.

In der neoromanischen **Pfarrkirche** St. Nikolaus finden sich einige gotische Überbleibsel des abgerissenen Vorgängerbaues, in einen stimmigen und atmosphärischen Kirchenraum integriert. Im Rathaus befindet sich

Fachwerkhaus mit seitlichem Treppenturm

Das Natursteinhaus ist das Rathaus des Ortes. Hier ist auch das Flößer- und Schiffermuseum untergebracht.

Das Flößer- und Schiffermuseum im Rathaus von Kamp-Bornhofen hat Mittwochs von 14.30 bis 17.30 Uhr geöffnet.

ein sehenswertes Flößer- und Schiffermuseum.

Direkt am Rhein gelegen lockt bei entsprechenden Temperaturen ein Freibad.

Die Burgruinen **Liebenstein** und **Sterrenberg** liegen oberhalb des Klosters im Hang und sind durch eine weithin sichtbare Streitmauer getrennt. Ihren großen Bekanntheitsgrad verdanken sie nicht nur ihrer malerischen Lage, sondern in weit größerem Masse der Sage von den »feindlichen Brüdern«. Mehrere Versionen der selben sind überliefert, die bekannteste Variante ist wohl diese: die zwei Brüder betrogen nach dem Tode des Vaters ihre blinde Schwester um deren Anteil am Erbe, verfeindeten sich danach aber erst recht, versöhnten sich erst, nachdem das Geld durchgebracht war. Man verabredete sich zur gemeinsamen Jagd, der, der zuerst wach werden würde, sollte den anderen mit einem an den Fensterladen geschossenen Pfeil wecken. Man ahnt, wie es weiter ging: Natürlich öffnete der später erwachte Bruder im falschen Moment den Laden, wurde vom Pfeil getroffen und starb. Der Überlebende zog, von Gram überwältigt, ins Heilige Land und fand dort den Tod. Romantisch-schaurig, sicher, ungeheuer wirksam, die Realität aber sah profaner aus, wenn auch nicht weniger verwickelt.

Burg **Sterrenberg** ist die ältere der beiden Burgen und zählt somit zu den ältesten Höhenburgen am Rhein. Urkundlich wird sie erstmals im Jahre 1190 erwähnt, wurde aber vermutlich schon Ende des 11. Jahrhunderts als Reichsburg erbaut.

Ihre strategische Lage am Ende des

Hoch über dem Rhein schaut Sterrenberg ins Tal.

Bergsporns ist geschickt gewählt, Angreifer mussten so eine beträchtliche Strecke freien Feldes überwinden, um überhaupt zur Burg zu gelangen, und der Blick über den Rhein geht ungehindert in beide Richtungen. Wichtig, denn Sterrenberg diente der Sicherung des rechtsrheinischen Teiles des »Bopparder Reiches«. Als kaiserliches Lehen erhielten sie die Herren von Bolanden-Falkenstein, eine für die staufischen Herrscher bedeutende Ministerialenfamilie. Sie hatten die Burg und den dazugehörigen Bopparder Zoll ab 1194/98 inne. Im Jahre 1268 wurde Burg Sterrenberg aufgeteilt. Der Versuch Werners von Bolanden, diese Teilung 1286 wieder rückgängig zu machen, wurde abgelehnt. Weitere Aufteilungen machten den Bau einer neuen Burg, Liebenstein, nötig. Sterrenberg ging 1295 in den Besitz der Grafen von Sponheim über, kam dann ab 1315 an Balduin von Trier. Aber schon 1568 wird die Burg als Ruine geführt. Im 18. Jahrhundert wurde das Gelände landwirtschaftlich genutzt, die Burg diente als willkommener Steinbruch, 1806 ging Sterrenberg vom Trierischen in Nassauischen Besitz, kam 1866 an Preußen und im Jahre 1946 an das Land Rheinland-Pfalz. Nach umfangreicher Restaurierung ist ihr mittelalterliches Bild wieder vorstellbar. Neben dem quadratischen Bergfried besitzt sie eine doppelte Anlage von Schildmauern, mit Halsgräben und Zwingern gesichert, die die Burg zur Angriffsseite hin schützen. Die zweite Mauer stammt aus der Zeit Balduins. Weiter zu besichtigen ist das Anfang der 1970er Jahre wieder aufgebaute Frauenhaus mit seinem Treppenturm, die Fensterfront des

Dicke Schildmauern schützen Burg Sterrenberg.

ehemaligen Palas, die noch die Höhe der ehemaligen Räume erkennen lässt und, nützlich, eine Burgschenke.
Burg **Liebenstein** wurde in ihrer vollen Größe wohl in den Jahren 1284 bis 1290 erbaut, eventuell diente sie vorher als Vorburg, fest steht jedenfalls, dass sie schon 1295 an die Ritter Siegfried Schenk von Sterrenberg und Ludwig von Sterrenberg verkauft wurde. Beide hatten ihren Sitz auf der Burg und nannten sich nun von Liebenstein. Im Jahre 1340 teilten sich, Folge diverser Erbteilungen, zehn Parteien den Besitz der Burg. Diese sogenannten Ganerben mussten untereinander den Besitz an Gebäuden und die Form des Zusammenlebens regeln, jeder errichtete natürlich in seinem Burgbezirk Wehr- und Wohnbauten, es muss ein ziemliches Durcheinander geherrscht haben. Die Streitmauer kann damit zu tun haben, stammt aber wahrscheinlich aus der Zeit, als Sterrenberg an Kurtrier kam.
Als das Geschlecht von Liebenstein im Jahre 1637 ausstarb, war die Burg bereits verlassen, man war in das komfortablere Liebeneck bei Osterspai gezogen. Das Lehen wanderte an den Mainzer Kurkanzler Gerhard Freiherr von Waldenburg, der somit Besitzer einer inzwischen verfallenen Burg wird. Seit 1793 ist Liebenstein im Besitz der Freiherren von Preuschen.
Interessant sind heute der 17 Meter hohe gotische Wohnturm, er hatte einmal sieben Geschosse, der Bergfried mit seinen 15 Metern Seitenlänge und das Hofhaus aus dem 17./18. Jahrhundert, in dem sich heute das Hotel-Restaurant befindet. Dort findet der Besucher Innen- und Außengastronomie in romantischem Umfeld.
Beide Burgen bieten natürlich einen herrlichen Ausblick, und sie vermitteln sehr direkt ein Gefühl für das, was wir Rheinromantik nennen. Man sollte sie zu Fuß erklimmen, der Aufstieg dauert bei gemütlicher Gangart etwa eine halbe Stunde, Zeit, die man sich

Burg Liebenstein mit ihren mächtigen Ruinen.

nehmen sollte auf dem Weg zurück in die Geschichte.

Auskünfte erteilt das
Verkehrsamt Kamp-Bornhofen
Rheinuferstraße 34
56341 Kamp-Bornhofen
Telefon: 06773/9373
Fax: 06773/9374.

Übernachtungs- und Einkehr-Tipp:

Hotel Café Burg Liebenstein, 56341 Kamp-Bornhofen
Telefon 06773-308, Fax 06773-7686

Dieses außergewöhnliche Fachwerkhaus, das alte Rathaus von Filsen, wurde 1611 über einem Tor der Befestigung errichtet. Es beherbergt heute das Gemeindebüro.

⇒ Filsen und Osterspai liegen rechts des Rheins zwischen Kamp-Bornhofen und Braubach

Filsen und Osterspai

Auf einen Blick: Filsen: Altes Rathaus (17. Jh.), Fachwerkbauten, Pfarrkirche. Osterspai: ehemalige Wasserburg mit Kapelle St. Petrus (13. Jh.), schöne Fachwerkbauten, Kirche St. Martin (18.–20. Jh.), Schloss Liebeneck (um 1700).

Filsen liegt, Boppard gegenüber, in der größten Rheinschleife. Diese geschützte Lage begünstigt den Anbau fast alle Arten von Obst, besonders von Kirschen und Erdbeeren. Daher wird Filsen auch das »Zentrum des Frühkirschenlandes« genannt. Besonders im Frühjahr verwandelt sich der Ort in ein Blütenmeer. Überragt wird er vom 230 m hohen Filsener Ley. Se-

Malerische Fachwerkbauten in Filsen

Pfarrkirche St. Gallus und Margaretha

henswert sind die vielen **Fachwerkbauten**, so das **Alte Rathaus** (ehem. Wachpforte), 1611 über einem Tor der Ortsbefestigung errichtet, mit typischen Schmuckformen des 17. Jahrhunderts, besonders fällt die reiche Gestaltung der Brüstungselemente ins Auge. Auch die neugotische **Pfarrkirche St. Gallus und Margaretha** sollte man sich nicht entgehen lassen. Reizvolle Spazierwege führen in die nähere Umgebung, so der »Naturlehrpfad Mittelrhein«, der in Kamp-Bornhofen endet.

Informationen beim Gemeindebüro Filsen, In der Wachport
56341 Filsen, Telefon: 06773/528
(Öffnungszeiten Donnerstag 17 bis 19 Uhr).

Das Fachwerkdorf liegt unterhalb des Schlosses Liebeneck, Spay gegenüber. Auch hier wird Obstanbau

Die Wasserburg wurde von den jeweiligen Ortsherren bewohnt.

Die romanische Kapelle St. Petrus aus dem 13. Jh.

betrieben. Osterspai hat seit 1326 Stadtrecht. Zwischen Rheinuferstraße (B 42), Burgstraße, Hauptstraße und Probststraße liegen die aus dem Mittelalter stammende ehemalige **Wasserburg** und die benachbarte **Kapelle St. Petrus**. Von der ursprünglich von Gräben umschlossenen Burganlage ist nur noch ein viergeschossiger Wohnturm aus dem 14. Jahrhundert erhalten. 1910 wurde dieser durch den Anbau eines Fachwerkwohnhauses erweitert. Die Kapelle St. Petrus ist ein Bau des 13. Jahrhunderts, ein doppelgeschossiger spätromanischer Rechteckbau. Unter der Ausmalung des 18. Jahrhunderts kamen bei einer Restaurierung umfangreiche Reste der ursprünglichen Wandmalereien aus dem 13. Jahrhundert zum Vorschein. Die katholische **Kirche St. Martin** liegt am Rand des ursprünglichen Ortskerns. Das Schiff ist später durch den eingezogenen Chor erweitert worden, der dreigeschossige Turm durch einen achteckigen Aufbau. Teile des Westturms stammen aus dem 12. Jahrhundert, der Oberbau von 1837/

38. Das Schiff stammt aus den Jahren 1778/79. Auch Osterspai ist besonders reich an **Fachwerkbauten**, entstanden zwischen 1660 und dem 18. Jahrhundert. Sie zeigen einen beachtlichen Reichtum an Formen und Details, man sollte sie sich bei einem gemütlichen Bummel erschließen. An der Elligstraße liegt der ehemalige **jüdische Friedhof**, dort sind aber nur noch vier Grabsteine aus den Jahren 1917 bis 1922 vorhanden.

Schloss Liebeneck, das Jagd- und Sommerschloss der Herren von Liebenstein aus der Zeit um 1700, zweigeschossig angelegt mit Turm, wurde im 19. Jahrhundert kräftig umgebaut. Es teilt mit Liebenstein und der Wasserburg die wechselnde Besitzgeschichte, seit 1793 gehört es den Freiherren von Preuschen. Es ist zur Zeit nicht zugänglich, über eine neue Nutzung wird nachgedacht. Zum Schloss gehört ein Hofgut mit aus dem 18. und 19. Jahrhundert stammenden Gebäuden.

Schloss Liebeneck thront hoch über dem Ort.

Um den Ort herum befinden sich ausgedehnte Wander- und Radwege. Weder ein Tennisplatz noch gemütliche Lokale fehlen, um es dem Gast gemütlich und abwechslungsreich zu gestalten.

Info Adresse: Verkehrsamt Braubach
Rathausstr. 8, 56338 Braubach
Telefon: 026279/97600-1
Fax: 026279/97600-5

Die Hauptstraße mit schönen Fachwerkbauten und Kirche.

Der Hexenborn

Blick auf Rhens und den Rhein. Auf der anderen Seite die Marksburg und dahinter die Schornsteine der ehemaligen Bleihütte von Braubach.

⇒ Spay, Brey und Rhens liegen links des Rheins zwischen Boppard und Koblenz.

Rhens mit Spay und Brey

Auf einen Blick: schöne Ortsbilder in Spay und Brey, in Rhens Königsstuhl (14./19. Jh.), Stadtmauer mit Tortürmen und Scharfenturm (14. Jh.), Altes Rathaus (16./18. Jh.), Fachwerkhäuser (16.-18. Jh.), Pfarrkirche St. Dionys (13./16. Jh.).

Folgt man von Boppard der B 9 Richtung Rhens, erreicht man zuerst den Ort **Spay**. Der Name scheint keltischen Ursprungs zu sein, doch liest man auch die Ableitung von »spah«, spähen, durch die Lage des Ortes inspiriert, der durch die starke Krümmung des Rheins ähnlich einer Landzunge in den Fluss ragt und dadurch einen weiten Überblick gewährt. Die erste urkundliche Erwähnung geht auf das Jahr 816 zurück. Die Bewohner lebten zuerst als Fischer, dann mit zunehmenden Schiffsverkehr als Lotsen. Die **Kapelle St. Peter und Paul** aus dem frühen 14. Jahrhundert und viele interessante **Fachwerkbauten** in Oberspay, sowie die Kirche **St. Lambert** in Niederspay mit sehenswerter Ausstattung lohnen einen Stopp.

Kapelle St. Peter und Paul

Die Kirche St. Lambert

Das anschließende **Brey** war schon zu Römerzeiten besiedelt, weist aber auch Funde aus der Jungsteinzeit auf, vor allem Silexartefakte wie Spitzen, Schaber, Klingen, Faustkeile und Be-

Schönes Fachwerkhaus von 1680

»Heiligenhäuschen« in Brey

hausteine. Am Tauberbach wird der Standort eines römischen Kastells vermutet. In der »Talheck« sind Reste der **römischen Wasserleitung** erhalten, die

Die römische Wasserleitung ist ein in der Erde gelegenes Baudenkmal. Einmal im Jahr, zum Tag des offenen Denkmals, werden die Absperrungen zur Besichtigung geöffnet.

in einer Tiefe von ca. 4,50 m durch Schieferstein gebrochen wurde und bis heute noch Wasser führt. Die älteste Urkunde stammt aus dem Jahre 821. Eine **Kapelle** in Brey wurde erstmals 1280 erwähnt. Die heutige, moderne Kapelle enthält noch den Chor des 14. Jahrhunderts, einige beachtenswerte Ausstattungsstücke und Malereien des 15. Jahrhunderts. Auch hier finden sich schöne **Fachwerkhäuser**.

Die alte B 9 führte früher den gesamten Verkehr mitten durch **Rhens**. Heute leitet die Umgehungsstraße den Durchgangsverkehr vorbei, ein großer Vorteil für die sehenswerte Bausubstanz. Nur darf man nicht vergessen, abzufahren, denn der Besuch lohnt sich in vielfältiger Weise.

Rhens ist umgeben von ausgedehnten Wäldern. Im 7. Jahrhundert gegründet und 874 erstmals urkundlich erwähnt, sind Tore, Türme, Stadtmauer und -graben aus dem 14. Jahrhundert erhalten. Die strategische Lage zwischen den Erzstiften Mainz und Trier und dem kurpfälzischen Braubach wurde genutzt, um hier 1273 die Vorbesprechungen zur Wahl Rudolfs von Habsburg zum Kaiser abzuhalten. 1308 kam es zu einem erneuten Treffen der Fürsten, und auch 1313/1314. Am 16.07.1338 wurde die Unabhängigkeit des Königs vom Segen des Papstes beschlossen, was als »Kurverein zu Rense« in die Geschichte einging. 1346 kürte man hier Karl IV. zum Gegenkönig, aber Rhens konnte sich nicht gegen den eigentlichen Wahlort Frankfurt durchsetzen.

Quasi zum Trost wurde ab 1398 ein »steynen gestuel« errichtet, der **Königsstuhl**. Hier wurde mit Ruprecht von der Pfalz 1400 aber nur einmal ein König gewählt, spätere machten im 15. Jahrhundert immerhin Station auf ihrem Weg zur Krönung in Aachen. Das heutige Bauwerk ist ein Wiederaufbau von 1842, da das Original 1805 unter französischer Besatzung abgebrochen wurde. Zudem wurde es von den Rheinwiesen erst 1929 auf die Anhöhe nahe der Straße nach Waldesch versetzt.

Dennoch, der nicht verwirklichte Traum beschäftigte die national fühlenden Dichter und Maler, und 1871 noch sah Martin Greif in seinem Gedicht »Der Königsstuhl zu Rense« den neuen Kaiser dort im Kreis der Fürsten vereint.

Wohltuend unpathetisch hingegen sieht es, wer wohl, Freiligrath angesichts des Wiederaufbaus:

Vorbei am alten Rathaus (links) führte die alte B9 den gesamten Verkehr mitten durch Rhens.

Der »Königstuhl« von Rhens steht heute auf einer Anhöhe nahe der Straße nach Waldesch.

Ferdinand Freiligrath (1810 – 1876)

Der Königsstuhl bei Rhense (Weise: In des Waldes düstern Gründen)

Neu gebaut beim alten Rhense
Steht der Wahlstuhl wiederum,
Aber Enten, ach! und Gänse
Weiden schnatternd drum herum.

Wo einst Wahlen hielt das Wahlreich
Und der Reichsaar trotzig schrie,
Dorten, feierlich und zahlreich,
Gras't nun zahmes Federvieh.

Ach! und aus den Weidenbüschen
Eilt kein Kurfürst muth'gen Schritts;
In den sieben hohen Nischen
Leer und öde jeder Sitz!

Dennoch freut es, ihn zu schauen,
Stattlich, wie er vormals stand,
Als aus nah' und fernen Gauen
Deutschland Boten ihm gesandt;

Als man Kampf berieth und Schlachten
Hier im offnen Steingemach,
Und geschickt mit selbstgemachten
Kön'gen spielte hohes Schach;

Als in's Banner schwarzrothgolden
Frisch und frei der Rheinwind blies;
Als man einen Trunkenbolden
Nach Verdienst vom Throne stieß.

Fauler Wenzel! Nimmer sehnen
Wir uns heut nach dir zurück!
Auch am Königsstuhl zu lehnen
Däucht uns kein besonder Glück!

Unterdessen, da bei Rhense
Er zu schaun ist wiederum,
Nehmen willig, trotz der Gänse,
Wir ihn als Augurium;

Als ein Zeichen, uns zum Frommen
Aufgericht't am Rheinesstrand:
Daß du wirst zu Stuhle kommen
Sonsten auch, o deutsches Land!

Sehenswert ist in Rhens aber viel mehr. Die Reste der **Stadtmauer** mit drei erhaltenen **Toren** und dem **Scharfenturm**, einst Marterort für »Hexen«. Daneben steht in schönstem Fachwerk das **Hotel Königsstuhl** aus dem 18. Jahrhundert, erbaut von einem Mitglied der Künstlerfamilie Kügelgen. Wilhelm von Kügelgen schildert in seinem einstigen Bestseller »Lebenserinnerungen eines alten Mannes« auch Rhens anschaulich. **Fachwerkhäuser** aus dem 16. und 17. Jahrhundert prägen das Stadtbild. Besonderer Höhepunkt dabei ist das **Alte Rathaus**,

Drei Tore der alten Stadtmauer sind heute noch erhalten.

Das im 18. Jahrhundert erbaute Hotel Königstuhl.

Ein weiteres Tor der alten Stadtmauer mit aufgesetzten Fachwerkbauten.

zwischen dem 16. und dem 18. Jahrhundert in seiner heutigen, überwältigenden Detailfülle errichtet. Die alte **Pfarrkirche St. Dionysius** auf ihrem Hügel über der Stadt stammt im Kern aus dem 13., Langhaus und Chor aus dem frühen 16. Jahrhundert. Ihre Ausstattung ist weitgehend barock. Die neugotische **Pfarrkirche St. Theresia** ist ein Werk des frühen 20. Jahrhunderts. Rhens verfügt über eine kohlensäurehaltige Mineralquelle, den Rhenser Mineralbrunnen.

Info Adresse: Verkehrsamt der Verbandsgemeinde Rhens, Rathaus, 56321 Rhens.
Telefon: 02628/960542
Fax: 02628/960524

Übernachtungs-Tipp:

Ferienwohnung Margret Weingart, Rheingoldstr. 19
56321 Brey, Telefon: 02628-1695

Der »Eckfritz« wurde vor über 400 Jahren als Bauernschänke gegründet.

⇒ Braubach liegt rechts des Rheins zwischen Osterspai und Lahnstein.

Braubach und Marksburg

Auf einen Blick: St. Martin (13. Jh.), St. Barbara (14. Jh.), St. Markus (20. Jh.), Philippsburg (Renaissance), Fachwerkbauten (16.–18. Jh.), Pankgrafenturm (13. Jh.), Marksburg (13. Jh.).

Das malerische Braubach wird unübersehbar dominiert von der Marksburg mit ihrem unverwechselbaren Bergfried. Hier wird noch viel deutlich von dem, was die rheinreisenden Dichter und Maler so begeistert hat.
Auch Braubach war ursprünglich ein Römerkastell, das an die Ausläufer des Taunus stieß. Zahlreiche Bodenfunde reichen aber bis in die Bronzezeit zurück. Die erste urkundliche Erwähnung lässt sich auf die Jahre 691/92 datieren, als der Merowinger Helmgar der Basilika St. Kassius und Florentius, der heutigen Münsterkirche in Bonn, einen Weingarten mit Hof im Dorf Braubach zum Geschenk machte. 1276 erhielt Braubach die Stadtrechte. Noch heute ist hier die Geschichte gegenwärtig, im wahrsten Sinne des Wortes mit Händen zu greifen. Teile der alten Stadtmauer mit ihren Türmen sind erhalten, dazu die Fachwerkbauten im historischen Stadtkern. Schon seit Urzeiten, beurkundet ab 1301 werden hier Blei und Silber gefördert, Quelle des Reichtums für die Grafen von Katzenelnbogen und

Blick über den Rhein auf Braubach.

Der Kammersänger Heinrich Schlusnus war ein gebürtiger Braubacher. Er wurde auf dem Friedhof an der St. Martinskirche beigesetzt.

damit für den Ort. Prominentester Braubacher war und bleibt der Kammersänger Heinrich Schlusnus, am 6. August 1888 geboren. Bis heute gilt der Bariton als einer der bedeutendsten Interpreten vor allem des Kunstliedes. Er verstarb am 19. Juni 1952.

Die **St. Martinskirche** ist die älteste Kirche von Braubach und wurde im Jahre 1242 ihrem jetzigen Schutzpatron geweiht. Sie liegt geschützt im Bergsattel zwischen der Marksburg und den nach Süden weiterreichenden Berghöhen. Erwähnt wurde sie erstmals um das Jahr 1000 als eine der Kirchen des Stifts St. Kastor zu Koblenz. Das romanische Schiff mit dem gotischen Chor beherbergt die Ausstattung des 16. Jahrhunderts. Besonderes Augenmerk verdienen die Fresken der Gewölbe. Das Areal um die Kirche wird als Friedhof genutzt, auf dem bis 1246 Gericht gehalten wurde und bietet eine wundervolle Aussicht über den Rhein.

Die St. Martinskirche ist die älteste Kirche des Ortes. Von hier hat man einen wundervollen Blick über den Rhein.

Braubach hat zahlreiche, bedeutende **Fachwerkbauten**, so in der Brunnenstraße, der Unter- und Obermarktstraße. Es lohnt sich, auf Entdeckungstour zu gehen. In der Friedrichstraße steht noch der **Pankgrafenturm**, ein aus dem späten 13. Jahrhundert stammender Teil der mittelalterlichen Stadtbefestigung.

Der St.-Barbara-Kirche mit ihrem wuchtigen Kirchturm.

Um 1300 wurde die **St.-Barbara-Kirche** erbaut, zusammen mit der Stadtmauer. Der wuchtige Kirchturm war zugleich Eckturm der Befestigung. Die Kirche dient heute als evangelisches Gemeindezentrum und wird gelegentlich für Gottesdienste genutzt.

Die **Markuskirche** wurde 1899 errichtet, der Turm stürzte aber ein und beschädigte dabei auch die Kirche, das Gebäude musste erneuert werden und konnte erst 1901 geweiht werden. Sehenswert hier sind die Glas-

Die Philippsburg. Hier Turm und Torgebäude vom Innenhof aus.

Freunden der rheinischen Fachwerkbaukunst hat Braubach in seinen Straßen und Gassen viel zu bieten.

Viele Braubacher Fachwerkhäuser sind durch alte Sprüche verziert:

»... drum gehe hin und schweige still, es baut ein jeder wie er will.«

fenster. Vom **Marktplatz** aus nach Süden, der Schlossstraße folgend, findet man die Reste der **Phillipsburg**, erbaut 1567–71 unter Landgraf Philipp II. von Hessen-Rheinfels. Die mittelalterlichen Burgen waren als Wohnstatt nicht mehr zeitgemäß, daher entstand diese Anlage mit ihren drei Flügeln. Sie diente vorwiegend als Witwensitz. Seit 1823 in Privatbesitz, musste sie einiges erdulden, so den Abriss großer Teile für den Bau der Eisenbahn. Dennoch, die beiden Torgebäude mit ihrem Fachwerk, der Ostflügel und der Marstall überstanden die neue Zeit, die Keller dienen den Winzern von Braubach.

Alles bestimmender Höhepunkt aber ist natürlich die **Marksburg**, früher schlicht Burg Brubach. Ihre herrliche Lage 150 m über dem Rhein macht die einzige nie zerstörte mittelalter-

Straßencafés laden zum Ausruhen und Verweilen ein.

Das Obertor war das östlichste Tor der Stadtbefestigung und ein wichtiger Kontrollpunkt der Handelsstraße nach Wiesbaden.

Kriegerdenkmal für die Braubacher Gefallenen von 1870/71 und 1914–18

liche Höhenburg am Mittelrhein zum Wahrzeichen. Sie ist folglich eine der meist besuchten Burgen am Rhein. Errichtet wurde sie um 1200, 1231 zum ersten Male erwähnt. Zu den wechselnden Besitzern gehörten die Grafengeschlechter Eppstein, Katzenelnbogen und die hessischen Landgrafen. Jeder hinterließ einige Bauabschnitte. Erst im 16. Jahrhundert tauchte der Name Marksburg oder auch Markusburg auf, nach dem Schutzpatron der Burgkapelle.

Der spätromanische Palas, der Kapellenturm auf der Südspitze des Felsens und der älteste Teil des Bergfrieds verdankt sich den Eppsteinern, doch schon 1283 ging die Burg an die Grafen von Katzenelnbogen. Sie gaben der Marksburg ihr heutiges Erscheinungsbild. Sie erbauten den quadratischen Bergfried mit dem typischen, runden »Butterfass-Aufsatz«. Ebenso wurde die Befestigung ausgebaut und verstärkt und der Saalbau errichtet. Im Jahre 1479 trat Landgraf Heinrich III. nach dem Aussterben der Familie das Erbe an. Sein Nachfolger Landgraf Philipp II. zog im Jahre 1568 dann in seine eigene Burg im Tal, ließ aber zum Schutz der Bevölkerung die große Batterie mit 8 mächtigen Geschützen auf der Marksburg anlegen. Dennoch, die Kriege nahmen keine Rücksicht mehr auf Burgen, sie fing allmählich an, zu verfallen. Da im Jahre 1705 ein Brand Teile des romanischen Palas und andere Bauten zerstörte, wurde notdürftig ein Neubau aus Fachwerk und auf der Rheinseite der sogenannte Rheinbau errichtet. 1803 gelangte Braubach samt Burg an das Herzogtum Nassau und im Jahre 1866 schließlich

Die Marksburg hoch über der Stadt zieht jedes Jahr viele tausend Touristen an.

Besichtigung der Marksburg von Ostern bis September täglich von 10 bis 17 Uhr. Führungen finden laufend statt. In der Zeit von November bis zu den Osterferien täglich von 11 bis 16 Uhr. Führungen nur zur vollen Stunde.
Ruhetage: 24. bis 31. Dezember

an Preußen. Mit der Zustimmung von Kaiser Wilhelm II. ging im Jahre 1900 die Marksburg für 1000 Mark in den Besitz der Vereinigung zur Erhaltung deutscher Burgen – später Deutsche Burgenvereinigung – über, die hier ihren Hauptsitz hat. Nach einer vorbildlichen Restaurierung durch Bodo Ebhardt wurde die Burg 1945 von amerikanischer Artillerie beschossen und beschädigt, aber davon ist heute nichts mehr zu sehen. Touristen aus aller Welt tauchen hier ein in ein erlebbares Mittelalter. Und es gibt wahrlich viel zu sehen. Eine bemerkenswert anschauliche Sammlung von Waffen und Rüstungen, aber auch ein zutiefst friedlicher, mittelalterlicher Kräutergarten, alte und erneuerte Wandmalereien und Möbel, und in der herrlichen Küche kann man sogar Feste feiern. Tipp: Die »Marksburgbahn« erspart mit ihren Traktoren-PS auf nette Weise den Aufstieg.

All dieses Sehenswerte ist eingebettet in ein reichhaltiges Kulturprogramm vor Ort, und auch die historischen Gaststätten Braubachs lohnen eine eingehende Erkundung. (Eine besondere Adresse ist dabei der »Eck-Fritz«, 1597 als Bauernschänke erbaut.)

Informationen gibt es beim
Verkehrsamt Braubach
Rathausstr. 8, 56338 Braubach
Telefon: 026279/97600 1
Fax: 026279/97600-5

Einkehr-Tipp:

Schenke auf der Marksburg, 56338 Braubach,
Tel. 02627-974070, Fax 02627-974071

Das Wirtshaus an der Lahn – es wurde 1697 erbaut – ist weit bekannt. Goethe, Lavater und Basedow kehrten 1774 dort ein.

⇒ Lahnstein liegt rechts des Rheins zwischen Braubach und Koblenz-Ehrenbreitstein.

Lahnstein und Burg Lahneck

Auf einen Blick: Burg Lahneck, Reste des fränkischen Salhofes und der Stadtbefestigung, Martinsschloss (13. Jh. bis Barock), Altes Rathaus (16. Jh.), Johanniskloster (Kirche 1130), Wirtshaus an der Lahn, Allerheiligenberg.

Am Mündungsort der Lahn in den Rhein liegt die Stadt Lahnstein.
Ihre Geschichte reicht weit zurück. Schon für die jüngere Steinzeit (4000 bis 1800 v. Chr.) belegen Funde eine Besiedelung, fortgesetzt über die Bronzezeit und Eisenzeit. Um 370 n. Chr. wurde aus strategischen Gründen ein römischer Burgus an der Lahnmündung errichtet. Von diesem »domus fortis supra Lonetam«, befestigtes Haus über der Lahn, leitet sich der Stadtname ab.
Anfang des 10. Jahrhunderts fiel der fränkische Salhof im heutigen **Oberlahnstein** an das Erzstift Mainz, 1018 das Königsgut **Niederlahnstein** an das Erzstift Trier, durch Zukäufe bis zum Jahre 1256 wurde die Lahn zur Grenze zwischen den Bistümern Trier und Mainz.
Schon 1220 belehnte Friedrich II. den Mainzer Erzbischof mit dem Silberbergwerk in **Friedrichssegen**, zwischen 1240 und 1245 folgte zum Schutz des Mainzer Territoriums die Errichtung der Burg Lahneck, 1298 die einer weiteren Zollburg direkt am Rhein.
Seit dem 9. Januar 1324 besitzt Oberlahnstein das Stadt- und Marktrecht, verliehen von König Ludwig dem Bayern. In der Folge wurde die Stadt stark befestigt, sie erhielt eine zweifache Stadtmauer mit Gräben und 16 Türmen sowie einer weiteren Burganlage.
1330 wurden das Hospital und die Hospitalkapelle St. Jakobus errichtet. Zwei Jahre später gelang es dem Erzbischof und Kurfürsten Balduin von Trier, seinerseits das Stadtrecht für Niederlahnstein zu erhalten. 1348 entstand so ein Trierer Zollturm an der Lahn.
Zweimal, 1338 und 1400 spielte Lahnstein eine Rolle in der »großen Weltgeschichte«: am 15.07.1338 beschlossen die Kurfürsten, dass jeder von ihnen gewählte König gleichzeitig rechtmäßiger deutscher Kaiser sei, mit oder ohne Zustimmung des Papstes. »Kurverein zu Rense« heißt der Beschluss wegen seiner Verkündigung in Rhens, gefasst wurde er aber in Lahnstein. Drastisch auch das zweite Ereignis: am 20.08.1400 wurde König Wenzel von Böhmen auf Beschluss der rheinischen Kurfürsten in Oberlahnstein abgesetzt.
Während des Dreißigjährigen Krieges wurden auch Ober- und Niederlahnstein mehrfach durch schwedische, kaiserliche, französische und hessische Truppen besetzt, im Jahre 1688 folgte die endgültige Zerstörung von Burg Lahneck durch französische Truppen. Weitere Besetzungen erleb-

Im Jahre 1851 wurde die junge Engländerin Idilia Dubb ein Opfer der Rheinromantik. Sie erkletterte den 29 Meter hohen Bergfried der damaligen Ruine Lahneck, um zu zeichnen. Die marode Holztreppe brach hinter ihr zusammen, sie verhungerte, das Rhein- und Lahntal vor Augen. Man hatte zwar ihr heftiges Winken bemerkt, aber nur freundlich zurückgewunken.

ten die Einwohner in den Revolutionskriegen 1795–1800, diesmal durch Österreicher, Preußen, Franzosen und Russen.
Seit 1806 gehörten beide Städte zum Herzogtum Nassau. 1858 und 1862 erfolgte der Anschluss an die Nassauische Eisenbahn, 1860 die Errichtung des Rheinhafens in Oberlahnstein. 1864 wurde durch den Bau einer Eisenbahnbrücke über die Lahn der Anschluss an die linksrheinische Preußische Staatsbahn vollzogen, 1866 folgte die Annexion des Herzogtums Nassau durch das Königreich Preußen.
Nach dem 1. Weltkrieg bis 1929 französisch besetzt, im 2. Weltkrieg zu 35 % zerstört und bis 1956 zuerst amerikanisch, dann französisch, wurde 1969 durch Zusammenlegung der Städte Nieder- und Oberlahnstein die heutige Stadt Lahnstein gebildet.
Verständlich, dass eine so alte Stadt mit so bewegter Geschichte eine Menge Sehenswürdigkeiten bereithält.

Burg Lahneck steht inmitten von Wäldern über der Stadt.

Deutlich sichtbar schon von fern ist **Burg Lahneck**. Erbaut wurde der Kernbereich mit dem Bergfried bis 1245 als Burg der Erzbischöfe und Kurfürsten von Mainz zum Schutz ihres nördlichsten Besitzes. Die äußeren Verteidigungsanlagen kamen im 15. Jahrhundert dazu. Im dreißig jährigen Krieg durch die Schweden stark beschädigt, wurde sie 1688 durch die Franzosen endgültig zur Ruine. Der fünfeckige Bergfried ist 29 Meter hoch. Er inspirierte Goethe im Jahre 1774 zu seinem Gedicht »Geistes-Gruß«, wenn man so will ist er damit der eigentliche Erfinder der Rheinromantik.

Johann Wolfgang von Goethe
Geistes-Gruß (1774)

Hoch auf dem Turme steht
Des Helden edler Geist,
Der, wie das Schiff vorübergeht,
Es wohl zu fahren heißt.

Sieh, diese Sehne war so stark,
Dies Herz so fest und wild.
Die Knochen voll von Rittermark,
Der Becher angefüllt;

Mein halbes Leben stürmt ich fort,
Verdehnt die Hälft in Ruh.
Und du, du Menschen-Schifflein dort,
Fahr immer, immer zu!

Ab 1852 wurde Burg Lahneck durch ihren neuen Besitzer Morartry im Stil englischer Gotik wieder aufgebaut. Die kreuzförmige Kapelle enthält noch den originalen gotischen Chor und Glasmalereien aus dem 15. Jahrhun-

Burgmauer mit Tor

dert, sowie eine Ablassurkunde von 1322, in Avignon erlassen. Der Wiederaufbau wurde erst im Jahre 1937 abgeschlossen. Die Burg befindet sich auch heute noch in Privatbesitz und kann in der Zeit von Ostern bis Ende Oktober täglich besichtigt werden. Zu sehen sind die Burgküche mit dem 12 Meter tiefen Brunnen, Gemälde und Plastiken aus dem 15. –18. Jahrhundert mit barockem Mobiliar, im Rittersaal eine Sammlung von Waffen und Rüstungen und ein herrliches, dreigeschossiges Puppenhaus mit allem Zubehör aus dem 19. Jahrhundert.
Auf der Burg finden in den Monaten August und September Freilichtspiele statt.
Der **Salhof**, ein fränkischer Königshof, wurde im Jahre 977 zuerst urkundlich erwähnt. Die ältesten Bauteile des heutigen Gebäudes stammen aus dem 12. Jahrhundert. Im Jahre 1686 durch Johann Freiherr vom und zum Stein barock umgestaltet und erweitert, dient es heute der Stadtverwaltung. Gleich daneben finden sich Reste eines **Wehrganges** und der sogenannte **Hexenturm**, Teile der alten Stadtbefestigung von 1324. Im Turm befindet sich seit 1880 das Lahnsteiner Heimatmuseum, unbedingt sehenswert. Es enthält Funde und Objekte von der vorgeschichtlichen Zeit bis ins 19. Jahrhundert. Und der Rundumblick vom 26 Meter hohen Turm ist auch nicht zu verachten.

Der Hexenturm und die Mauern der ehemaligen Stadtbefestigung.

Die Pfarrkirche **St. Martinus** ist in ihren ältesten Teilen romanisch, Chor und Sakristei stammen aus dem 14. Jahrhundert, das Mittelschiff aus dem 18., die Seitenschiffe kamen Ende des 19. Jahrhunderts dazu.

Pfarrkirche St. Martinus

Das **Alte Rathaus,** ein herrlicher rheinischer Fachwerkbau, stammt aus dem Jahre 1507. Im Erdgeschoss lohnt der gotische Laubengang, der ehemals den Markt und das Gericht aufnahm. Der Besichtigung harren Reste mittelalterlicher Malereien und eine barocke Stuckdecke. Heute ist es Sitz des Stadtarchives. Gegenüber der **Alte Markt** mit **Marktbrunnen**, hier liegt der Eingang zur **Hospitalkapelle St. Jakob** aus dem 14. Jahrhundert, heute ein beliebter Veranstaltungsort für Konzerte und Lesungen. Es bietet sich an, hier den Durchgang zum Rhein zu nehmen. Man kommt durch das Kihrstor in die Rheinanlagen. Von hier sind es nur wenige Schritte zum **Martinsschloss**, das als Zollburg der Erzbischöfe und Kurfürsten von Mainz im Jahre 1298 erbaut wurde.

Das alte Rathaus in prächtiger Fachwerkbauweise mit gotischem Laubengang. Auf der anderen Straßenseite der Marktbrunnen.

Das Martinsschloß

Von diesem Gusserker am Martinsschloss konnten anrückende Feinde mit siedenden Pech, heißem Öl oder kochendem Wasser »begossen« werden.

Das Kihrstor: Torturm der mittelalterlichen Stadtbefestigung, erbaut 1324.

Der 28 Meter hohe gotische Hauptturm war in die Stadtbefestigung integriert. Er entstand zwischen 1390 und 1416, seine Mansardenhaube kam während des barocken Umbaus hinzu. Seine heutige Form erhielt das Gebäude durch die Errichtung des Nordflügels im 14. Jahrhundert und des Südflügels mit gotischem Saal im 15. Jahrhundert. Der Mittelbau entstand 1720 unter Kurfürst Franz von Schönborn. Bemerkenswert ist das Portal mit Fallgatter und dem Gusserker mit Wappenschmuck aus dem Jahr 1395. Heute befindet sich der Gebäudekomplex in Privatbesitz.

Das **Johanniskloster** in Niederlahnstein beherbergt ein bekanntes Gymnasium. Die romanische Basilika wurde um das Jahr 1130 erbaut, an Stelle des kleineren, ottonischen Vor-

Bei schönem Wetter lockt das attraktive Lahnsteiner Freibad.

gängerbaues aus der Mitte des 10. Jahrhunderts. Nach einem Brand 1794 verfielen die Gebäude, 1844 stürzte der Ostturm ein, der Wiederaufbau erfolgte ab 1856. Dank der behutsamen Restaurierung lohnt der Besuch des ruhigen, harmonischen Kirchenraumes durchaus.

Das **Wirtshaus an der Lahn** gleich neben der Lahnbrücke verdankt seine Berühmtheit dem Besuch Goethes mit Lavater und Basedow am 18. Juli 1774. Es ist ein schöner Fachwerkbau mit steinernem Erdgeschoss, erbaut 1697. Der runde Anbau mit geschweiftem Dach und Laterne stammt aus dem Jahre 1741.

Auf dem **Allerheiligenberg** steht, Burg Lahneck gegenüber, die gleichnamige **Kapelle**. Ursprünglich 1671 erbaut, stammt die heutige, neugotische Gestaltung aus den Jahren 1895 bis 1901. Sehenswert sind die Aussenanlagen mit Kreuzigungsgruppe und heiligem Grab von Caspar Weis, mindestens ebenso sehr aber die herrliche Aussicht in das Rhein- und Lahntal.

Von Mai bis September werden mittwochs um 14 Uhr sowie für Gruppen nach Vereinbarung Stadtführungen angeboten, die man nutzen sollte. Gut zwei Stunden lang kann man auch sonst nicht zugängliche Sehenswürdigkeiten besichtigen. Die Teilnahme ist kostenlos. Infos hierzu beim:

Verkehrsamt Lahnstein, Stadthallenpassage, 56112 Lahnstein.

Tel. 02621/914-171 oder 914-172

Fax: 02621/914-340

E-Mail: touristinfo@lahnstein.de

Homepage: www.lahnstein.de

Für Wanderfreunde finden dienstags um 10 Uhr geführte Wanderungen in die Umgebung statt, Anmeldung siehe oben. Gut wandern lässt sich auch im Stadtteil Lahnstein auf der Höhe, rund um das Kurzentrum, das auch noch eine Menge anderer Freizeitangebote bereithält.

Ein mehr als empfehlenswerter Ausflug führt das Lahntal aufwärts. Im alten Bergbauort **Friedrichssegen** lohnt ein Stopp: hier lässt sich Bergbaugeschichte erwandern. Seit dem Jahr 2000 gibt es das Bergbaumuseum gleich bei der Brücke, mit viel Mühe und Engagement errichtet und bestückt vom »Arbeitskreis Grube Friedrichssegen«. Hier finden sich eine große Zahl alter Grubenbilder und ein über sieben Meter langes Modell des Friedrichssegener Tals mit Gebäuden und Werkanlagen aus der Zeit um 1900, und natürlich über 40 Exponate der berühmten Friedrichssegener Mineralien.

Ansprechpartner: Hans-Günther Christ, Telefon 02621/2841

Öffnungszeiten: Dienstag von 14–17 Uhr sowie nach Vereinbarung, von

November bis März nur nach Vereinbarung.
Bei einer Wanderung durch das reich bewaldete, ruhige Friedrichssegener Tal weisen Hinweistafeln mit Bildern und Wandertipps den Weg zu den ehemaligen Anlagen.
Aber in Friedrichssegen wurde nicht nur aus der Tiefe Schätze gefördert. Der Schriftsteller, »Biosoph« und Querdenker Ernst Fuhrmann kam auf Einladung des Mäzens Paul Multhaupt 1928 mit seiner Frau, der Dichterin Elisabeth Paulsen hierher und gründete den Folkwang-Auriga-Verlag. Er beeinflusste mit Aufträgen für Pflanzen- und Mineralienaufnahmen maßgeblich die Fotografie der Neuen Sachlichkeit (Renger-Patzsch), und seine hier erschienene Werksausgabe in 10 Bänden fand die Unterstützung u. a. von Pannwitz, Ziegler, Däubler, Paquet, Nolde, Döblin und Sibelius. Sein enormes Werk harrt der Wiederentdeckung.
Auch die Anwesenheit der Maler Campendonk und Räderscheidt ist belegt.
Unbedingt sehenswert ist das zwölf Kilometer entfernte, heute etwas verschlafen wirkende, früher mondäne Kurbad **Bad Ems**. Hier lässt es sich gut spazieren gehen, eine schöne Abwechslung ist die steile Fahrt mit der Kurwaldbahn. Sehenswert sind der Marmorsaal im Kurhaus und die russische Kirche auf der anderen Lahnseite. Zu den illustren Gästen vergangener Epochen zählten neben der Zarenfamilie, Dostojewskij und Jacques Offenbach, Kaiser Wilhelm I., der hier die berühmt gewordene Emser Depesche empfing, Auslöser des Krieges 1870/71. Ein kleines Täfelchen markiert den Ort. Glücksrittern sei die Spielbank empfohlen.
Auch im weiteren Verlauf des Tales sind alte Orte mit historischen Gebäuden zu entdecken. Oder wie wäre es mit einer Kanutour auf dem ruhig dahinströmenden Fluss?

Die Bad Emser Spielbank umgeben von gepflegten Gartenanlagen.

Goethe schreibt in »Dichtung und Wahrheit« über seinen Emser Aufenthalt: »Die Gesellschaft nahm täglich zu. Es ward unmäßig getanzt und, weil man sich in den beiden großen Badehäusern ziemlich nahe berührte, bei guter und genauer Bekanntschaft mancherlei Scherz getrieben. … An Abend-, Mitternacht- und Morgenständchen fehlte es auch nicht, und wir Jüngern genossen des Schlafs sehr wenig.« (14. Buch)

Tipp:
Wer sich mit dem Thema:Bad Ems und seine Gäste befassen möchte, dem sei das Buch: »Berühmte Kurgäste in Bad Ems« ISBN 3 929745 40 2 Rhein-Mosel-Verlag empfohlen.

Übernachtungs-Tipps:

Ferienwohnung Haus Zum Rhein, Blücherstr. 15
56112 Lahnstein, Telefon und Fax 02621-7315

Campingplatz Wolfsmühle, Hohenrhein 79
56112 Lahnstein, Telefon 02621-2589, Fax -2584

Einen faszinierenden Anblick bietet das Schloss Stolzenfels. Mit seinen Türmchen und Zinnen steht es eindrucksvoll über dem kleinen Ort Kapellen-Stolzenfels.

⇒ Stolzenfels lieget links des Rheins zwischen Rhens und Koblenz.

Schloss Stolzenfels

Südlich von Koblenz thront auf dem Berg über dem kleinen Ort Kapellen-Stolzenfels frisch renoviert und weithin sichtbar Schloss Stolzenfels, quasi der Inbegriff der Rheinromantik.

Detailansicht des Pergolagartens

Jung Siegfried

Burg Stolzenfels wurde vom Trierer Erzbischof Arnold von Isenburg (1242–1259) gegenüber der Lahnmündung gegründet, am Schnittpunkt von Kurtrier, Kurpfalz, Kurmainz und Kurköln. Bis 1412 wurde hier der Koblenzer Rheinzoll erhoben.
Durch Erzbischof Werner von Falkenstein im 14. Jahrhundert erweitert, diente sie als Sitz des kurtrierischen Amtes Koblenz. 1632 durch die Schweden besetzt, 1634 und 1646 durch die Franzosen, wurde sie im Gefolge des Pfälzischen Erbfolgekrieges 1689 bei einer erneuten Belagerung durch die Franzosen zerstört.
Durch Napoleons Niederlage kam die Stadt Koblenz in den Besitz der Ruine und schenkte sie dem preußi-

Sommerterrasse mit Kapelle

Pergolagarten

Großer Rittersaal

schen Kronprinzen Friedrich Wilhelm. Dieser »Romantiker auf dem Königsthron« nahm das Geschenk allerdings erst nach einigem Zögern 1823 an, nach einer eingehenden Besichtigung dann beauftragte er seinen Architekten Karl Friedrich Schinkel mit dem zeitgemäßen Wiederaufbau, der aber alle erhaltenen Elemente bewahrend einbinden sollte.

1836 endlich begannen die Arbeiten nach Schinkels Plänen, nach dessen Tod im Jahre 1841 übernahm der nicht minder bedeutende Friedrich August Stüler die Leitung. 1842 konnte mit einem prächtigen Kostümball Einweihung gefeiert werden, obwohl die Arbeiten im Inneren noch gut zehn Jahre weiter gingen.

Schon ab dieser Zeit war das Schloss für die Öffentlichkeit zu besichtigen. Stolzenfels ist, wenn man so will, ein strategischer Bau anderer Ordnung. Koblenz erhoffte sich durch die Schenkung das Wohlwollen des späteren Königs, der wiederum zeigte durch den Wiedraufbau der überwiegend katholischen und gar nicht gerne

Wohnzimmer der Königin

preussischen Rheinprovinz seine Wertschätzung.
Immer wieder mit hohem Aufwand restauriert und gepflegt ist Schloss Stolzenfels auch heute noch ein Besuchermagnet. Besonders bei Hochzeitspaaren ist die Schlosskapelle begehrt.
Von Kapellen, heute übrigens ein Stadtteil von Koblenz, kann man Schloss Stolzenfels über einen Serpentinenweg gut zu Fuß erreichen. Dabei lohnt die durch den Architekten Johann Claudius von Lassaulx im Jahre 1826 in klassizistisch-neuromanischem Stil errichtete Pfarrkirche einen Blick.
Die Schlossanlage gliedert sich in drei Burghöfe. Der Äußere bietet eine Aussichtsterrasse mit einem weiten Blick in das Rheintal. Den inneren Hof betritt man durch das erhaltene, mittelalterliche Burgtor. Er hat in seiner Gestaltung mit Säulen und Pergolagarten etwas Mediterranes, angepasst an die Verwendung als Sommerresidenz. Auf der linken Seite befindet sich der fünfseitige Bergfried, erbaut 1248, rechts die Wohnräume und der Palas.
Nun kommt das Stolzenfelser Ritual. Man schlüpft in große Filzpantoffel, und nicht nur den Kindern macht es Spaß, so gerüstet durch die Räume zu schlurfen. Die Erwachsenen haben immerhin die Ausrede, so das wertvolle Parkett zu schonen.
Die Innenräume bilden eine Art romantisches Gesamtkunstwerk. Zum einen ist das Ensemble aus neugotischen Möbeln ein wunderbar geschlossen erhaltenes Beispiel königlicher Wohnkultur des 19. Jahrhunderts, zum anderen werden aber auch wert-

Wohnzimmer der Königin

Kapelle Detailansicht innen

Sommerhalle

volle historische Stücke präsentiert, so eine beeindruckende Sammlung von Trinkgefäßen und Waffen im Großen Rittersaal. In seinem kleinen Pendant verherrlichen die historisierenden Wandgemälde von Hermann Stilke die ritterlichen Tugenden. Die schon erwähnte, nach Stülers Entwürfen im Jahre 1847 erbaute Schloßkapelle wurde von Ernst Deger im nazarenischen Stil ausgemalt. Man beachte die gusseiserne Treppe, ein schönes Beispiel rheinischen Eisenkunstgusses. Das Obergeschoss gewährt Zutritt zu den Privaträumen des Königs und der Königin mit ihrer reichen Ausstattung und wertvollen Gemälden. Immer wieder begegnet man der Farbkombination weiß-blau. Erraten, die Gemahlin

Schlafzimmer des Königspaares

Friedrich Wilhelms IV., Elisabeth, entstammte dem Hause Wittelsbach.
Eine kuriose Mischung also, dieses Schloss, Abbild eines idealisierten Mittelalters mit dem modernen Komfort des 19. Jahrhunderts und einem Quäntchen Mittelmeer. Aber, unbestreitbar, von zauberhaftem Charme.
À propos Sommerresidenz: das Schloss war nicht beheizbar. Die kalte Jahreszeit verbrachte man lieber im Koblenzer Residenzschloss. Überhaupt weilte der König nur sehr wenig Zeit in seinem Stein gewordenen Traum vom Mittelalter. So wurde Stolzenfels mehr und mehr zum Gästehaus (1845 konnte man Queen Victoria begrüßen, im Rittersaal fand ihr zu Ehren ein Konzert mit den gefeierten Größen Franz Liszt und Jenny Lind statt) und, eben, zum Museum.
Öffnungszeiten:
Von April bis September von 9 bis 13 Uhr und von 14 bis 18 Uhr, von Oktober bis März von 9 bis 13 Uhr und von 14 bis 17 Uhr. Letzter Einlass 45 Minuten vor Schließung.
Im Dezember und am 1. Werktag jeder Woche geschlossen.
Info: Schloss Stolzenfels
56075 Koblenz, Tel. 0261/51656.

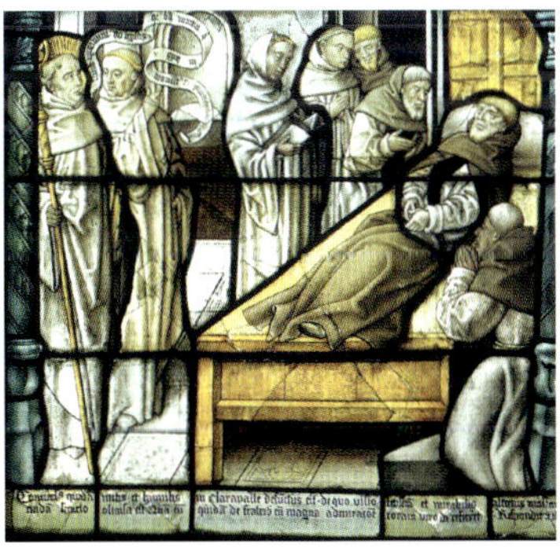

Bernhardscheibe, unterer Teil

Kleiner Rittersaal

Das Denkmal für
Kaiser Wilhelm I.
am Deutschen Eck

Koblenz und Ehrenbreitstein

Auf einen Blick: Deutsches Eck, Altes Kaufhaus, Schöffenhaus, St. Florin, Alte Burg, Balduinbrücke, Münzplatz, Haus Metternich, Liebfrauenkirche, Plan, Jesuitenplatz mit Kirche und ehem. Kolleg, Schängelbrunnen, Stadttheater mit Obelisk, Kurfürstliches Schloss, St. Kastor mit Brunnen, Deutschherrenhaus mit Museum Ludwig.

Koblenz hat einen eigenartigen Charme. Die reizvolle Lage im Winkel zwischen Rhein und Mosel, über den sie auf allen Seiten hinausquillt ist auch strategisch glänzend. Daher war Koblenz immer – und ist es bis heute – Garnisonsstadt und Verwaltungssitz. Das sieht man ihr an, und auch die enormen Wunden durch die Zerstörungen im 2. Weltkrieg (85 % der Gebäude!). Aber die renovierte Altstadt hat viel Charme, und die Studierenden haben ihren Beitrag zum Flair geleistet.

Das Gebiet von Koblenz ist seit frühester Zeit besiedelt. Älteste Funde datieren aus der Zeit vor 800 000 Jahren, seitdem folgte kontinuierlich Kultur auf Kultur. Die Kelten hatten zahlreiche Siedlungen im Stadtgebiet, frührömische Siedlungsreste aus der Zeit um 20 v. Chr wurden im Bereich der heutigen Löhrstraße gefunden. Die Stadtgründung wird mit der Errichtung eines Kastells im Jahre 9 v. Chr. vermu-

Von Ehrenbreitstein aus bietet sich ein herrlicher Blick über das Deutsche Eck mit Rhein und Mosel bis weit in die Eifel hinein.

tet. Etwa 40 Jahre später erfolgte der Bau einer Rheinbrücke zwischen Koblenz und Ehrenbreitstein. Das Kastell bestand, bis es mit dem Bau des Limes seine strategische Bedeutung einbüßte. Dafür wurden in »Confluentes« nun bedeutende Villen- und Tempelanlagen erbaut und auch die Mosel mit einer Brücke überspannt.

Im 5. Jahrhundert eroberten die Franken das »Castrum Confluentis« und errichteten einen Königshof. Bei der Reichsteilung 806 durch Karl den Großen wurde Koblenz Teil von Austrasien. Im Jahre 836 erfolgte die Weihe der St.-Kastor-Kirche. 843 fiel Koblenz an Lotharingien, wurde 882 durch die Normannen zerstört und 925 Teil des ostfränkischen Reiches. 1018 schenkte Kaiser Heinrich II. den Königshof Koblenz dem Erzbischof von Trier. Um 1216 ließ sich der Deutsche Orden in

St.-Kastor-Kirche

Koblenz nieder. Bis 1304 versuchte Koblenz, mit einem eigenen Stadtrat seine Unabhängigkeit zu bewahren, dann musste es sich dem Erzbischof unterwerfen und wurde endgültig 1562 kurtrierische Landstadt.

1632 besetzten die Franzosen den Ehrenbreitstein auf Grund eines Vertrages mit dem Trierer Kurfürsten, kurz darauf kapitulierte auch die Stadt und erhielt eine französische Besatzung. 1636 wurde Koblenz dann wieder kaiserlich, der Ehrenbreitstein ein Jahr belagert, bis die französische Besatzung kapituliert. 1688 folgte eine Beschießung der Stadt durch französische Truppen und die weitgehende Zerstörung. 1786 bezog Kurfürst Clemens Wenzeslaus das neue Schloss am Rhein und ließ das Stadttheater bauen. Aber schon 1794 nahm die französische Revolutionsarmee Koblenz ein, der Kurfürst musste fliehen. Die Besatzung der Festung Ehrenbreitstein ergab sich erst 5 Jahre später. Durch den Frieden von Lunéville 1801 fiel Koblenz an Frankreich, 1804 verbrachte Napoleon I. hier einige Tage. Zu Neujahr 1813/14 rückten russische Truppen ein. 1815 schließlich wurde Koblenz preußisch, die Festung Ehrenbreitstein in den folgenden Jahren neu auf- und ausgebaut, die Stadt befestigt. 1819 wurde eine Schiffbrücke über den Rhein errichtet, 1858 eine Eisenbahnbrücke über die Mosel eröffnet, 1864 die über den Rhein.

Am 31. August 1897 war Einweihung für das Kaiser-Wilhelm-Denkmal am Deutschen Eck. Nach der Revolution 1918 erhielt auch Koblenz am 9. November einen Arbeiter- und Soldatenrat. Am 12. Dezember marschierten

aber die Amerikaner ein, 1923 übernahmen die Franzosen. Die versuchte Errichtung einer separatistischen Regierung scheiterte, erst 1929 verließen die Franzosen die Stadt. 1933 erfolgte die Machtübernahme der Nationalsozialisten, Koblenz wurde Gauhauptstadt. Nach schweren Zerstörungen im 2. Weltkrieg besetzten am 19. März 1945 amerikanische Truppen die Stadt, wurden nach der Potsdamer Konferenz im Juli erneut von französischen abgelöst.
Im August 1946 erfolgte die Gründung des Landes Rheinland-Pfalz, die konstituierende Sitzung der Beratenden Landesversammlung fand im Stadttheater statt. Auch die konstituierende Sitzung des ersten rheinland-pfälzischen Landtags 1947 war in Koblenz, ebenso die Rittersturz-Konferenz der Ministerpräsidenten 1948. Dennoch wurde 1950 Mainz zur Landeshauptstadt. Im Zuge der Wiederbewaffnung wurde Koblenz ab 1957 wieder Garnisonsstadt, 1962 hatte sie erstmals über 100.000 Einwohner. 1992 konnte Koblenz seine 2000-Jahr-Feier begehen, ein Jahr später wurde das neu gegossene Reiterstandbild Kaiser Wilhelms I. auf dem Deutschen Eck errichtet.
Koblenz war auch eine Stadt, in der Literaturgeschichte geschrieben wurde, wenn auch die Protagonisten zumeist nur auf Zeit hier waren. Allen voran Joseph Görres, aber dann gibt es noch den Essener Karl Baedecker, der 1827 in der Rheinstraße eine Buchhandlung mit angeschlossenem Verlag eröffnete. 1829 erschien hier übrigens ein Stadtführer über Koblenz. Max von Schenkendorf, 1783 in Tilsit geboren, starb 1817 in Koblenz und ist hier begraben.

Ferdinand Freiligrath (1810–1876)

Bei Koblenz
(Beim Besuche des Grabes Max von Schenkendorfs)

Dorten durch der Brücke Bogen
Eilt die Mosel in den Rhein,
Dorten ragt die Kastorkirche,
Dort der Ehrenbreitenstein.

Um die Berge klimmt die Rebe,
In der Eb'ne wallt das Korn,
Mädchen mit dem Pfeil im Haare
Füllen Krüge sich am Born.

In des Herbstes milder Sonne
Sanft und feiernd liegt die Welt,
Schwalben rüsten sich zur Reise,
Und ich irre durch das Feld,

Irr' auf unbetretnen Wegen,
Wie der Landmann rauh sie bahnt,
Bis zur Einkehr unter Weiden
Mich ein Gottesacker mahnt.

Gottesacker, Gottesfrieden!
Auf den Gräbern Sonnenstrahl,
Und der Jahreszeit letzte Blumen
Duften um der Kreuze Zahl.

Bunt die Blumen, grau die Kreuze!
Eines sah ich dort erhöht,
Drauf mit ernsten, schlichten Lettern
»Schenkendorf« geschrieben steht.

Nahe dem geliebten Strome,
dem er laut in Zorn und Schmerz
Freiheitslieder zugesungen,
Schläft das reine Dichterherz …

Sophie von La Roche, die beiden Brentanos, Goethe natürlich, der immer noch unterschätzte Joseph Breitbach, John Dos Passos, der als Besatzungssoldat hier an seinem Erstling »Drei Soldaten« arbeitete und, natürlich, Guillaume Apollinaire. Der kam im August 1901 für ein Jahr als Hauslehrer an den Rhein. Während dieser Zeit entstanden mehr als 50 Gedichte und Gedichtfragmente, darunter auch eines mit dem Titel »Coblence«. Auch Jean Cocteau besuchte Koblenz Anfang der dreißiger Jahre, die Liste könnte noch lange fortgesetzt werden.

Bei so viel Geschichte ist es klar, dass Koblenz einiges zu bieten hat, andererseits scheint es bei diesem Hin und Her erstaunlich, dass überhaupt noch alte Gebäude da sind.

Wir beginnen, nicht unbedingt, weil es so schön ist, am **Deutschen Eck**, wo Rhein und Mosel zusammentreffen. Der Name kommt ursprünglich daher, dass der Deutsche Orden hier sein Verwaltungsgebäude hatte. Hier, am einstmals so genannten »Honsschwanz«, Hundeschwanz, dem Ende des Hunsrücks, war früher ein kleiner Hafen. Unübersehbar das Denkmal für Kaiser Wilhelm I., 1897 eingeweiht, die Figurengruppe 15 Meter hoch und 350 Zentner schwer. Die von seinem Enkel gewünschte Bezeichnung »Wilhelm der Große« konnte sich nie durchsetzen. Im 2. Weltkrieg wurde die Statue vom Sockel geschossen, der 1953 am 18. Mai von Bundespräsident Theodor Heuss zum Mahnmal der deutschen Einheit erklärt wurde. Den Sockel schmückte folgerichtig die Bundesflagge. Durchaus nicht im Sinne Wilhelms, hatte er doch 1848/49 die Bekämpfung der demokratischen Träger dieser Fahne mit härtester, militärischer Gewalt gefordert, was ihm den Namen »Kartätschenprinz« einbrachte. Eine Gedenkplatte vor dem Denkmal wies dann auf die ursprüngliche Gestalt und die Baugeschichte hin. 1993 wurde das durch private Spenden nachgegossene Reiterstandbild wieder enthüllt, allen Bedenken und politischen Debatten zum Trotz. Der Sockel stammt vom Gestalter des Leipziger Völkerschlachtdenkmals, Bruno Schmitz, die erste Statue von Emil Hundrieser. Kurt Tucholsky, der große Spötter, beschrieb das, was wir heute wieder sehen, so: *»Da stand – Tschingbumm! – ein riesiges Denkmal Kaiser Wilhelms des Ersten: ein Faustschlag aus Stein. (...) Das Ding sah aus wie ein gigantischer Tortenaufsatz (...) Zunächst ist an diesem Monstrum kein leerer Fleck zu entdecken. Es hat die Ornament-Masern. (...) Und Ornamente und sich bäumende Reptile*

Das alte Koblenz liegt an der Mosel: Blick auf die Altstadt.

und gewürgte Schlangen und Adler und Wappen und Schnörkel und erbrochene Lilien und was weiß ich ... es war ganz großartig.« (1930, Gesammelte Werke Bd. 8 S. 20 ff.)
Aber bilden Sie sich ihre eigene Meinung.
Erkunden wir zuerst das Moselufer. Hier lag das römische und das mittelalterliche Koblenz. Die **Moselfront** hat zahlreiche Sehenswürdigkeiten. Gleich hinter dem Eck drei penibel gereinigte Bruchstücke der Berliner Mauer, wer hätte auch je von bunten Denkmälern gehört, etwas weiter erinnert eine Skulptur an den langjährigen Ministerpräsidenten von Rheinland-Pfalz, Peter Altmeier, nach dem die Uferpromenade auch benannt ist.
Der im Jahre 1520 erbaute krumme und schiefe gotische **Wohnturm** des Münzmeisters Conrad von Lengefeld ist das älteste erhaltene Bürgerhaus der Stadt. Heute beherbergt es die Gaststätte **»Deutscher Kaiser«** und wird gerade mustergültig saniert und restauriert.
Das rot verputzte **Schöffenhaus** wurde unter Erzbischof Johann von Greiffenclau um 1530 im gotischen Stil erbaut. Bemerkenswert ist der schöne Erker zur Moselseite. Das Schöffenhaus und das daneben stehende **Alte Kauf- und Tanzhaus** beherbergen das **Mittelrhein-Museum** mit einer äußerst sehenswerten und umfangreichen Sammlung rheinischer Skulpturen und Gemälde, aber auch Sammlungen zur Stadtgeschichte. Leider können nur wenige Prozent dieser Schätze ständig gezeigt werden. Das Kauf- und Tanzhaus wurde 1419 bis 1425 erbaut, 1724 tiefgreifend verändert und diente eine Zeit als Rathaus der Stadt. Unter der Uhr befindet sich der Augenroller, ein Abbild des Ritters Johann Lutter von Kobern, hier enthauptet 1536. Er rollt im Takt die Augen und streckt zur vollen und halben Stunde die Zunge heraus. Ein etwas würdeloses Ende für einen mutmaßlichen Raubritter. Der Grund ist aber eine Legende: selbst im Angesicht des Todes soll er sich den Gaffern zugewandt und ihnen die Zunge herausgestreckt haben. Der abgeschlagene, rollende Kopf habe sogar noch die Augen verdreht.
Links daneben der **Bürresheimer Hof**, 1659 erbaut und seit 1714 Adelsitz derer von Breidbach-Bürresheim. Von 1851 bis zum 9. November 1938 war er die Synagoge von Koblenz; heute befinden sich hier Abteilungen der Stadtbücherei.
Davor der angenehm weite **Florinsmarkt** mit der ehemaligen Stiftskirche

Der Augenroller am Mittelrheinmuseum rollt nicht nur seine Augen sondern streckt auch halbstündlich seine Zunge heraus.

Mittelrheinmuseum

Die ehemalige Stiftskirche St. Florin

St. Florin, seit 1818 evangelische Pfarrkirche. Der Chor steht auf Resten der römischen Stadtmauer, unter dem Boden fanden sich Fundamente römischer Häuser und darüber fränkische Bebauung. Die heutige Form erhielt St. Florin um 1100, um 1350 in der Apsis gotisch ergänzt, im 16. Jahrhundert auch im Bereich des Gewölbes und der Fenster. Sehenswert sind die Fresken aus dem 14. und 15. Jahrhundert, die Fenster aus der Zeit um 1330 und der Kreuzgang mit dem erhaltenen Kapitelhaus aus der Zeit um 1200. Auf dem links neben der Kirche gelegenen Hof finden in letzter Zeit schöne, intime Konzerte statt. Auf der gegenüberliegenden Straßenseite liegt das Pfarrhaus Liebfrauen. Hier lag der seit 586 nachgewiesene fränkische Königshof. 1018

Pfarrhaus Liebfrauen

war es erzbischöfliche Residenz und später Sitz des Hofgerichts, seit 1775 ist es Pfarrhaus.

Die **Alte Burg**, ein Stück moselaufwärts, mit ihren zwei Ecktürmen stammt aus dem 13. Jahrhundert. Sie wurde unter dem Trierer Erzbischof Heinrich von Vinstingen ver-

Alte Burg Koblenz

stärkt und in den Stadtmauerring eingefügt. So sicherte sie die Stadt und den Machtanspruch des Bischofs gleichermassen. Die beiden Türme kamen Anfang des 15. Jahrhunderts dazu, im Ostturm befindet sich eine Kapelle. Hugo von Orsbeck ließ den Bau Ende des 17. Jahrhunderts erweitern. Besonders schön ist die Spindeltreppe aus dem Jahre 1557. Heute befindet sich hier das Stadtarchiv und der Lesesaal der Stadtbibliothek.

Rechts der Burg führt eine Treppe zum Moselufer hinunter, die noch die Verbindung zwischen Stadtmauer und Burg erkennen lässt.

Links von der Alten Burg spannt sich die **Balduinbrücke** über die Mosel. Erbaut unter dem bedeutenden Erzbischof Balduin von Luxemburg zwischen 1332 und 1368, ist sie die drittälteste Steinbrücke Deutschlands und diente neben der Bequemlichkeit dem Erheben von Brückenzoll.

Gegenüber der Alten Burg befindet sich der Durchgang zum **Münzplatz**. Hier liegt die Keimzelle der Stadt, das römische Kastell war hier und Bauarbeiten ließen in letzter Zeit weitere interessante Funde zu. In der Mitte des Platzes steht das frühere Haus des Münzmeisters der kurfürstlichen Münze, das 1763 nach Plänen von Johannes Seiz erbaut wurde. Im Keller residiert der »tiefste Flohmarkt Deutschlands«.

Die eine Seite des Platzes dominiert das **Haus Metternich**. Hier wurde 1773 Fürst Clemens von Metternich geboren. Über dem Eingang sieht man noch das Familienwappen mit der Grafenkrone.

Gegenüber zeigt das **Kunstgässchen**, was sich aus einem völlig maroden Gebäudeensemble machen lässt. Ansonsten teilt der Münzplatz das Schicksal vieler deutscher, auch vieler Koblenzer Plätze. Es scheint, als könne man nicht mehr mit Raum umgehen. Gut, dass es Außenbestuhlungen gibt.

Der Weg geradeaus führt in die **Fußgängerzone** der Löhrstraße. Wir biegen aber vorher links ab und gelangen zur **Liebfrauenkirche**. Schon im 5. Jahrhundert stand hier ein kirchlich genutzter Bau, ausgebaut zur karolingischen Zeit. Seit 1182 ist sie Pfarrkirche. Aus dieser Zeit stammt das Kirchenschiff, dreischiffig ohne Querschiff. Der Westbau mit den Türmen kam um 1200 dazu, nach 1400 der hochgotische Chor, Ende des 15. Jahrhunderts die Gewölbe im Schiff. Über dem Eingangsportal thront eine Madonna aus dem Jahre 1702, die

Liebfrauenkirche

Die Madonna von 1702 über dem Portal.

herrlichen Türen stammen von 1765. Sehenswert sind die diversen Grabdenkmale sowie das moderne Sakramentshaus.
An der Südseite schließt sich das ehemalige Beinhaus der Gemeinde, die **Michaelskapelle**, an. Sie stammt aus dem Jahr 1660 und steht ebenfalls auf der römischen Stadtmauer.
Einige Stufen und ein Bogen führen auf den **Plan**, die ehemalige »Gute Stube« der Stadt. Der Krieg hat hier enorme Wunden gerissen, (eine Tafel im Pflaster erinnert daran), aber ein wenig lässt sich noch von der Harmonie des Platzes spüren. Beim Brunnen lässt es sich gut sitzen, an warmen Abenden hat es fast etwas Mediterranes. Die erhaltenen bzw. wieder erstandenen Gebäude des 18. Jahrhunderts verbreiten eine wohlige Atmosphäre. Die alte Feuerwache wurde 1719 als Stadtkommandantenhaus erbaut und diente 1805-1895 als Rathaus. Im rechten Winkel dazu steht das Drouvensche Haus, 1779 erbaut. Es war 1792 Wohnsitz des Bischofs von Verdun, Renatus Desnois; er hatte – wie viele französische Emigranten – vor der französischen Revolution am Hofe des Trierer Kurfürsten Zuflucht gesucht. Daneben stand das Geburtshaus der ehemals berühmten Sängerin Henriette Sontag.

Auf dem Plan, die runde Tafel im Pflaster erinnert an die Zerstörungen des Zweiten Weltkrieges.

Die »Vier Türme«

Ein kurzer Abstecher zurück Richtung **Löhrstraße** bringt uns zu den **»Vier Türmen«.** Diese 4 Eckhäuser mit ihren prachtvollen, stuckverzierten Erkern stammen ursprünglich von 1608, wurden aber ab 1689–1692 erneuert.
Aber zurück, quer über den Plan. Wir folgen dem Verlauf der Straße mit dem schönen Namen **Entenpfuhl**, somit übrigens dem Verlauf der römischen Gräben. (Folgt man der Straße weiter, kommt man zum **Dreikönigen-**

Im Dreikönigenhaus befindet sich die Stadtbibliothek.

haus, das 1701 von dem Ratsherrn J. W. von Hauschild erbaut wurde. Es ist das Geburtshaus des Mainzer Erzbischofs und Kurfürsten Emmerich Joseph von Breidbach-Bürresheim (1707–1774); seit seiner Wiederherstellung 1977 befindet sich hier die Stadtbibliothek. Daneben das alte **Krämer-Zunfthaus**, wo sich auch die städtische Mehlwaage befand. Der Bau stammt von 1709). Wir aber biegen rechts in die **Jesuitengasse** und erreichen den **Jesuitenplatz**, mit der **Jesuitenkirche** und dem ehemaligen **Jesuitenkolleg** von 1694, dem heutigen **Rathaus** der Stadt Koblenz. Die Jesuitenkirche wurde bis auf ihr herrliches Portal im 2. Weltkrieg zerstört, aber auch ihr modern gestalteter Innenraum lohnt einen Blick. Der Jesuitenplatz ist ein besonders abends bunt bevölkertes Ensemble, ein gelungener Platz also, was daran liegen mag, dass er seit der Wiedererrichtung des Müller-Denkmals fast wieder aussieht wie vor dem Krieg. Egal, es ist ein intimer, städtischer Raum. Ein

Der Jesuitenplatz mit Müller-Denkmal und Rathaus.

Blick um die Ecke durch den Torbogen unterhalb des Rathauses führt zu einem Koblenzer Wahrzeichen, dem **Schängel-Brunnen**. »Schängel«, der Spitzname der Koblenzer, ist die Verkleinerungsform des Vornamens Jean und weist auf die Kinder diverser französischer Besatzungszeiten hin. Vorsicht, der kleine Kerl hat es in sich und spuckt in unregelmäßigen Abständen Wasser.

Wir gehen zurück und folgen vom Jesuitenplatz aus der **Firmungsstraße**. Immer wieder lohnt es, den Blick zu heben auf interessante Fassadendetails und die **Historiensäule** auf dem **Görresplatz**, die in zehn Bildern die Stadtgeschichte von der Gründung bis heute darstellt. Der Platz selbst ist, obwohl gestalterisch klinisch tot, durch vielfältige Gastronomie zum Leben erweckt worden. Wir gehen über ihn hinweg Richtung **Clemensstraße**.

Ein Koblenzer Wahrzeichen – der wasserspuckende »Schängel«

Historiensäule auf dem Görresplatz

Tipp: das Stammhaus der Sektkellerei Deinhard hat in Koblenz am Deinhardplatz ein sehenswertes Kellereimuseum. Kontakt Tel.: 0261/91151520

Görres-Denkmal

Gleich an der Ecke steht das **Haus des Hofrats von Lassaulx**, Geburtshaus des gleichnamigen Architekten. Am gegenüber liegenden Deinhardplatz finden wir das **Stadttheater**, 1787 von Krahé und Gärtner erbaut, finanziert übrigens von einem gewissen Franz Joseph Schmitz, der dafür Privilegien und Abgabenfreiheit erhielt, davor den **Obelisk**, den Kurfürst Clemens Wenzeslaus seinen Nachbarn widmete. Nun sind es nur noch ein paar Schritte über die Straße zum klassizistisch strengen **Kurfürstlichen Schloss**, erbaut zwischen 1777 und 1786. Kurfürst Clemens Wenzeslaus hatte Pech. Schon 1792 musste er das erste Mal fliehen, zwei Jahre später endgültig, er hatte nicht viel von seinem Schloss. Erste Pläne stammten von Michel d'Ixnard, der Bau war schon begonnen, als man Fehler feststellte. François Peyre der Jüngere musste nun sehen, was er damit anfing. Die Lösung ist nicht schlecht geraten, auch wenn er damals die veranschlagten Baukosten weit überschritt. Man kann um das Gebäude herumgehen (besichtigen kann man es nicht) und gelangt durch die spärlichen Reste des Schlossparks zum **Rhein**. Nach rechts erstrecken sich die **Kaiserin-Augusta-Anlagen**, ursprünglich angelegt von Fürst Pückler-Muskau und Joseph Peter Lenné, benannt nach der Gönnerin der Stadt, die hier viel Zeit verbrachte. Ihr Denkmal steht in Fußmarschweite, aber wir haben noch viel vor. Nun gut, einen Blick auf das **Denkmal** für den großen Sohn der Stadt, Joseph Görres, Herausgeber des »Rheinischen Merkur« und streitbarer Publizist, sollte man werfen. Die manchmal erstaunlich respektlosen Koblenzer übersetzen die Geste seines ausgestreckten Armes mit »Fünf Bier!«.

Kurfürstliches Schloss Koblenz

Wir gehen mit dem Rhein, zurück Richtung Deutsches Eck. Nach dem Schloss führt die Promenade auf das Konrad-Adenauer-Ufer, vorbei am neuschwansteinhaft neoromanischen ehemaligen **Regierungsgebäude der Rheinprovinz**. 1902/03 erbaut, hat Kaiser Wilhelm II. persönlich Einfluss auf die Planung genommen. Rechts liegt majestätisch die Festung Ehrenbreitstein, (hier geht auch die Personenfähre über den Rhein), links kündigt sich ein Juwel an.

Die **Kastorkirche**. Baubeginn war 817, sie wurde 836 im Beisein Ludwig des Frommen konsekriert. Hier wurden 842 die Bestimmungen über die fränkische Reichsteilung ausgehandelt, die dann in den Vertrag von Verdun aufgenommen wurden. Querhaus und Apsis wurden Mitte des 12. Jh. erbaut, das Langhaus 1208 geweiht. Im 15. Jahrhundert kamen die Gewölbe dazu, weitere Umbauten folgten, im 19. Jahrhundert wurde re-

Das ehemalige Regierungsgebäude

stauriert, Joseph Anton Settegast schuf 1822 die Fresken. Innen kann man sich kaum sattsehen an den Kunstwerken. Ein **Bronzekreuz** von 1685, die farbig gefasste **Kanzel** aus dem Jahre 1625, die äußerst bedeutenden **Grabdenkmäler** für Erzbischof Kuno von Falkenstein (†1388), Erzbischof Werner von Königstein (†1418), sowie für Friedrich von Sachsenhausen und Sophie Schenk von Liebenstein und, im Seitenschiff, der **Reliquienschrein** der seligen Rizza.

Ein Kuriosum eigener Art steht vor der Kirche, der **Brunnen**, den der französische Präfekt Doazan 1812 zur Erinnerung an Napoleons Russlandfeldzug aufstellen ließ. Seit dem 1. Januar 1814 trägt er den Vermerk »Gesehen und genehmigt, Der russische Stadtkommandant von Koblenz«.

Durch den Garten des Pfarrhofes St. Kastor gelangt man zu dem Gebäude, dem das Deutsche Eck seinen Namen verdankt. 1216 erbaute der Deutsche Orden hier an einer Ecke der Stadtmauer seinen Sitz. Die Hallenkirche ist verschwunden, und auch der Rest der Anlage wurde nach weiteren Zerstörungen durch den 2. Weltkrieg nicht mehr wieder aufgebaut, mit Ausnahme des Komturssitzes, genannt **Deutschherrenhaus**, in dem sich heute das **Museum Ludwig** befindet. Der umgebende Blumenhof ist Schauplatz für sommerliche Theateraufführungen und Konzerte.

Das war noch nicht alles, es gibt immer etwas zu Entdecken, aber für einen ersten längeren Rundgang mag es genügen. Einen Besuch wert ist sicherlich das **»Weindorf«** direkt an der Rheinbrücke und der Rhein-Mosel-Halle gelegen, eben so sehenswert sind die großbürgerlichen Häuser am Friedrich-Ebert-Ring mit der stilvoll renovierten ehemaligen Oberpostdirektion und die **Herz-Jesu-Kirche**. Zwei besondere Tipps: am Altlöhrtor gegenüber des monströsen Zentral-

Brunnen zur Erinnerung an Napoleons Russlandfeldzug

Die Herz-Jesu-Kirche

Pestkreuz in der Löhrstraße

platzes hat sich ein **Turm** der mittelalterlichen **Stadtmauer** erhalten (Ecke Kleinschmittsgässchen), und im Hof des Tapeten-Geschäftes Sausen in der Löhrstraße 82 versteckt sich eines der letzten erhaltenen **Pestkreuze** von Koblenz.

Unbedingt erkunden sollte man das nicht minder romantische Tal der **Mosel** mit seinen steilen Weinbergen, alten Dörfern und Burgen, und was den Rhein betrifft, empfehle ich eine Schiffstour. Die Anlegestellen am Rhein (Konrad-Adenauer-Ufer) sind nicht zu verfehlen, es werden Touren in allen Längen und Varianten angeboten, selbst für Eilige lässt sich da etwas finden. Aber Eile gehört eigentlich gar nicht hier her.

Weitere Informationen:

Turm der mittelalterlichen Stadtbefestigung am Altlöhrtor.

Das »Weindorf«

Mittelrheinmuseum, Florinsmarkt 15; Telefon 0261/1292501, Öffnungszeiten: Di. bis Sa.: 11 bis 17 Uhr; Mi.: 11 bis 20 Uhr; So.: 11 bis 18 Uhr.

In der Ausstellung zu sehen sind Kunstwerke des Mittelalters, niederländische Malerei des 16.–18. Jahrhunderts, Werke von Januarius Zick und Malerei des Barock, Archäologie und Stadtgeschichte, Rhein-Romantik und die Koblenzer Maler des 19. und frühen 20. Jh., Rheinansichten des 20. Jahrhunderts und zeitgenössische Kunst.

Ludwig Museum im Deutschherrenhaus; Telefon 0261/304040, Öffnungszeiten: Di. bis Sa.: 11 bis 17 Uhr; Do.: 11 bis 20 Uhr; So.: 11 bis 18 Uhr. Kernstück des Museums sind Schenkungen und Leihgaben aus der Sammlung Peter und Irene Ludwig. Die Bestände des Ludwig Museums reichen von der Nachkriegskunst bis in die unmittelbare Gegenwart und zeigen im Schwerpunkt französische Kunst, aber auch internationale Künstler wie Jasper Jones, Frank Stella, Robert Rauschenberg und Wolf Vostell.

Koblenz-Touristik
Bahnhofplatz 7, 56068 Koblenz
Telefon: 0261/30388-0
Fax: 0261/30388-11
E-Mail: touristik@koblenz.de
Homepage: www.koblenz.de

Der rechtsrheinische Stadtteil **Ehrenbreitstein**, oder wie er früher hieß, Mühlheim im Thal, hat eine wechselvolle Geschichte hinter sich. Eine grundlegende Bedeutung hatte dieser Ort für die Zeit der Rheinromantik und ihre Protagonisten. Und wenn man durch die engen, alten Gassen der Ortsmitte geht, wird diese Zeit seltsam greifbar und gegenwärtig. Ehrenbreitstein hat mehr zu bieten als die Festung, nur präsentiert es sich nicht auf dem Silbertablett, es macht nur das Angebot zu Entdeckungen.

Mein Tipp: fahren Sie von den Koblenzer **Rheinanlagen** mit der **Fähre** über, dem »Schiffchen«, wie sie liebevoll genannt wird. Sie hat allen Versuchen zur Einstellung tapfer widerstanden und es hat seinen eigenen Reiz, sich so Ehrenbreitstein zu nähern. (Abfahrt tagsüber alle paar Minuten.) Lassen Sie sich nicht entmutigen von den umfangreichen Bauarbeiten, die dienen dem Hochwasserschutz und dem Ausbau der B 42, und damit dienen sie auch dem Ort und seiner Atmosphäre. Nun gut, auf lange Sicht.

An den alten Mauern entlang der Rheinpromenade findet man die Markierungen vergangener Hochwasserstände, immer schon ein regelmäßig wiederkehrendes Problem. Am Kapuzinerplatz steht die ehemalige **Kapuziner-Klosterkirche**. Von hier lässt es sich eintauchen in die kleine Fußgängerzone und die historischen Gassen. Geschichte spiegeln diese Häuser alle.

Man kann auf Entdeckungsreise gehen, nach wunderschönen alten Haustüren zum Beispiel, Fotomotive finden sich überall. Mittendrin die Gedenkstätte für **Ludwig van Beethoven**, das Geburtshaus seiner Mutter, Maria Magdalena Keverich. Eine Ausstellung umfasst Briefe und Dokumente aus der Sammlung der Familie Wegeler, die auch an Sophie von La Roche, Clemens von Brentano und die Sängerin Henriette Sontag erinnern. Das **Haus La Roche** steht in der Hofstraße, oder besser: dort steht an gleicher Stelle ein Nachkriegsbau mit Gedenktafel.

Anlegestelle

Familie La Roche

Der Geheime Rat Georg Michael Frank von La Roche, Kanzler des Kurfürsten Clemens Wenzeslaus, lebte hier mit seiner heute viel berühmteren Gattin (Maria) Sophie von La Roche, geb. Gutermann (geb. 6.12.1730, Kaufbeuren, gest. 18.2.1807, Offenbach). Ihre Begegnung mit dem 17-jährigen Christoph Martin Wieland führte im Sommer 1750 zu einer Verlobung, die aber wieder gelöst wurde. Sie heiratete 1753, ihr Mann war zuerst kurmainzischer Rat und Privatsekretär bei Friedrich Graf von Stadion, machte dann Karriere als Kanzler des Trierer Kurfürsten, wurde aber wegen seiner Kirchenkritik 1780 entlassen. Damit fand der elegante Kreis der La Roches in Ehrenbreitstein, u. a. mit Goethe, Basedow, Heinse, den Brüdern Jacobi und Lavater ein abruptes Ende; die La Roches zogen nach Speyer, dann nach Offenbach.
Goethe schrieb über einen seiner Besuche in »Thal-Ehrenbreitstein«: »Mit der Mutter verband mich mein belletristisches und sentimentales Streben, mit dem Vater ein heiterer Weltsinn, und mit den Töchtern meine Jugend.« Das meint vor allem Tochter Maximiliane, genannt Maxe, doch die nahm nicht den jungen Herrn Goethe, sondern den soliden Kaufmann Peter Anton Brentano. So wurde Sophie von La Roche zur Großmutter von Clemens Brentano, der am 9. September 1778 in Ehrenbreitstein zur Welt kam, und von Bettina von Arnim.
Michael von La Roche starb 1789, infolge der französischen Besetzung des linken Rheinufers 1794 entfiel Sophies Witwenversorgung, sie musste auch mit dem Schreiben ihren Lebensunterhalt bestreiten. 1771 erschien ihr erster »Bestseller«: »Geschichte des Fräuleins von Sternheim«, anonym, herausgegeben von Wieland. Viele Bücher sollten folgen, zuletzt 1806 »Melusinens Sommer-Abende«, ihre Autobiografie, wieder von Wieland herausgegeben und 1807 »Erinnerungen aus meinem Leben«.

Noch mehr Literaturgeschichte: am Beginn der Charlottenstraße steht die ehemalige Schule, das heutige **Rhein-Museum**. Man kann sich umfassend informieren zur Kulturlandschaft Rhein, also über Fische und Fischfang, die Entwicklung der Rheinschifffahrt, dargestellt an anschaulichen Schiffsmodellen und über vieles mehr.
Hier kam am 2. September 1903 der Schriftsteller Joseph Breitbach zur Welt.

Joseph Breitbach

Nach einer kaufmännischen Lehre im Buchhandel, Arbeit als Journalist und Verkäufer für Bücher und Musikalien begann er mit der Niederschrift erster Erzählungen. 1919 kam es in Koblenz zur Begegnung mit John Dos Passos. 1925 verließ Breitbach seine Heimatstadt, siedelte 1929 endgültig in seine Wahlheimat Paris über. Sein erster Erzählungsband »Rot gegen Rot« war kurz zuvor erschienen. Sein Roman »Die Wandlung der Susanne Dasseldorf« wurde später von den Nazis verboten, sein Roman »Clemens« noch als Manuskript 1942 bei einer Plünderung beschlagnahmt. Breitbach arbeitete im Widerstand, wurde 1945 französischer Staatsbürger und setzte sich mit seinem Freund Schlumberger für die Wiederaufnahme der deutsch-französischen Beziehungen ein. Sein Roman »Bericht über Bruno« erschien 1962, 1978 »Das blaue Bidet«. Breitbach starb 1980 in München. Aus den Zinsen seiner Stiftung vergibt die Mainzer Akademie der Wissenschaften und der Literatur seit 1998 den Joseph-Breitbach-Preis, der mit jährlich über 125.000 Euro der höchstdotierte deutsche Literaturpreis ist.
Koblenz hatte lange Probleme mit dem berühmten Sohn, seine Stücke wurden nicht gespielt, Breitbach wusste das und klagte darüber. Immerhin, die winzige Straße der Schule gegenüber heißt nach ihm, und inzwischen kann man sich mit ihm schmücken und tut das.

Dem Bahnhof gegenüber, direkt an der B 42, und somit für den Betrachter nicht eben günstig gelegen, befindet sich das ehemalige kurfürstliche **Dikasterialgebäude**, ein herrlicher Barockbau, dem die behördliche Nutzung nicht eben gut tut. An dieser Stelle ließ der Trierer Erzbischof Philipp Christoph von Soctern zwischen 1629 und 1632 die **Philippsburg** als Residenz erbauen. Mitte des 18. Jahrhunderts wurde die Burg zu einem barocken Schloss um- und ausgebaut, das aber 1801 durch französische Truppen gesprengt wurde. Erhalten blieben einige Nebengebäude. Die **Pagerie**, das Dikasterialgebäude (Sitz des kurfürstlichen Gerichts), der **Krumm**- und der **Marstall**.

Die Pagerie, ganz links gelegen, wurde von 1690 bis 1692 vom Hofbaumeister Johann Christoph Sebastiani für Erzbischof Johann Hugo von Orsbek errichtet. Sie diente zunächst als Kanzlei, dann als Unterkunft der Herren des Hofes und Wohnstätte der Pagen, später als Waisenhaus und Kriminalgefängnis. Heute ist das Gebäude in Privatbesitz.

Die Pläne für das Dikasterialgebäude stammen vom großen Balthasar Neumann. Die wundervolle barocke Fassade muss man, will man sie würdigen, wohl von der anderen Seite der Bundesstraße aus betrachten. Im zentralen Giebel prangt das kurfürstliche Wappen, gehalten von zwei Löwen, darüber thront Justitia, Hinweis auf den ehemaligen Zweck des Baues.

Rechts daneben, durch den davor liegenden Platz auch besser zu betrachten, steht der bereits 1762 erbaute Marstall, an der herrlichen

Das Dikasterialgebäude, »Justizministerium« des einstigen Kurfürstentums.

Sandsteinskulptur eines sich aufbäumenden Pferdes zu erkennen.

Nun ergeben sich mehrere Möglichkeiten, zur Festung Ehrenbreitstein hinauf zu gelangen. Der Fußweg beginnt einige Meter hinter dem Dikasterialgebäude von der B 42 aus, ein lohnender Aufstieg, der die enormen Ausmasse des Baues sinnlich erfahrbar macht.

Je nach Jahreszeit ebenfalls sehr zu empfehlen ist die **Sesselbahn**, Zugang durch einen Tunnel rechts neben dem Marstall und so auch ein Eintauchen in die Geschichte des Festungsberges.

Öffnungszeiten:
Ostern bis Ende Mai und September bis Oktober 10–17 Uhr;
Juni bis Sept. 9–17.50 Uhr.
Telefon 0261/73766
Geschäftsstelle: 0261/75190.

Blick über den Rhein zur Festung Ehrenbreitstein

Die Autofahrer haben es etwas weiter, die gut ausgeschilderte Zufahrt führt um den Festungsberg herum, von einem großen Parkplatz aus kann man eintauchen in die riesige Anlage.

Die **Festung Ehrenbreitstein**, die größte erhaltene Festung Europas, wurde in ihrer heutigen Gestalt zwischen 1817 und 1828 erbaut. Ihr Ursprung aber reicht weit ins Mittelalter zurück. Um das Jahr 1000 ließ der Konradiner Ehrenbert eine nach ihm benannte Burg erbauen. Aus dem Namen Ehrenbertstein entwickelte sich dann Ehrenbreitstein.

Im 11. Jahrhunderts ging die Burg in den Besitz des Trierer Erzbischofs Poppo über. Sein Nachfolger Hillin vergrößerte die Anlage durch Errichtung eines fünfeckigen Bergfrieds und einer Grabenanlage.

Im 12. Jahrhundert kam auf der dem Burgberg vorgelagerten Bergkuppe die Burg Helfenstein hinzu, Sitz der gleichnamigen Ministerialen und späteren Grafen.

Im 15. Jahrhundert wurde die Anlage unter Erzbischof Richard von Greiffenclau zu einer gegen Artillerie gesicherten Festung ausgebaut. An ihn erinnert die zu ihrer Zeit größte Kanone Europas, »Vogel Greif«, die sich nach wechselvollen Irrfahrten nun wieder im Museum der Festung befindet.

An diesem Ausbau nach den damals modernen Erfordernissen waren Architekten wie Maximilian und Johann Pasqualini, Philipp Honorius von Ravensteyn und Balthasar Neumann beteiligt. Die Anlage war nun so sicher, dass eines der größten Trierer Heiligtümer, der »Heilige Rock«, hier verwahrt wurde.

Während des Dreißigjährigen Krieges wechselte die Burg mehrmals den Besitzer.
Während der Besetzung von Koblenz durch französische Revolutionstruppen im Jahre 1797 wurde die Festung über ein Jahr belagert und konnte erst 1799 durch Aushungern zur Übergabe gezwungen werden. Kurz darauf, 1801, wurde die Festung mit 30.000 Pfund Schießpulver gesprengt. Lord Byron sah sie bei seinem Besuch am Rhein 1816 noch in diesem Zustand:

»Seht, Ehrenbreitstein mit gesprengter Mauer,
Von Minen schwarz! Noch zeigt es jene Macht,
An welcher Bomben einst und Kugelschauer
Ohnmächtig abgeprallt sind und zerkracht.
Ein Turm des Siegs! Der oft von hoher Macht
Die Feinde sah in wilder Flucht ergossen;
Doch Friede stürzte, was getrotzt der Schlacht:
Dem Regen steht das stolze Dach erschlossen,
Das nie sich öffnete den feindlichen Geschossen.«
(Childe Harolds Pilgerfahrt, 3. Gesang, 58. Vers)

Durch den Wiener Kongress 1814/1815 kamen die rheinischen Gebiete Kurtriers aber mit der Rheinprovinz zum Königreich Preußen und König Friedrich Wilhelm III. befahl noch 1815 den Ausbau von Koblenz zur Festungsstadt und den Neuaufbau der Festungsanlage in dem heute noch voll

Vordere Befestigungsanlagen

erhaltenen, riesenhaften Masse. Die Besatzung betrug 1500 Mann.
Im Ersten Weltkrieg 1914/18 war die Zeit der Festungsanlagen vor-

Blick auf die Kurtine

bei, den Gebäuden passierte nichts, die Franzosen wollten sie jedoch nach dem Kriege schleifen. Es war der amerikanische General Allen, der ihnen glaubhaft machen konnte, dass die Festung nicht mehr kriegswichtig sei. Somit rettete er die Anlage.

Festungsmauern mit Schießscharten

Im Jahre 1945 wehte dieselbe amerikanische Flagge auf der Festung, die nach dem Ersten Weltkrieg gehisst worden war. Für diesen Einsatz hatte man sie aus dem Ruhestand im Kriegsmuseum in Washington geholt und eingeflogen.

Heute beherbergt die Festung friedliche Institutionen: das sehenswerte **Landesmuseum Koblenz** mit seiner Sammlung technischer Altertümer von der Weinpresse bis zu Horch-Automobilen, das Bundesfilmarchiv, die Abteilung Archäologische Denkmalpflege des Landesamtes für Denkmalpflege, das **Ehrenmal des Heeres** und eine ob ihrer einmaligen Lage sehr zu empfehlende und auch viel besuchte **Jugendherberge**. Seit 1997 finden Festspiele statt.

Bei schönem Wetter laden Biergärten und Freiterrassen zum Verweilen ein, hier der Biergarten am Pegelturm in Koblenz.

Sinnvoll ist es, an einer der Führungen teilzunehmen, gelangt man doch so in Bereiche, die sonst nicht zugänglich sind. Man erfährt eine Menge über die Geschichte und das alltägliche Leben auf dem Berg.

Das Spektakulärste an der Festung ist aber ihre Lage selbst und der damit verbundene Blick auf Koblenz und das Rhein- und Moseltal. Man kann noch eine ganze Weile die unterschiedlichen Farben der beiden Flüsse verfolgen, bis sie sich endgültig vermischen. Und auch die strategische Konzeption wird so klar.

Die Festung war eingebunden in ein Gesamtkonzept aus den Stadtbefestigungen beiderseits des Rheins und der Mosel und den damit verbundenen Forts, deren Reste gut erkennbar sind.

Bei einem Rundgang durch die Anlage kann man die Baumeister nur bewundern. Nach außen abweisend und trutzig, bietet der innere Bereich ein fast wohnliches Bild. Die ausgeklügelte Konstruktion aus Toren, Gräben, Tunneln und Engpässen vermittelt das Gefühl der Uneinnehmbarkeit. Der offene, weiträumige Schlossplatz mit seinen klassizistischen Fassaden wird von der Kurtine gesichert. Über dem schönen Tor prangt der preußische Adler mit den Initialen Friedrichs des Großen. Drei Etagen mit 68 Gewehrscharten und zwei Geschützscharten hätten spätestens hier die Angreifer gestoppt.

Die einst berühmte Wallfahrtskirche von Arenberg

In der »Hohen Ostfront« befindet sich das **Landesmuseum**, Öffnungszeiten: Mitte März bis Ende November tägl. 9–12.30 Uhr und 13–17Uhr (15 Min. vor Schließung letzter Einlass)
Tel. 0261/9703-150 und 0261/9703-0, Fax 0261/701989.
Rechts davon die katholische **Festungskirche**, deren klassizistischer Innenraum ebenfalls eine Geschützscharte beherbergt.
Info: Festung Ehrenbreitstein
56077 Koblenz-Ehrenbreitstein,
Telefon und Fax 0180/5221360
oder 0261/9742440
Anmeldung von Führungen beim Besucherdienst, Telefon und Fax: 0180/5221360
Ganzjährig geöffnet
Jugendherberge ebenfalls ganzjährig geöffnet. Tel. 0261/97287-0, Fax 0261/97287-30
In der Festung arbeitet auch die Institution »Burgen, Schlösser, Altertümer« von Rheinland-Pfalz. Sie sorgt für die Erhaltung und Entwicklung von u.a. Ehrenbreitstein, Pfalzgrafenstein, Burg Sooneck, Schloss Stolzenfels und Schloss Engers.
Noch ein Ausflugstipp: von Ehrenbreitstein aus über Niederberg nach **Arenberg** mit seiner einstmals berühmten **Wallfahrtskirche** (1860–1862 als zweitürmige Basilika errichtet) und den ringsum angelegten Grotten und Kapellen. Eine **Landschaftsbibel**, verziert mit Steinen aus aller Welt und heute ein Ort jenseits der Zeit. (Nicht zu verfehlen, da gut ausgeschildert.)

Übernachtungs-Tipp:

Ferienwohnung Helga Döbrösy, Lindenallee 14
56077 Koblenz, Telefon 0261-75285

Das Haus »Zur Traube«, ein sehenswertes Fachwerkgebäude in Vallendar.

⇒ Vallendar liegt rechts des Rheins zwischen Koblenz und Bendorf.

Vallendar und die Insel Niederwerth

Auf einen Blick: Marienburg (18. Jh.), Pfarrkirche St. Marcellinus und Petrus (Lassaulx), schöne Bürgerhäuser aus drei Jahrhunderten, Wallfahrtsstätte Schönstatt, Insel Niederwerth mit Stiftskirche (15. Jh.)

Folgt man der B 42 von Ehrenbreitstein flussauf, kommt man durch den Ort **Urbar**. Hier liegt, malerisch auf einem Vorsprung, das ehemalige Kloster und spätere Gut **Besselich**. Nach der Übernahme und durchaus stilgerechten Restaurierung durch einen Investor von Neubauten gerahmt, hat es viel von seinem verwunschenen, romantischen Charme verloren.

Unmittelbar darauf folgt **Vallendar**. Die Bundesstraße verleitet zum raschen Durchqueren, das aber wäre ein Fehler, denn hier findet sich manche Besonderheit.

Um 650 v. Chr. gründete der keltische Stamm der Treverer einen festen Siedlungsplatz. Auch römische Spuren finden sich. Festen geschichtlichen Boden erreichen wir im Jahre 1051, wo der Ortsname in einer Schenkungsurkunde Kaiser Heinrichs III. an das Domstift zu Goslar zum ersten Mal erwähnt wird. Im Jahre 1143 erfolgte die Grundsteinlegung des Klosters **Schönstatt** durch die Augustiner, 1232 dann fiel der Ort an den Gra-

Eingang der Marienburg

Die Pfarrkirche St. Marcellinus und Petrus

fen Heinrich von Sayn, der eine Burg errichten ließ, sowie eine Befestigung mit vier Toren. Im 14. Jahrhundert wurde Vallendar zu drei Vierteln an den Kurfürsten von Trier verpfändet, der Rest kam 1767 durch Verkauf dazu. 1769 erwarb Josef Quirin d'Ester aus Malmedy die kurfürstliche Burg, ließ sie 1770 abreißen und an ihrer Stelle die **Marienburg** errichten.

Marktflecken ab 1790, kam es 1802 an den Kurfürsten von Nassau und 1815 an Preußen. Seit 1856 hat Vallendar Stadtrecht, seit 1932 ist es anerkannter Kneipp-Kurort.

Trotz der Zerstörungen im 2. Weltkrieg und einer nachgerade unverständlichen Baupolitik in den 60er und 70er Jahren hält Vallendar eine große Anzahl Sehenswürdigkeiten bereit. Die **Pfarrkirche St. Marcellinus und Petrus** wurde ab 1837 an Stelle des romanischen Vorgängerbaus nach Plänen von Johann Claudius von Lassaulx errichtet. Ungewöhnlich in seinen Ausmassen, ist der dreischiffige Bau die größte Hallenkirche am Mittelrhein.

Bei einer tiefgreifenden Renovierung in den 1960er Jahren wurde die Ausstattung auf ein sehr spartanisches Maß reduziert, aber im Hauptaltar finden sich drei um 1480 entstandene Tafeln aus der Kölner Malerschule, Reste eines spätgotischen Flügelaltars aus dem Kloster Himmerod in der Eifel. Weiter bemerkenswert der Rokkokoaltar mit dem Bildnis des Hlg. Konrad im Seitenschiff und die Taufkapelle mit dem Taufstein von 1840. Der Westturm stammt noch vom Vorgängerbau von 1501.

Entlang der Fußgängerzone Hellenstraße und in den Nebenstraßen finden sich viele reizvolle **Fachwerkbauten** des 17., sowie repräsentative **Wohnhäuser** des 18. und 19. Jahrhunderts. Es lohnt sich, die Augen auf Wanderschaft gehen zu lassen, man wird mit überraschenden Details be-

Das alte Rathaus

Die Wildburg – ein auffallender Bau

lohnt. In der Eulergasse beim Rathaus steht die ehemalige **Synagoge**, 1900 erbaut und 1933 zerstört, in der Wildburgstraße die markante **Wildburg**, entstanden Ende des 17. Jahrhunderts als Sitz des Freiherren Emmerich Ernst von Wiltberg.

Die schon erwähnte **Marienburg** am Burgplatz wurde durch den aus Malmedy eingewanderten Sohllederfabrikanten Josef Quirin d'Ester 1773 errichtet, dessen Familie einen bedeutenden Beitrag zur Wirtschafts- und Kulturgeschichte der Stadt lieferte. So war in der Marienburg schon kurz nach deren Vollendung **Goethe** zu Gast. Der letzte Spross der Familie, Karl d'Ester (1881–1950) wurde als Begründer der Zeitungswissenschaft bekannt. (Das Familiengrab befindet sich auf dem über der Pfarrkirche gelegenen Friedhof). Heute beherbergt das Gebäude die Wissenschaftliche Hochschule für Unternehmensführung. In einer um 1900 angebauten Kapelle harren Fresken des Bruder Notger im Stil der Beuroner Schule und ein mit herrlichen Emailarbeiten verzierter Altar des Kölner Goldschmiedes Gabriel Hermeling der Entdeckung.

Am östlichen Rand der Stadt, an der ehemals wichtigen Handelsstraße in den Westerwald und das Kannenbäckerland, liegt Kloster **Schönstatt**. Ursprünglich 1143 gegründet, kam um 1200 die Klosterkirche dazu. Ende des 16. Jahrhunderts jedoch wurde das Augustinerkloster aufgehoben, die Gebäude wurden weltlich genutzt, die Kirche verfiel immer mehr. 1932 stürzte einer der beiden erhaltenen Türme ein, um den anderen gruppieren sich heute moderne Gebäude der Gesellschaft des Katholischen Apostolats (Pallottiner) und die Jugendbildungsstätte Haus Wasserburg. Auf dem Hügel darüber liegt die weithin bekannte **Philosophisch-Theologische Hochschule**.

Dazwischen die kleine **Kapelle** »Unserer lieben Frau von Schönstatt«, Urheiligtum der 1914 von Pater Josef Kentenich gegründeten internationalen Schönstattbewegung. Von dieser Wallfahrtsstätte aus spannt sich ein

Die Marienburg beherbergt heute die WHV.

weites Netz weiterer Bauten der Gemeinschaft, Mittel- und Höhepunkt ist sicherlich die **Anbetungskirche**, deren burgähnliche Architektur einen ruhigen, spirituellen Raum umschließt.
Auch kulturell und kulinarisch kann sich Vallendar sehen lassen. Ein schönes Programm bietet Musik, Literatur und Kunstausstellungen. Zahlreiche Hotels, Pensionen und Restaurants laden ein. Reizvoll und wohltuend entschleunigt ist eine Schifffahrt nach Koblenz, seit über 75 Jahren sorgt die Familie Gilles hier für reibungslosen Taktverkehr zwischen 9 und 18 Uhr.
Empfehlenswert ist ein Spaziergang bergan Richtung Stadtteil Mallendarer Berg zum **Kaiser-Friedrich-Turm**, einem schönen Aussichtsturm von 1898, der einen weiten Blick in das Rheintal erlaubt.
Ein besonderer Tipp: in wenigen Minuten erreicht man per Auto **Höhr-Grenzhausen**, wo sich seit Jahrhunderten alles um die Keramik dreht. Welche Vielfalt in der künstlerischen und kunsthandwerklichen Verarbeitung dieses Werkstoffes möglich ist, zeigt das Keramikmuseum Westerwald, Deutsche Sammlung für historische und zeitgenössische Keramik, Lindenstraße, 56203 Höhr-Grenzhausen, Telefon: 02624/946010
Fax: 02624/9460120
E-Mail: info @keramikmuseum.de
Öffnungszeiten: Dienstag bis Sonntag von 10.00 bis 17.00 Uhr, Montag geschlossen.
Vor Vallendar im Rhein liegen die Inseln **Niederwerth** und **Graswerth**.
Graswerth ist als Naturschutzgebiet unbewohnt, das größere Niederwerth hingegen seit dem 8. Jahrhundert besiedelt. Somit ist es bundesweit die einzige Flussinsel mit einer Dorfgemeinde. Bis zum Bau der Brücke im

Die Insel Niederwerth mit Ort und Stiftskirche.

Jahre 1958 war die Insel nur per Boot erreichbar.
Niederwerth wird seit dem 13. Jahrhundert urkundlich erwähnt, der Kurfürst von Trier hatte hier ein Jagdhaus, den Hasenkammerhof. 1338 empfing er dort hohen Besuch, nämlich den englischen König Edward III. anlässlich des Koblenzer Fürstentages.
Schon vor dem 13. Jahrhundert lebten Beginen auf der Insel in klösterlicher Gemeinschaft, im 15. Jahrhundert kamen die Augustiner Chorherren und errichteten ein Kloster und die spätgotische Kirche. Im 16. Jahrhundert wurde die Anlage von Zisterzienserinnen übernommen, die sie bis zur Säkularisation nutzten. Sie brachten die Mütze des heiligen Bernhard als Reliquie mit.
Unbedingt sehenswert ist daher die **Stiftskirche**, 1474 geweiht, um die herum sich noch wenige erhaltene Reste des Kreuzganges und des Klosters finden. Der einschiffige Bau teilt sich in Laienschiff und Chor. Neben den interessanten architektonischen Elementen aber ist es vor allem die spätgotische **Ausmalung**, 1973 bei einer Restaurierung entdeckt, die begeistert.
Wir sehen figürliche Darstellungen der vier Evangelisten, denen vier Sibyllen und vier Engel mit den Marterwerkzeugen zugeordnet sind, und über dem südlichen Seitenaltar Bernhard von Clairvaux, dessen Mütze bis heute als Reliquie in der Kirche aufbewahrt wird. Unter den **Skulpturen** fesselt besonders die Madonna mit dem Kind mit Trauben von Tilman van der Burch aus der Gründungszeit der Kirche, volkstümlich »Unsere Liebe Frau vom Werth« genannt. Der **Hochaltar** wurde im Barock unter Verwendung von 13 Holzreliefs aus der Zeit um 1520 zusammengestellt, die dem Umkreis Hans Backoffens zugerechnet werden. Seine heutige Gestalt erhielt er im 19. Jahrhundert. Ebenfalls aus der Werkstatt Backoffens stammt die **Grabplatte** des Mainzer Domvikars Hermann Hellingk.
Die Sage, es habe von hier aus einen Fluchtstollen unter dem Rhein hindurch bis zum ehemaligen Kloster Besselich gegeben, hält sich hartnäckig, konnte jedoch nie bewiesen werden.
Aber auch die Insel an sich ist einen Ausflug wert. Von hier aus wird die Region mit Gemüse und Obst, besonders aber mit dem begehrten Spargel versorgt. Generationen von Kindern haben auf den ebenen Spazierwegen das Fahrradfahren erlernt, man trifft sich zu Silvester oder zu »Rhein in Flammen«, um das Feuerwerk zu bestaunen, und je nach Wasserstand bietet Niederwerth sogar einen feinen Sandstrand an der Südspitze, der im Sommer zum Verweilen lockt.
Natürlich lässt sich hier auch gut speisen, und Ferienwohnungen sind vorhanden. Reif für die Insel?
Informationen gibt es beim Fremdenverkehrsbüro Stadt Vallendar
Rathausplatz 5, 56179 Vallendar,
Tel.: 0261/6503-197 oder 191
Fax: 0261/60953

Übernachtungs-Tipps:

Gasthaus Zur Rheinschanz, Rheinstraße 30
56179 Niederwerth, Telefon: 0261-60442

Hotel Adriastube, Hauptstraße 120
56182 Urbar, Telefon 0261-60819

Ehemaliger Torturm der Sayner Ortsbefestigung.

⇒ Bendorf liegt rechts des Rheins zwischen Vallendar und Neuwied.

Bendorf und Sayn

Auf einen Blick: interessante Wohnhäuser (18. Jh.) in der Innenstadt, Pfarrkirche St. Medardus, im Stadtteil Sayn Burg und Schloss, Schmetterlingsgarten, Abtei Sayn (13. Jh.), Industriedenkmal Sayner Hütte, Limeswanderweg mit Turmrekonstruktion.

Die Stadt Bendorf ist dem eiligen Autofahrer unsichtbar. Man muss die B 42 verlassen, um sie wirklich wahr zu nehmen. Und das sollte man unbedingt. Die Stadtteile ziehen sich vom Rhein (Bendorf ist eine Hafenstadt) bis in die Hügel des Westerwaldes hinauf und haben viel zu bieten. Landschaft, Kultur, und Sehenswürdigkeiten hohen Ranges.

Seit der Spät-Latène-Zeit besiedelt, liegen die Anfänge Bendorfs in der Zeit um Christi Geburt, wie zahlreiche Bodenfunde und bei Ausgrabungen freigelegte Gebäudereste, so Spuren mehrerer Holzkastelle, eines steinernen Kastellbades, umfangreicher Teile des Kastellvicus und einer Eisenschmelze, belegen. Im Bendorfer Stadtwald lässt sich auch der einstige Verlauf des **Limes** noch gut erkennen und erwandern. Die erste urkundliche Erwähnung stammt aus dem Jahre 948, im Mittelalter folgte eine rege Bautätigkeit der adeligen Familien und der Kirche, Bendorf wurde zum Marktflecken, und als roter Faden spinnt sich der Abbau und die Verhüttung von Erz durch die Geschichte des Ortes. Die Gründung der Sayner Hütten in den Jahren 1769 und 79 führte zu wirtschaftlichem Aufschwung. Seit 1928 gehören die Stadtteile Sayn und Mühlhofen zu Bendorf, seit 1970 die Gemeinde Stromberg.

Zwei mal spielte Bendorf eine Rolle in der Literaturgeschichte des 20. Jahrhunderts.

Am 8. September 1893 wird in der Rheinstraße 10 unter dem Namen Hermann Dannenberger der Publizist und Schriftsteller Erik Reger geboren. Sein 1931 erschienener Roman »Union der festen Hand« spiegelt die Entwicklung der Wirtschaft und Gesellschaft zwischen Kaiserreich und Drittem Reich. Im gleichen Jahr erhielt Reger zusammen mit Horváth auf Vorschlag Carl Zuckmayers den angesehenen Kleist-Preis. Im September 1945 bekam er, zusammen mit

Wäscherinnen-Brunnen auf dem Yzeurer Platz.

Das »Goethehaus«, Haus Remy.

Walther Karsch und Erwin Redslob, von der britischen Zensurbehörde in Berlin die Genehmigung zur Herausgabe einer Tageszeitung, des Berliner Tagesspiegels, dessen Chefredakteur er bis zu seinem Tod am 10. Oktober 1954 war. Zu Unrecht lange Zeit wenig beachtet, wird er, wie es scheint, gerade wieder entdeckt.

Das andere Datum ist verknüpft mit dem Schicksal des Dichters Jakob van Hoddis, Autor des expressionistischen Programmgedichtes »Weltende«, das 1911 die Stimmung einer ganzen Generation bündelte. Der Sohn einer jüdischen Familie kam 1887 unter dem Namen Hans Davidsohn zur Welt. Mit Beginn des 1. Weltkrieges brach bei ihm eine psychische Erkrankung aus. Seine letzten Lebensjahre verbrachte er geschützt in den »Israelitischen Heil- und Pflegeanstalten« in Bendorf-Sayn, die es schafften, bis 1942 ihre Arbeit aufrecht zu erhalten, dann aber wurden sie aufgelöst, die Patienten und das Personal deportiert und ermordet. Einer von ihnen war Jakob van Hoddis.

Simultankirche St. Medardus.

Die Innenstadt von Bendorf bietet eine große Anzahl bürgerlicher **Wohnhäuser** des 18. Jahrhunderts. Beachtenswert darunter besonders das »Goethehaus«, Anwesen der Industriellen-Familie Remy in der Unteren Vallendarer Straße, wo Goethe während seiner Rheinreise mit Lavater (ebenfalls) nächtigte, die benachbarte reformierte Kirche – heute Ort für kulturelle Veranstaltungen – und die »Höfe«: (Niederhof und Oberhof).

Das Zentrum aber bildet die **Pfarrkirche St. Medardus** am Kirchplatz, die mit der protestantischen Pfarrkirche und dem seit 1807 der Stadt gehörenden Glockenturm ein untrennbares Ganzes bildet. Ursprünglich um 1200 errichtet, wurde um 1230 an der Südseite eine Marienkapelle angebaut, das sogenannte Reichardsmünster. 1561 wurde die Kirche evangelisch, das Reichardsmünster blieb katholisch. Dieser Teil wurde 1790 erweitert, 1864–67 entstand dann eine Basilika im neugotischen Stil. Im Zweiten Weltkrieg stark beschädigt, wurde der evangelische Teil unter Verwendung erhaltener Reste neu errichtet. Viermal am Tag kann man dem melodischen Glockenspiel lauschen.

Oberhalb des Ortes, wo Saynbachtal und Brexbachtal sich treffen, finden sich vier herrschaftliche Bauten am und auf dem Burgberg. Zuoberst **Burg Sayn**, Stammsitz des gleichnamigen Grafengeschlechts, im 12. Jahrhundert errichtet, 1152 vom Kölner Erzbischof erobert, wieder aufgebaut, im 14. und 15. Jahrhundert erweitert und schließlich 1633 von den Schweden endgültig zerstört. Der Burgberg lässt sich gemütlich zu Fuß erwandern oder auch mit dem Auto erreichen. Von oben hat man einen herrlichen Blick über Schlosspark und Rheinebene bis auf die Berge der Vulkaneifel. Darüber hinaus finden an bestimmten Tagen Flugvorführungen mit Adlern und Falken statt. In der romanischen **Burgkapelle** lohnt die Besichtigung des Schmuckfußbodens aus grauen Tonplatten.

Darunter findet sich die Ruine des **Burgmannensitzes der Grafen von und zum Stein** und des spätgotischen **Reiffenbergschen Burghauses**, das, mehrfach umgebaut, zum späteren Schloss wurde.

Am Fuß des Burgberges steht es seit dem Jahr 2000 wieder, das neugotische **Schloss Sayn**, als wäre es nie Ruine gewesen. 1848 vom französischen Architekten F. J. Girard, dem späteren Chefintendanten des Pariser Louvres, an Stelle eines Vorgängerbaues von 1757 errichtet, wurde es zur Residenz des Fürsten Ludwig

Burg Sayn, Durchgang zur Burggaststätte.

Ruine des Burgmannensitzes.

zu Sayn-Wittgenstein-Berleburg. Die Familie führt seitdem den Namen Sayn-Wittgenstein-Sayn. »Wahrhaft ein Märchenschloss«, so das Urteil eines Besuchers, der oft und gern dort zu Gast war: der spätere Kaiser Wilhelm I. 1945 brannte das Schloss nieder, nur die Kapelle blieb stehen. Inzwischen beherbergt der Bau neben der städtischen Tourist-Information das **Stadtmuseum** mit einer bedeutenden

Seit der Wiedererrichtung im Jahre 2000 ist Schloss Sayn erneut ein Mittelpunkt im kulturellen Leben der Stadt.

Eisenkunstguss-Sammlung, Säle für Konzerte und kulturelle Veranstaltungen, Salons und Tagungsräume.
Besichtigung und Führungen auf Anfrage.
Geöffnet: Frühlingsanfang bis Allerheiligen täglich 9–17 Uhr.
Telefon: 02622/9024-0
Fax: 02622/9024-25
E-Mail: schloss@sayn.de
Homepage: www.sayn.de
Der **Schlosspark** wurde von Siesmeyer, dem Architekten des Frankfurter Palmengartens im Stile eines englischen Landschaftsgartens Mitte des 19. Jahrhunderts gestaltet. Gleich nebenan findet man den **Garten der Schmetterlinge**. Angelegt in zwei Glaspavillons, beherbergt er nicht nur hunderte exotischer Schmetterlinge, sondern auch tropische Pflanzen, Bachläufe, Brücken und Grotten, Koi-Karpfen, Schildkröten, Leguane, Kolibris und andere tropische Vögel. Im Außenbereich gibt es unter anderem einen aufschlussreichen Naturlehrpfad, Kinderspielplätze und eine Minigolfanlage.

Garten der Schmetterlinge.

Geöffnet: Frühlingsanfang bis Allerheiligen, täglich von 9 bis 18 Uhr
Telefon 02622/15478
Fax: 02622/15479,
E-Mail: schmetterlinge@sayn.de
Homepage: www.sayn.de

Am Eingang zum romantischen Brexbachtal steht mit der **Abtei Sayn** ein herausragendes Baudenkmal, das unbedingt auf den Besichtigungsplan auch des eiligsten Reisenden gehört. Gegründet vom Grafen Heinrich III. zu Sayn im Jahre 1202, wurde das Kloster von Prämonstratenser-Mönchen besiedelt. Vom ursprünglichen Kirchenbau von 1220 sind Chorquadrat, Vierung, südliches Querhaus und östliches Langhausjoch erhalten. Der Rest des Langhauses wurde um 1330 vollendet, der Bau aber bis ins 17. Jahrhundert immer wieder umgestaltet. Wundervoll sind außen die spätromanischen Malereien an den Blendarkaden. Innen finden sich ebenfalls Schätze: eine Stumm-Orgel,

Blick aus dem ehemaligen Kreuzgang auf die Abteikirche Sayn.

Westflügel des Kreuzganges.

der Schrein des Heiligen Simon, ein Armreliquiar der Heiligen Elisabeth von Thüringen, bemerkenswerte Grabmäler der Familien von Stein und von Reiffenberg (leider ist das hölzerne Stiftergrab nicht hier, sondern im Germanischen Nationalmuseum in Nürnberg zu besichtigen) sowie der erhaltene Westflügel des **Kreuzganges** mit Brunnenhaus, ebenfalls herrlich ausgemalt.
An der Abteistraße steht noch eine **Pestkapelle** mit **Pestkreuz**.
Die Abteikirche ist täglich geöffnet, Führungen nach Vereinbarung, Anfragen unter Tel. 02622/902913
Homepage:
www.abteikirche-sayn.de

Ein Denkmal ganz anderer, aber nicht minder bedeutender Art steht ebenfalls im Brexbachtal. Das Industriedenkmal **Sayner Hütte**. Wie oben schon vermerkt, wird auf Bendorfer

Grund seit römischer Zeit Eisen verarbeitet. Die Gruben und Eisenhütten in Bendorf, Sayn und Mülhofen waren zu allen Zeiten ein wesentlicher wirtschaftlicher Faktor für das ganze Umland.
Die Sayner Hütte, berühmt für die Qualität ihrer Produkte, gehörte seit 1815 der preußischen Krone und war neben Berlin und Gleiwitz dritter Standort der Königlich-Preußischen Eisengießereien. Carl Ludwig Althans erhielt den Posten des Aufsehers der rechtsrheinischen Berg- und Hüttenwerke. Somit war er auch zuständig für die Errichtung eines neuen Hochofens und einer Gießhalle. Deren Aufsehen erregende Konstruktion aus Gusseisen und Glas hat Industriegeschichte geschrieben. Hier greift das Bild von den »Kathedralen des Fortschritts«, der Bau erinnert an eine dreischiffige Basilika.
Das bedeutende Industriedenkmal befindet sich in Privatbesitz, Besichtigung und Führungen nur nach Vereinbarung: Tel. 02622/1220
Auch in Bendorf ist das Übernachtungs-Angebot reichhaltig. Hotels, Gasthäuser und Ferienwohnungen bieten Platz zum Verweilen. Die Umgebung lädt zu Spaziergängen, so im Stadtwald oder durch die Täler des Sayn- und des Brexbaches, die Wanderwege ergeben zusammen genommen eine Strecke von sage und schreibe 240 Kilometern. Über die waldreichen Höhen der Stadt führt der bekannte Rheinhöhenweg, der Limes-Wanderweg folgt dem Verlauf des Walles (anschaulich: die Rekonstruktion eines römischen Wachturmes auf dem Pulverberg aus dem Jahre 1912). In der Nähe verläuft auch der Deutsche Limes-Radweg.
Infos: http://www.limesstrasse.de
Bei schlechtem Wetter, aber nicht nur dann locken zwei **Museen**:
Stadtmuseum Bendorf im Schloss Sayn, Eingang Abteistraße 1
Geöffnet: täglich von 10 bis 18 Uhr von März bis Allerheiligen
Tel. 02622/902913
Fax 02622/902917
E-Mail: touristinfo.sayn@bendorf.de
Den Mittelpunkt der Ausstellungen bilden die Erzeugnisse der Sayner- und der Concordiahütte, herausragende Werke des Eisenkunstgusses. Ein filigranes Diadem, Weinlaub-Hals- und Armschmuck, Neujahrsplaketten mit Ansichten rheinischer und westfälischer Kunstdenkmäler, durchbrochene Teller, Ziertische, Sitzmöbel und eine Wendeltreppe, aber auch Herde und Öfen, Kochgeschirr und technisches Gerät, alles nur Erdenkliche lässt sich bewundern. Mein Tipp: schauen Sie nach der **»Sayner Mücke«**, einer ei-

Mühlenmuseum in Alt-Sayn

sernen Stubenfliege in Lebensgröße, Ergebnis und stolzer Höhepunkt jahrhundertealter Handwerkskunst.
Begleitend dazu widmet sich das Stadtmuseum der Thematik »Arbeiten und Leben zur Zeit der Frühindustrialisierung«.

Mühlenmuseum Heins Mühle

Geöffnet an Sonn- und Feiertagen von 14–17 Uhr und nach Vereinbarung. Anfragen unter Tel. 02622/902913
Mitten in Alt-Sayn steht die denkmalgeschützte Heins Mühle. Dank privater Initiative konnte die historische Kornmühle restauriert und wieder in Gang gebracht werden.

Auch hier zwei Ausflugstipps (sie sind ohne Probleme mit einander zu verbinden):
Burg **Grenzau**, (Höhr-Grenzhausen) durch Heinrich I. von Isenburg (1181-1222) erbaut an der Stelle, wo eine wichtige Handelsstraße den Brexbach überquerte. Die Ruine steht auf einem nach drei Seiten steil abfallenden Berg. Eine Besonderheit ist der über 32 m hohe Bergfried, einzigartig in Deutschland, er ist nämlich dreieckig. Der Name Grenzau entwickelte sich aus »Gransioie« (von grande joie – große Freude). Im Laufe des 30-jährigen Krieges durch französische Truppen zerstört, diente sie im 17. Jahrhundert als Wohnsitz eines Amtmannes, verfiel aber immer mehr, bis sie 1922 in Privatbesitz kam. Im Bergfried befindet sich heute ein Museum, in dem Ofenplatten und Eisenkunstguß des 19. Jahrhunderts sowie Steinzeugarbeiten aus dem Kannenbäckerland zu besichtigen sind. Weiterhin bemerkenswert ist das Gasthaus

Ort und Burgruine Grenzau

Burg Grenzau von 1631 mit herrlichen Fachwerkschnitzereien und die Kapelle St. Peter und Paul.
Die wehrhafte **Isenburg** wurde um 1100 als romanische Höhenburg auf einem Bergkegel am Zusammenfluss von Sayn- und Iserbach als Stammburg der Herren von Isenburg erbaut. 1633, wurde die Burg von einem spanischen Armeecorps besetzt, im März 1634 aber wieder befreit. 1664 starb Graf Ernst zu Isenburg ohne Nachkommen, die Burg verfiel zur Ruine. Heutiger Eigentümer ist der Fürst zu Wied.
Im Ort Isenburg finden sich noch zwei der einst vier befestigten Tore, nämlich die »Alte Porz« in der Dorfmitte, und die »Schildpforte« oberhalb des Friedhofs bei der Pfarrkirche. Ebenfalls erhalten haben sich Reste der einst den Burgflecken umgebenden Ummauerung.

Die Deichanlagen und der Pegelturm sind Wahrzeichen von Neuwied. Im Hintergrund die Raiffeisen-Brücke.

Neuwied und Engers

Auf einen Blick: Schloss Neuwied (1703), Kreismuseum, schöne Straßenzüge in der Innenstadt, Deichanlagen am Rhein, im Umkreis Burg Altwied, Abtei Rommersdorf, Schloss Monrepos, Schloss Engers, Weißenthurm mit Denkmal für General Hoche

Die ehemalige Residenzstadt Neuwied liegt an den Flüssen Rhein und Wied.

Der Name verrät es, das Zentrum Neuwieds wurde erst 1653 durch Graf Friedrich zu Wied gegründet. Noch heute lässt sich der planmäßige, barocke Aufriss gut erkennen.

Die anderen Stadtteile sind viel älteren, teils prähistorischen Ursprungs und haben sich Reste ihrer mittelalterlichen Bebauung bewahrt.

Bei Gönnersdorf wurden bedeutende Funde einer eiszeitlichen Besiedelung gemacht. In römischer Zeit sicherten kleine Erdkastelle bei Rockenfeld, Block und auf der Höhe hinter Oberbieber und befestigte Kastellanlagen bei Heddesdorf und Niederbieber den Rheinübergang und den Limes. Funde aus der Frankenzeit sind ebenfalls belegt.

An Stelle des im Dreißigjährigen Kriege zerstörten Langendorf (Stadtrecht 1352) gründete Graf Friedrich III. zu Wied im Jahre 1653 seine Residenz »Newen Wiedt«. Es war eine offene Stadt ohne Wehranlage. Der toleran-

Blick über den Rhein auf Neuwied – Abendstimmung.

te Herrscher gewährte wegen ihres Glaubens verfolgten Flüchtlingen großzügig Zutritt in die neue Stadt, eine Praxis, die sich durchaus positiv auf die wirtschaftliche Lage auswirkte. Bis heute beherbergt Neuwied siebzehn verschiedene Glaubensgemeinschaften. Ein besonders kluger Schachzug war die Errichtung sogenannter Lotteriehäuser. Sie wurden gebaut und anschließend verlost, preiswert, noch ein Zuzugsgrund für Neubürger.

Während der Revolutionskriege 1795–1797 war Neuwied Schauplatz mehrerer Gefechte zwischen den Franzosen und den Preußen und Österreichern. Am 18. April 1797 fand die berühmte »Schlacht bei Neuwied« statt, letztlich Auslöser für den Aufstieg Napoleons.

Mitte des 19. Jahrhunderts setzte eine rege industrielle Entwicklung ein. Im Jahre 1858 wurde die linksrheinische, 1869 die rechtsrheinische Eisenbahnstrecke errichtet, Neuwied lag verkehrstechnisch ideal.

Ein Baudenkmal besonderer Art bilden die Hochwasserdeiche, die der Stadt auch den Namen »Deichstadt« eingebracht haben.

Auch in der Literaturgeschichte taucht Neuwied mehrmals auf. Von hier brach Maximilian Prinz zu Wied zu seiner »Reise durch das innere Nordamerika« auf (1838–1841), seine Reisebeschreibungen mit den herrlichen Illustrationen sind auch heute noch faszinierend. August Heinrich Hoffmann von Fallersleben (1798–1874) lebte von 1851 bis 1854 in Neuwied. Hier wurden aber auch der Erzähler, Essayist und Kunstkritiker Carl Einstein (1885–1940) und der Schriftsteller und Arzt Friedrich Wolf (1888–1953) geboren. Einsteins wegweisende Wirkung ist heute fast vergessen, Wolf muss für Westdeutschland in seiner

Das Schloss Neuwied wird noch heute von der fürstlichen Familie bewohnt.

Bedeutung erst noch entdeckt werden. Aber daran wird gearbeitet, seine Stücke kommen in Neuwied wieder zur Aufführung.
Seit 1970 besteht Neuwied aus den Stadtteilen Altwied, Block, Engers, Feldkirchen, Gladbach, Heimbach-Weis, Irlich, Niederbieber-Segendorf, Oberbieber, Rodenbach und Torney. Zahlreiche Sehenswürdigkeiten verteilen sich auf die Innenstadt und die Stadtteile.
Das **Schloss Neuwied**, 1653 erbaut, wurde 1694 schon Opfer französischer Soldaten. In seiner heutigen Form wurde es ab 1703 nach Plänen des Architekten Julius Ludwig Rothweil errichtet. Ursprünglich sollte es, Vorbild natürlich Versailles, dreiflügelig erbaut werden, heraus kam dann aber die Anlage von drei getrennten Gebäuden. Zentral das repräsentative »Corps de Logis«, zu beiden Seiten die Flügel mit den Wirtschaftsgebäuden. Muss man noch erwähnen, dass Goethe, Lavater und Basedow im Juli 1774 hier wohnten? Zur Straße hin lässt sich das herrliche, schmiedeeiserne Tor bewundern, davor die Kanonen mit ihren Kugelpyramiden. Aber auch wenn das Tor einladend offen steht, das Schloss wird von der fürstlichen Familie bewohnt und ist nicht zu besichtigen.
Diesen Mangel macht aber das **Kreismuseum** wieder wett. Hier findet sich eine bemerkenswerte Sammlung von Möbeln der berühmten Kunsttischler Abraham und David Roentgen, die mit den Herrenhuthern nach Neuwied einwanderten, sowie Uhren der nicht minder bekannten Familie Kinzing. Peter Kinzing, (1746–1816) arbeitete ab 1770 mit Abraham und David Roentgen zusammen und fertigte Spieluhren mit Flöten oder Glocken, Uhren mit astronomischen Angaben oder auch einfache Pendeluhren. Daneben gibt es eine Menge heimatkundlicher Exponate und wechselnde Sonderausstellungen. (Telefon 02631/8030).
Auch die Straßen von Neuwied lassen in vielen Teilen noch ihren ursprünglichen Baubestand erkennen. Galerien laden zu Ausstellungen (besonderer Tipp: die städtische Galerie **Mennonitenkirche** mit wechselnden Ausstellungen), Konzerte finden statt, das Schlosstheater bietet interessante Inszenierungen. Neuwied ist eine sympathisch überschaubare Stadt, deren große Fußgängerzone zum Schlendern und Einkaufen einlädt.
Besonders lohnend ist dabei ein Bummel über die massiven **Deichanlagen** mit dem zwischen 1928 und 1932

Der Pegelturm.

Mit verblüffender Weitsicht hat Bürgermeister Krupp Neuwied durch einen Deich geschützt. Heute erinnert das Denkmal an ihn

Burgruine Altwied – zusammen mit dem gleichnamigen Ort Vorgänger und Teil Neuwieds.

als Wahrzeichen der Deichstadt Neuwied errichteten **Pegelturm**.

Nördlich Neuwieds findet sich, folgerichtig, **Altwied**. Auf einem auf drei Seiten von der Wied umflossenen Bergsporn liegt **Burg Altwied**, um 1120 erbaut und in den folgenden Jahrhunderten immer weiter ausgebaut und befestigt. Seit dem 14. Jahrhundert verbindet ein gemeinsamer Befestigungsring die Burg und das Dorf. Nach dem Umzug der Bewohner nach Neuwied 1653 wurde die Anlage bedeutungslos und verfiel zur Ruine.

Im Stadtteil Heimbach-Weis findet man die ehemalige **Abtei Rommersdorf**, gegründet 1117, aber bereits 1125 wieder aufgegeben. Zehn Jahre später erfolgte die Neugründung durch belgische Prämonstratenser. 1541 bei einem Feuer schwer beschädigt,

Die Abtei Rommersdorf kann an Sonn- und Feiertagen besichtigt werden. Sie verleiht den hier stattfindenden Aufführungen und Konzerten ein besonderes Flair.

wurden ab 1698 die Klostergebäude erneuert. 1803 verließ der letzte Abt im Zuge der Säkularisation die Abtei, 1820 wurde sie versteigert und als Gut verpachtet. Seit 1976 bemüht sich die »Stiftung Abtei Rommersdorf« um die Erhaltung der Anlage.

Sehenswert sind zwei erhaltene Flügel des Kreuzganges, der mittelalterliche Fliesenboden im Kapitelsaal und die barocke Ausmalung der Refektorien. Von besonderer Bedeutung sind die hier stattfindenden Konzerte und Aufführungen.

Rommersdorf hat zwei Heilige und einen Weihbischof hervorgebracht. Dietrich von Rommersdorf, verstorben am 16. Dezember 1145, er war Prämonstratensermönch in Floreffe und leitete die Delegation, die auszog, um das Kloster zu übernehmen. 1135 wurde er hier Abt.

Elias von Rommersdorf, verstorben am 24. März 1201, leitete seit etwa 1197 das Kloster.

Wilhelm Arnold Günther, (1763, Koblenz bis 1843, Trier) legte seine Profess 1783 in Rommersdorf ab. 1787 wurde er in Trier zum Priester geweiht und kehrte im Folgejahr nach Rommersdorf zurück, wo er als Archivar und Bibliothekar arbeitete. Im Jahre 1794 verfasste er eine fundierte Geschichte der Abtei. Nach der Auflösung der Abtei wirkte er zunächst in Ehrenbreitstein, trat dann aber 1805 ins Departementsarchiv in Koblenz ein und wurde 1814 Archivar bei der Regierung in Koblenz. Seine »Topographische Geschichte der Stadt Coblenz von ihrem Entstehen bis zum Schluss des 18. Jahrhunderts« erschien 1813 im Druck. Von größter Bedeutung ist auch sein »Codex diplomaticus Rheno-Mosellanus«, ein Quellenwerk mit über 2000 Urkunden aus dem 8. bis zum 18. Jahrhundert. 1828 wurde er zum Domkapitular ernannt, 1834 zum Weihbischof in Trier, ab 1836 bis zu seinem Tod verwaltete er das Bistum als Kapitelsvikar.

Besichtigung: von Ostern bis Allerheiligen an Sonn- und Feiertagen von 13 bis 18 Uhr. An anderen Wochentagen Führung nach telefonischer Voranmeldung: Telefon 02622/837365 Fax: 02622/837366.

In Heimbach-Weis befindet sich auch der sehenswerte Neuwieder **Zoo** (Telefon 0 2622/81166).

Der Neuwieder Zoo ist ein bekannter Anziehungspunkt für Groß und Klein.

Im Stadtteil Segendorf liegt, malerisch im Wald, das **Schloss Monrepos**, heute ein Museum, das Exponate zur Archäologie des Eiszeitalters beherbergt. Zeugnisse der Kultur von Gönnersdorf und viele andere Funde machen den Weg hier hinauf

Gedenkstein für die in Neuwied geborene Dichterin Carmen Sylva.

zu einem lohnenden Ausflug. (Telefon 02631/72043).

Der schon erwähnte Weltreisende Maximilian Prinz zu Wied liegt hier begraben. Schloss Monrepos war aber auch häufiger Aufenthaltsort der Dichterin Carmen Sylva, geborene Prinzessin Elisabeth zu Wied (1843–1916). 1881 wurde sie Königin von Rumänien. Ihr dichterisches und soziales Engagement gerät allmählich in Vergessenheit, dem kann man am Bücherstand des Museums abhelfen.

Wer Ruhe sucht, ist hier richtig. Romantisch, verwunschen, ein Ort zum Wandern und Entspannen in herrlicher Landschaftskulisse.

Schloss Engers im Stadtteil Engers bildet einen weiteren Höhepunkt direkt am Rhein. Engers hat seit 1357 das Stadtrecht. Da sich der Graf von Wied zusammen mit seinem »Kollegen« aus Isenburg als Raubritter betätigte, erhielt nach einer Fehde der Trierer Erzbischof Kuno von Falkenstein 1371 die Stadt und errichtete eine Burg. 1412 wurde der Trierer Rheinzoll von Schloss Stolzenfels aus hier her verlegt. Im Jahre 1758 ließ Kunos moderner Nachfolger Johann Philipp von Walderdorff die Burg abreißen, seine Zeit verlangte nach einem Jagd- und Lustschloss. Er beauftragte den Hofbaumeister Johannes Seiz, einen Schüler Neumanns, mit der Errichtung. Heraus kam nach dreijähriger Bauzeit (1759–1761) ein wunderschöner Bau, auf hufeisenförmigem Grundriss, ganz in fränkischer Barocktradition, der jetzt, nach umfangreicher Restaurierung, als Sitz der Stiftung Villa Musica dient. Bemerkenswert sind die Fresken von

Prachtvolle Deckengemälde im Spiegelsaal des Schlosses Engers.

Januarius Zick im zweigeschossigen Festsaal, seit der Zerstörung des Koblenzer Schlosses sind es die einzigen erhaltenen dieses bedeutenden Malers. Aber auch der umgebende Ort lohnt einen längeren Blick. Engers gilt als älteste römische Siedlung des rechten Rheinufers, die frühesten Siedlungsspuren stammen aber bereits aus der Jungsteinzeit. Gefunden wurden beispielsweise ein Hockergrab mit gut erhaltenem Skelett nebst Grabbeigaben, ein bronzenes Flachbeil aus der Bronzezeit und Hügelgräber im Bereich des Limes. Hier befand sich um 55 vor Chr. eine 12 Meter breite Brücke über den Rhein, die schon Caesar nutzte. Im 4. Jahrhundert entstand dann ein spätrömisches Kastell.

Sehenswert sind das alte Rathaus, der »graue Turm« mit Zollstation, der Stadtturm auf dem Friedhof sowie die Pestkapelle von 1662, »Reiler Pütz« und der Marktplatz mit den schönen Fachwerkhäusern. Die schöne Rheinpromenade führt direkt am Schloss vorbei. Auch hier noch ein Tipp:

Nach einer kurzen Fahrt über den Rhein erreicht man **Weißenthurm**, benannt nach dem gleichnamigen Wahrzeichen der Stadt, dem Wachtturm, den der Trierer Erzbischof und Kurfürst Kuno von Falkenstein 1370 an der Grenze von Kurtrier und Kurköln errichten ließ. Heute beherbergt er das Heimatmuseum der Stadt. Nach Vereinbarung mit der Stadtverwaltung ist es zu besichtigen.
(Verbandsgemeindeverwaltung
Weißenthurm, Postfach 1180
56571 Weißenthurm
Telefon 02637/913416
Fax: 02637/913100).

Auch die neuromanische Kirche mit ihrem imposantem Turm lohnt den Besuch. Besonders interessant aber ist das **Hoche-Denkmal** aus dem Jahre 1798. Es erinnert an den französischen General Lazare Hoche und seinen Rheinübergang mit 40.000 Mann vor der Schlacht bei Neuwied. Inmitten einer Rundanlage von 32 Metern Durchmesser erhebt sich ein 8 Meter hoher Obelisk mit Bronzereliefs, unter dem sich die Grabkammer des Generals befindet.

Das alte Rathaus von Engers.

Der »Weiße Turm«, das Wahrzeichen der Stadt, und der Kirchturm ragen über die Dächer Weißenthurms hinaus.

Info Adresse:
Verkehrsamt Neuwied, Kirchstraße 52, 56564 Neuwied
Telefon: 02631/802260
Fax: 02631/802323
Homepage: www.neuwied.de

Übernachtungs-Tipps:

Stadthotel Neuwied, Pfarrstraße 1a, 56564 Neuwied
Telefon: 02631-39650, Fax 02631-32335

Hotel Wingertsberg, Wingertsbergstraße 2,
56564 Neuwied, Tel. 02631-9220, Fax -922255

Gut erhaltene Reste der Kurkölnischen Stadtburg Andernach.

Andernach

Auf einen Blick: Stadtmauer mit Türmen und Toren, Kurkölnische Burg (um 1200), Liebfrauenkirche (13. Jhd.), Christuskirche (14. – 15. Jhd.), Rathaus (16. Jhd.) mit Mikwe, Wohnhäuser des 16. bis 19. Jhd. Namedy: Burg Namedy, Pfarrkirche St. Bartholomäus, Kaltwasser-Geysir.

Andernach liegt am Durchbruch des Rheins zwischen Westerwald und Eifel. Seine historischen Bauten und die ausgedehnten Rheinanlagen machen die Stadt zu einer hochrangigen Sehenswürdigkeit, in der man es sich gut gehen lassen kann.
Die Andernacher Gemarkung ist von Alters her ununterbrochen besiedelt. Am Martinsberg belegen Funde eine Siedlung der älteren Steinzeit. Die Römer errichteten hier um 17 n. Chr. das Kastell Antunnacum zum Schutz der Rheingrenze, das bis 70 bestand. Während der Besetzung des rechten Rheinufers war Andernach nicht befestigt, erst als der Limes fiel, wurde die Siedlung mit einer drei Meter starken Mauer und 14 Rundtürmen gesichert. Von den Germanen zerstört, wurde die Stadt Mitte des 4. Jahrhunderts wieder aufgebaut und 454 von den Franken erobert. Nach dem Tod des Merowingerkönigs Chlodwig erbauten sich die austrasischen Herrscher in Andernach eine Residenz. Vor allem Dagobert I. hielt sich hier gerne auf. Aus dem Königshof, der Pfalz, ging im 8. Jahrhundert die Propstei des Klosters Malmedy hervor. Friedrich Barbarossa schenkte 1167 die Stadt seinem Kanzler, dem Kölner

Rheintor mit »Bäckerjungen«-Figuren

Das Koblenzer Tor. Links die Mauern der kurkölnischen Burg.

Der Hintergrund der Streitigkeiten zwischen Andernach und Linz ist handfest, nämlich die Rückverlegung des Rheinzolles von Linz nach Andernach, für Linz ein herber Verlust.

Das Rheintor

Erzbischof Rainald von Dassel. Für die Pfarre blieb aber Trier zuständig. 1198 wird Andernach erneut zerstört und wieder aufgebaut. Mitte des 13. Jahrhunderts wird die Stadtmauer vollendet, die erhaltene Teile der römischen Mauern einschließt. Im Dreißigjährigen Krieg eroberten die Schweden die Stadt, 1689 die Franzosen. Im 19. Jh. entwickelte sich Andernach zu einem Industrie- und Handelsstandort.

Die **Stadtmauer** ist hervorragend erhalten, es lohnt sich, an ihr entlang zu wandern und zu staunen. Die Ruine der kurkölnischen **Stadtburg** ist sehenswert. Auch sie diente als Zwingburg gegen die Bevölkerung und war ursprünglich als Wasserburg mit einem breiten Graben umgeben. Sie wurde in der zweiten Hälfte des 14. Jahrhunderts stark um- und ausgebaut und 1496 verstärkt. 1689 wurde sie von den Franzosen zerstört. Erhalten ist der **Hauptturm**, errichtet um 1370 und um 1500 spätgotisch aufgestockt. Daneben schließt sich das schöne **Koblenzer Tor** an, um 1450 erbaut. Auf der anderen Seite die erhaltene Wand des Palas mit dem **Pulverturm** von 1519. Am Ende der Rheinstraße liegt die wohl älteste Doppeltoranlage des Rheinlandes, das **Rheintor**, früher »Kornpforte« genannt. Es wurde 1899 neu ausgebaut und stammt in seinem unteren Teil aus dem 12. Jahrhundert. Über dem inneren Torbogen sind zwei frühromanische Steinfiguren zu erkennen, im Volksmund die **»Bäckerjungen«** genannt, die der Sage nach den Überfall der feindlichen Nachbarn aus Linz noch rechtzeitig bemerkt und die Stadt mit Bienenkörben, die sie auf die Angreifer hinunterwarfen, gerettet haben. Das prägende Wahrzeichen der Stadt und ein Meisterwerk mittelalterlicher Befestigungskunst ist der 55 m hohe **Runde Turm**, zwischen 1440 und 1453 errichtet. Heute bietet er eine herrliche Aussicht vom Wehrgang. Die Franzosen scheiterten 1689 bei dem Versuch, die drei Meter dicken Mauern zu sprengen.

Die prächtige **Liebfrauenkirche**, auch »Mariendom« genannt, eine viertürmige spätromanische Pfeilerbasilika, gehört zu den schönsten mittelalterlichen Bauwerken des Rheinlandes. Schiff und Chor wurdenin romanischem Stil nach der Zerstörung der Stadt von 1198 erbaut. Der nordöstliche der vier Türme war früher Hauptturm eines Vorgängerbaues vom Anfang des 12. Jahrhunderts. Die drei anderen Türme, im sogenannten rheinischen Übergangsstil erbaut, stammen aus der Zeit um 1220. Der

Bäckerjungenbrunnen auf dem Marktplatz

Die Kirche Liebfrauen, auch »Mariendom« genannt.

Der Runde Turm aus dem 15. Jh.

Gewölbeschlussstein des Mittelschiffs trägt die Jahreszahl 1351, der unsichere Untergrund machte immer wieder Erneuerungen notwendig. 1527 wurde die Sakristei angebaut, um 1740 die Seitenschiffwände erneuert. Die Ausmalung wurde behutsam anhand der Originalfassung restauriert. Die Kapitelle und die Portale sind Meisterwerke aus der Werkstatt des Samsonmeisters. Bemerkenswert sind die Kanzel aus dem 17. und die Kommunionbank aus dem 18. Jahrhundert, beide reich beschnitzt, die aus der Abteikirche Maria Laach stammen. Das sogenannte Ungarkreuz ist eine Arbeit des 14. Jahrhunderts. In der nordwestlichen Turmhalle befindet sich ein prächtiger, spätromanischer Taufstein; daneben eine figurenreiche Grablegung Christi aus Sandstein und ein Relief, den Tod Mariens darstellend, beide aus dem 16. Jahrhundert. Weiter sehenswert sind das Grab des Bürgermeisters Ritter Daniel von Lahnstein, der 1514 verstarb und die Alabasterreliefs von 1620 im nördlichen Seitenschiff.

In der Hochstraße befindet sich die zweischiffige evangelische **Christuskirche**, ehemals franziskanische Minoritenkirche **St. Nikolaus**. Mit dem Bau wurde etwa 1245 begonnen. Nach der Säkularisation 1802 wurde die Kirche als Stall genutzt, 1854 übergab König Friedrich Wilhelm IV. sie der neuen evangelischen Gemein-

Altes Rathaus mit Zugang zur Mikwe aus dem 14. Jh.

Das Haus von der Leyen beherbergt heute das Stadtmuseum.

de. Das zur Kirche gehörende Kloster wurde 1902 abgerissen. Ganz in der Nähe liegt die heutige **Hospitalkirche**, erbaut 1737. Sie beherbergt herrliche Wand- und Deckengemälde.

Das **Alte Rathaus** wurde 1561–1574 errichtet. Bis zur Zerstörung während des Judenpogroms von 1349 stand hier die Synagoge. Unter dem heutigen Sitzungssaal befindet sich noch die **Mikwe**, das Tauchbad vom Anfang des 14. Jahrhunderts, eine mit dem Rheinwasser in Verbindung stehende Anlage.

Der Rheinkran von Andernach

Die Innenstadt beherbergt eine Anzahl sehenswerter **Wohnhäuser**, allen voran den **von der Leyenschen Hof**, einen prächtigen Renaissancebau vom Ende des 16. Jahrhunderts mit stattlichem Torbogen (seit 1936 Stadtmuseum), das Haus **Hausmann von Namedy** und das **Haus zum Schwan** in der Hochstraße, in der Rheinstraße das **Haus zum Grüneberg** (Mitte 18. Jh.), am Steinweg der frühere **Himmeroder Hof**, in der Neugasse das **Daddenbergsche Haus**.

In den Rheinanlagen steht der 1561 vollendete **Rheinkran** mit spätgotischen Verzierungen und originalem Holzgetriebe im Inneren. Er war bis 1911 in Betrieb.

Und auch hier noch etwas zur Literaturgeschichte: Der amerikanische Schriftsteller Charles Bukowski (1920–1994) wurde hier geboren.

An seinem Geburtshaus in der Aktienstraße Nr. 12 erinnert inzwischen endlich eine Tafel an ihn. Auf dem Gut Krayer Hof lebte Guillaume Apollinaire von November 1901 bis zum Frühjahr 1902 als Hauslehrer. Hier im Turmzimmer schrieb er Teile der »Rhénanes«, erstmals veröffentlicht im Band »Alcools«, 1913.

Informationen:
Gesellschaft für Stadtmarketing, Wirtschaft und Tourismus mbH,
Läuferstraße 4,
56626 Andernach,
Telefon: 02632/298420
Fax: 02632/298440
E-Mail: info@andernach.net
Homepage: www.andernach.net

Burg Namedy

Gedenktafel für Charles Bukowski an seinem Geburtshaus.

Keinesfalls versäumen sollte man einen Besuch in **Namedy**.
Mitte des 13. Jahrhunderts entstand die Pfarrkirche **St. Bartholomäus**, bis etwa 1600 Klosterkirche der Zisterzienserinnen. Ursprünglich daher ein schlichter, einschiffiger Bau, wurde sie 1521 umgebaut; die Seiten wurden erhöht, Pfeiler eingefügt sowie die Gewölbe der nun zweischiffigen Halle spätgotisch ausgestaltet. Sehenswert sind die nach der Überlieferung aus der kölnischen Kirche St. Pantaleon überführte Kanzel von 1612 und eine Pieta aus dem 15. Jahrhundert.
Burg Namedy befindet sich seit 1909 im Besitz der Familie Hohenzollern-Sigmaringen. Im 13. Jahrhundert als Wasserburg und Sitz der Familie Huysmann errichtet, wurde sie im 16. und 18. Jahrhundert erweitert, im 19. Jahrhundert kam ein weiteres Geschoss hinzu.
Hier finden heute öffentliche Veranstaltungen statt, vor allem Konzerte, es lohnt, sich nach dem aktuellen Programm zu erkundigen.
Eine Besonderheit bietet die Halbinsel Namedyer Werth: Anfang des 20. Jahrhunderts wurden aufsteigende Gasblasen im toten Rheinarm beobachtet. Probebohrungen brachten den größten **Kaltwasser-Geysir** der Welt zum Vorschein, der 40 Meter hoch aufstieg. Ab 1912 touristisch vermarktet, aber ab 1957 stillgelegt, ist man gerade dabei, ihn wieder zu reaktivieren.

Übernachtungs- und Einkehr-Tipps:

Hotel Anker, Konrad-Adenauer-Allee 3
56626 Andernach, Telefon 02632-42907, Fax -42909

Restaurant La Bagatelle, Hochstraße 92
56626 Andernach, Telefon 02632-25510

Restaurant & Sommergarten Alt Andernach
Hochstraße 18/Ecke Kirchstraße
56626 Andernach, Telefon 02632-43385, Fax -44532

Der Laacher See, idyllisches Überbleibsel gewaltiger vulkanischer Eruptionen.

⇒ Brohl liegt links des Rheins zwischen Andernach und Bad Breisig.

Brohl-Lützing, das Brohltal und Maria Laach

Auf einen Blick: Augustaburg (14.–19. Jh.), Schweppenburg (14. Jh. und Barock), Pfarrkirche St. Lambertus (13. Jh.), eisenzeitliche Festung Reutersley, Abteikirche Maria Laach (11.–13. Jh.), Laacher See und Vulkanpark.

Die Gemeinde **Brohl-Lützing** entstand erst 1970 bei einer Gebietsreform und liegt zwischen Namedy und Bad Breisig am Eingang des geologisch hoch interessanten Brohltals. Schon die Römer bauten hier Tuff-, Basalt-, Trass- und Phonolithstein ab. Dazu kommt eine andere, nützliche Gabe der Vulkane: das Mineralwasser. Die erste urkundliche Erwähnung Brohls datiert aus dem Jahre 1252, als dem Templerhof in Niederbreisig Güter in Brohl überlassen wurden. Aber schon seit dem 11. Jahrhundert war auf der Burg Brohl ein Rittergeschlecht sesshaft. Die Burg dürfte um 1089 gegründet worden sein. Zu Beginn des 14. Jahrhunderts vergab Erzbischof Balduin von Trier den Besitz an den Pfalzgrafen Rudolf, Herzog von Bayern, ihm folgte im Jahre 1353 Pfalzgraf Ruprecht der Ältere, Anfang des 15. Jahrhunderts dann die Grafen von Rheineck.
1746 wurde Brohl von der Landgemeinde Breisig getrennt und erhielt eine eigene Verwaltung.
Sehenswert ist außer der erwähnten Burg, die seit starken Umbauten im

Überreste des Tuffabbaus im Brohltal, seit römischer Zeit betrieben.

Die Augustaburg über Brohl, leider kann sie nicht mehr besichtigt werden.

Pfarrkirche St. Johannes der Täufer in Brohl.

St. Lambertus in Nieder-Lützing.

19. Jahrhundert den Namen **Augustaburg** führt und die **Kirche St. Lambertus** im Ortsteil Lützing. Sie stammt aus dem Jahre 1271, hat aber schon ein gotisches Gewölbe. Ein Stück das Brohltal hinauf liegt die **Schweppenburg**. Sie stammt aus dem 14. Jahrhundert, verdankt ihre Volutengiebel und von welschen Hauben gekrönte Ecktürme aber unleugbar dem Barock, errichtet zwischen 1630 und 1638. Somit hat sie nichts mehr von der ehemaligen Wehrburg. Deren letzte Reste wurden 1785 niedergelegt. Nicht weit entfernt auf der Reutersley befindet sich eine **eisenzeitliche Festung**, auf einem Hochplateau gelegen, mit einem halbkreisförmigen, aus Steinen aufgeschütteten Graben und Wall, etwas nördlich ein weiterer, sechs Meter hoher Wall mit Graben und dahinter schließlich ein 80 Meter langer Abschlusswall zur Sicherung des Hanges. Die Anlage stammt wohl aus dem 7. bis 6. Jahrhundert vor Christus.

Die Schweppenburg liegt umgeben von Wäldern.

Über das durch sein Mineralwasser berühmte **Bad Tönisstein**, erreicht man

Marienstatue in Burgbrohl.

Ein schöner klassizistischer Bau in Borgbrohl.

das wohl berühmteste Bauwerk weit und breit, die herrliche **Abtei Maria Laach**.

Mit dem Bau der imposanten Anlage wurde 1093 begonnen, die Fertigstellung erfolgte um 1220. Bei jedem Wetter, jedem Lichteinfall wirkt dieses Juwel der Romanik anders, immer jedoch ergreifend. Schon beim Eintritt durch das »Paradies« mit seinem Brunnen taucht man in die Welt des Mittelalters. Die Skulpturen des Samsonmeisters sind Höhepunkte der Steinmetzkunst. Der Innenraum ist, besonders zu den Gebetszeiten, spiritueller Raum weit mehr als Museum. Auch Maria Laach wurde während der Säkularisation 1802 aufgehoben, aber seit 1892 wird die Abtei wieder von Benediktinern genutzt. Viel der ehemaligen Ausstattung ist abhanden gekommen, aber das tut meines Erachtens dem Raum eher gut. Das Stiftergrab im Westbau stellt Pfalzgraf Heinrich II. mit dem Mo-

Achten Sie beim Eintritt in das »Paradies« auf eine kleine Skulptur links: ein eilfertiges »Sekretärteufelchen« ist schon bereit, Ihre Sünden zu notieren.

Maria Laach, die weltberühmte Abteikirche am Laacher See.

Der Laacher See - vulkanisches Maar in idyllischer Landschaft.

dell der Kirche dar, es stammt aus dem Jahre 1270 und ist mit seiner reichen Bemalung äußerst eindrucksvoll. Kunsthistorisch interessant sind auch Elemente der Beuroner Schule der Wende vom 19. zum 20. Jahrhundert, die sich perfekt in den Gesamteindruck fügen.

Aber Maria Laach bietet noch mehr. Einerseits die klostereigenen Betriebe wie die Gärtnerei und die Buchhandlung, aber natürlich vor allem den **Laacher See** selbst. Man kann ihn auf Wanderwegen ganz oder teilweise umrunden, und an vielen Stellen verraten Gasbläschen, dass wir es hier mit dem Krater eines durchaus noch aktiven Vulkans zu tun haben.

Die Brohltalbahn bietet neben ihrem normalen Fahrplan verschiedene Sonderfahrten im Jahr als Highlights an.

Experten gehen davon aus, dass er wieder ausbrechen wird, beruhigend sind aber die Zeiträume: irgendwann in den nächsten 10–20.000 Jahren. Das ganze Gebiet umfasst heute der Vulkanpark Brohltal/Laacher See. Museen, Lehrpfade, Krater und Maare wollen erwandert und betrachtet werden. Dabei hilft seit 25 Jahren der »Vulkan-Express«, eine nostalgische Schmalspur-Eisenbahn mit offenen und geschlossenen historische Abteilen und teilweisem Dampfbetrieb. Er fährt im bequemen Takt von Brohl nach Engeln. Interessante Ziele unterwegs: **Burgbrohl**, es bietet einen schönen Bahnhof am Ortseingang und die Kaiserhalle von 1896 – eine Kuppel aus Beton auf Bruchstein von

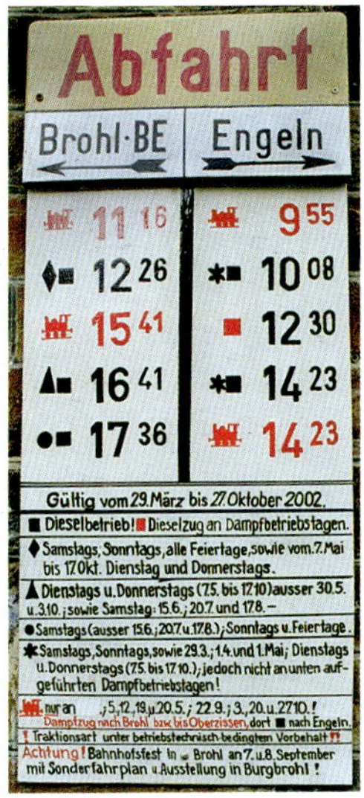

Der Bahnhof in Brohl – ein historisches Bauwerk und der Original-Fahrplan 2002.

20 Metern Durchmesser und 10 Metern Höhe. Nicht weit, bei Buchholz, die Propsteikirche St. Servatius , romanisch und barock. Schön sichtbar hinter Niederzissen die **Burgruine Olbrück** über dem Ort Hain, nach umfangreicher Restaurierung wieder zugänglich. Eine Führung mit Licht und Ton versetzt die Besucher in die Welt des Mittelalters, dazu gibt es Märkte und Feste. Unbedingt anschauen.

In **Engeln** beginnt die Geopfad-Route Oberes Brohltal, gegenüber des Bahnhofes befindet sich der Geogarten des Vulkanparkes. Falls man sich sportlich betätigen möchte, kann man ab Engeln mit dem Fahrrad die »Ahr-Radtour« nutzen und so zurück nach Brohl-Lützing gelangen. Spazierwege gibt es reichlich, auch vier Rundwanderwege zur Erschließung der wunderschönen Landschaft.

Burgruine Ohlbrück

Informationen, auch besonders zu aktuellen Angeboten, gibt es bei der Tourist-Information Brohltal
Kapellenstr. 12, 56651 Niederzissen,
Telefon: 02636/19433
Fax: 02636/80146.
E-Mail: tourist@brohltal.de
Homepage: www.brohltal.de

Blick auf den »Loreley-Konkurrenten« Hammerstein mit der Burgruine.

⇒ Leutesdorf, Hammerstein, Rheinbrohl, Bad Hönningen und Leubsdorf liegen rechts des Rheins zwischen Neuwied und Linz.

Leutesdorf, Hammerstein, Rheinbrohl, Bad Hönningen und Leubsdorf

Auf einen Blick: Leutesdorf: Stadtmauer (14. Jh.), Fachwerkbauten, Pfarrkirche St. Laurentius (18. Jh.), Kreuzkirche (17. Jh.). Hammerstein: Ruine Hammerstein (10. Jh.), Basilika St. Georg (12./16. Jh.), Burgmannshof (16. Jh.). Rheinbrohl: Gertrudenhof (13. Jh.), Pfarrkirche St. Suitbert (19. Jh.), Fachwerkbauten. Bad Hönningen: Schloss Arienfels (13./17./19. Jh.), Pfarrkirche St. Peter und Paul (18. Jh.), Burg Ariendorf (19. Jh.). Leubsdorf: Fachwerkbauten, Pfarrkirche St. Walburga (13./20. Jh.), Burg (16. Jh.).

Auf unserem Weg auf der B 42 von Neuwied nach Bad Hönningen passieren wir zuerst den alten Weinort **Leutesdorf**, der eine Menge Geschichte aufzuweisen hat. Seit dem 6. Jahrhundert wird hier nachweislich Wein angebaut. Ludwig der Deutsche schenkte 868 den Fronhof der Fürstabtei Herford. Heute werden im barocken Fronhof Kunstausstellungen gezeigt und Feste gefeiert. Das Stadtrecht erhielt der Ort 1332. 1427 wurde nach dem Aussterben der Hammersteiner Burggrafen deren Herrschaft mit Leutesdorf zu einem kur-

Das Zolltor in Leutesdorf. Gut erkennbar sind die Hochwassermarken.

trierischen Amt vereinigt, 1597 war Leutesdorf Mitglied der Linzer Union, eines Bündnisses mittelrheinischer Ortschaften zur gegenseitigen Hilfe. Im Dreißigjährigen Krieg Zollstätte, kam es 1803 an den Herzog von Nassau-Usingen. Bis er 1815 von Preußen abgelöst wurde, hatte er die säkularisierten Kirchengüter des Ortes verschleudert. Schöne alte **Fachwerkhäuser** und Reste der **Stadtmauer** am Rhein, die **Pfarrkirche St. Laurentius**, vor allem aber die **Kreuzkirche** mit ihrer Krypta mit barockem Heiligen Grab sind sehenswert. Besonders berühmt ist die **»Brombeerschenke«** über dem Ort, um den Beerenwein geniessen zu können, sollte man aber Station machen. (Verkehrsverein Leutesdorf, Zehnthofstraße 6, 56599 Leutesdorf, Telefon 0263/72227 E-Mail: verkehrsverein@leutesdorf-rhein.de, Homepage: www.leutesdorf.de)

Der Doppelort **Hammerstein** machte schon im 10. Jahrhundert beim Bau einer der ersten rheinländischen Spornburgen Geschichte. Die heutige **Ruine Hammerstein** steht auf einem 196 Meter hohen Felskegel, der Blick hinab begeisterte manchen Romantiker. Noch dazu hatte sie eine Geschichte, die manche Sage erblassen lässt: Graf Otto von Hammerstein hatte sich mit Irmgard vermählt. Kaiser Heinrich II. ließ, da das Paar im Sinne der Kirchenordnung zu nahe miteinander verwandt war, den Ehebund 1018 auflösen und die beiden exkommunizieren. Otto und Irmgard unterwarfen sich zwar, zogen kurz darauf aber wieder zusammen. Der Graf plante einen Racheakt gegen Erzbischof Erkenbald von Mainz, da dieser federführend bei der Anklage gegen ihn und seine Frau gewesen war. Kaiser Heinrich reagierte schnell

Fachwerkhäuser an der Rheinfront von Leutesdorf.

Burgmannshof in Ober-Hammerstein

Königliche Kapelle aus dem 11. Jh.

und ließ Burg Hammerstein drei Monate lang belagern, bis Irmgard und Otto sich ergaben. Während 1023 das Urteil erneut für gültig erklärt wurde und Otto sich unterwarf, zog Irmgard vor den Papst und appelliert mit Erfolg. Kaiser Heinrich IV. nutzte die Burg ab 1071 zur Sicherung des Rheinzolls, doch schon 1105 musste er sich hier samt Reichsinsignien vor seinem Sohn verstecken. Bis 1374 war Hammerstein Reichsburg. Von der ursprünglichen Befestigung ist bloß ein Rundturm erhalten. Nur ein Merian-Stich von 1646 erinnert noch an die einstige Pracht. Sehenswert ist die dreijochige romanische **Basilika St. Georg** aus dem 12. Jahrhundert mit Erweiterungen aus dem 15./16. Jahrhundert. Sie enthält ein hölzernes Netzgewölbe des 17. Jahrhunderts, ein Altargemälde von Januarius Zick und ihre im Jahr 1050 gegossenen Glocken gelten als die ältesten des Mittelrheins. Der **Burgmannshof** aus dem 16. Jahrhundert erinnert noch an die stolze Vergangenheit Hammersteins, das im 14. Jahrhundert die Stadtrechte erhielt.
Info Adresse: Gemeindeverwaltung, Kapellenstr. 5, 56598 Hammerstein,
Telefon: 02635/4205
Fax: 02635/921727

Rheinbrohl war römisches Legionärskastell am Limes. Die Nachbildung eines römischen Turmes am Rheinufer erinnert daran.
Die Heilige Gertrud, Tochter Pippins I., schenkte Rheinbrohl dem Stift Nivelles. An sie erinnert der **Gertrudenhof** mit **Kapelle** von 1200 mit romanischem Chorturm und Schiff aus dem 17. Jahrhundert. Als Herren folgten die Grafen von Sayn und ab 1606 der Trierer Erzbischof. Sehenswert ist die **Pfarrkirche St. Suitbert**, 1856 im neugotischen Stil erbaut. Besonders

Das alte Rathaus von Rheinbrohl mit der Pfarrkirche.

erwähnenswert sind die »Madonna mit Kind« von Eduard von Steinle und die »Thronende Madonna« aus dem 15. Jahrhundert. Weitere Teile der Ausstattung stammen aus der ehemaligen erzbischöflichen Residenz

Rekonstrution eines Limesturms.

in Ehrenbreitstein, der Philippsburg. Auch hier gibt es malerische **Fachwerkhäuser**, im Ortsteil Arienheller die Dreikönigsquelle.
Von der Bundesstraße hat man nun

»Rheinbrohl zeigt Flagge«.
Im Jahre1983 wurde dieses Ensemble aus Schiffsmast, Anker und Schraube eines ehemaligen Tankschiffes in den Rheinanlagen aufgestellt.

einen guten Blick auf das theatralisch wirkende **Schloss Arenfels**. Es wurde um 1258 von Gerlach von Isenburg als Burg erbaut und im 17. Jahrhundert zum zeitgemäßen Renaissanceschloss erweitert. Später kam es in den Besitz der Grafen von der Leyen, 1849 dann in den der Grafen von Westerholt-Gysenburg. Graf Friedrich Ludolf beauftragte keinen geringeren als Zwirner mit den Umbauplänen für das vom Zerfall bedrohte Gebäude, das Ergebnis steht vor uns.

Blick auf Bad Hönningen, im Vordergrund Schloß Arenfels.

Unterhalb des Schlosses erstreckt sich der alte Weinort **Bad Hönningen**. Schon in der Steinzeit lebten auf dem Boden der heutigen Stadt Jäger. 1970 fand man Knochenanhäufungen verschiedener Tiere in der Ariendorfer Kiesgrube und die Überreste einer aus Mammutrippen erbauten Behausung, der ältesten in Europa. Der Limes begann 60 Meter vor der heutigen südlichen Stadtgrenze und führte dann 700 m über das Stadtgebiet. Wahrscheinlich war Hönningen schon vorher ein keltischer Siedlungsplatz. Um 800 taucht der Ort als »Hohingen« in einer Karte des Engersgaues auf, wird aber erst 1019 erstmals urkundlich erwähnt. Weitere mittelalterliche Belege existieren über diverse Schenkungen. Die **Pfarrkirche St. Peter und Paul** stammt aus dem 18. Jahrhundert. 1217 erfolgt die erste Nennung von

Das »Hohe Haus« wurde 1438/39 als Wehr- und Wohnturm erbaut. Heute ist hier das Heimatmuseum untergebracht. Sehenswert ist u.a. eine sehr schöne »Kölner Decke« und eine Wendeltreppe aus dem 17. Jh.

Ungewöhnlich: Bad Hönningen hat eine Stadtweinstube.

Das Historische Gasthaus Mönchhof in Bad Hönningen.

Ariendorf. Sehenswert dort die neugotische **Burg** und die Fachwerkfront zur Bahn hin.
Seit der Wende vom 19. zum 20. Jahrhundert ist Bad Hönningen Kurort dank seiner Quellen, besonders bei Rheuma, Herz- und Kreislauferkrankungen. Die Therme, direkt am Rhein gelegen, bietet in zwei Innen- und einem Außenbecken ein Thermalbad bis 43° C, eine Saunalandschaft und Solarien. Die Rheinpromenade, ein Fahrradverleih, Minigolf, Tennis und Reitmöglichkeiten und, während der Saison, Kurkonzerte sorgen für Beschäftigung. Und auf dem »Hönninger Schlossberg« wachsen edle Weine.
Informationen: Verkehrsamt-Kurverwaltung, Neustrasse 2 a
53557 Bad Hönningen
Telefon: 02635/2273
Fax: 02635/2736
Homepage:
www.bad-hoenningen-rhein.de

Das anschließende **Leubsdorf** hat eine 1300-jährige Tradition im Weinbau Die erste Erwähnung des Ortes unter dem Namen Lupstorf geht auf das Jahr 639 zurück. Pippin I. übergab seiner Tochter Gertrud auch diesen Ort, wodurch er zu ihrem Kloster Nivelles kommt. Mechthild von Sayn übergibt am 1. Mai 1250 ihren gesamten Besitz vom Ariendorfer Bach abwärts dem Erzbischof von Köln, Konrad

Ariendorf mit Fachwerkfront.

von Hochstaden. Darunter fallen viele Ortschaften, so auch Leubsdorf. Bis 1802 bleibt es kölnisch. Sehenswert sind schöne **Fachwerkbauten**, einstige Klösterhöfe, so die **»Steckkuhl«**, einst Hof der Abtei Marienstatt, und der **»Stiftshof«** von Kaiserswerth. Wahrzeichen des Ortes ist die »Weiße Kirche am Rhein«, die imposante **Pfarrkirche St. Walburga**, die im 13. Jahrhundert einschiffig errichtet und 1905/1906 vom Architekt Theo Hermann zur neugotischen Kirche umgebaut wurde. Von dem früheren Gebäude sind der Westturm und die Chorapsis erhalten. Die »Kölner Madonna« stammt aus dem frühen 14. Jahrhundert und die Kreuzigungsgruppe aus dem 16. Jahrhundert. Der geschichtlich bedeutsamste Fachwerkbau ist die **Burg** aus der Mitte des 16. Jahrhunderts, eine ehemalige Zollburg der Vögte von Lupstorf.

Leubsdorf mit der Pfarrkirche St. Walburga.

Unmittelbar vor Linz lohnt die Abzweigung nach **Dattenberg**. Die heutige Ruine **Burg Dattenberg** wurde Mitte des 13. Jahrhunderts von den Rittern von Dadenberg als runde Anlage mit Bergfried errichtet. Erzbischof Heinrich II. von Virneburg kaufte sie im 14. Jahrhundert auf, seit 1880 befindet sich ein Schullandheim in der nebenan erbauten Villa. Auf dem Hummelsberg über dem Ort befinden sich Reste einer **Ringwallanlage** aus dem 1. Jahrtausend vor Christus.
Weitere Auskünfte dazu erhalten Sie bei der Tourist-Information Linz.

Übernachtungs-Tipps:

Parkhotel, Allee St. Pierre les Nemours
53557 Bad Hönningen, Tel. 02635-911020 Fax -4062

Pension Fam. Gerd, Auf dem Gehren 6
56599 Leutesdorf, Telefon 02631-73168, Fax -76914

Pension Manfred Esser, In der Betz 15/direkt am Rhein
56599 Leutesdorf, Telefon 02631-72963, Fax -74448

Ein besonders ansprechendes Fachwerkhaus ist die Weinstube »Altes Zollhaus« in Bad Breisig.

⇒ Bad Breisig und Sinzig liegen links des Rheins zwischen Brohl-Lützing und Remagen.

Bad Breisig und Sinzig

Auf einen Blick: Breisig: Burg Rheineck (13./19. Jh.), Kirche St. Mariae Himmelfahrt (18. Jh.), Templerhof (17. Jh), Zollhaus (15. Jh.), Schultheissenhaus (17. Jh.), Kirche St. Viktor (14. Jh.), Puppenmuseum, Ikonenmuseum, Kurhaus und Park, Jugendstil-Mausoleum. Sinzig: Schloss (14./19. Jh.), Pfarrkirche St. Peter (13. Jh.), Zehnthof (8. - 19. Jh.)

Wie Perlen auf der Schnur der Bundesstraße reihen sich hier interessante Ortschaften hintereinander. **Bad Breisig** gehört definitiv dazu. Es gibt viel zu entdecken, nicht nur Baudenkmäler, sondern auch interessante Antiquitätengeschäfte und ein besonderes Flair.

Auch der Name Breisig ist keltischen Ursprungs. In römischer Zeit bewachte »Brisiacum« die vom Vinxtbach gebildete Grenze zwischen Nieder- und Obergermanien.

Das frühere »Breisiger Ländchen« ging durch Schenkung an das Stift der Essener Äbtissin Mathilde über, wo es bis zum Einmarsch der französischen Revolutionstruppen im Jahre 1794 verblieb. Diese Zugehörigkeit verhalf Breisig sehr früh zu einer fast städtischen Bedeutung und zum Aufschwung von Handel und Gewerbe. Unter der Fürstäbtissin Berta von Arnsberg erfolgte gegen 1280 eine Befestigung der Ortes mit Graben und Ringmauer. 1362 schloss Breisig zum Schutz seines Ortes mit der Stadt Andernach eine Bürgergemeinschaft. Im Jahre 1374 erhielt Breisig von Kaiser Karl IV. die Marktrechte.

Bereits 1877 wurde ein Verschönerungsverein mit dem Ziel gegründet, Breisig als Luftkurort zu etablieren. Aber erst die Erbohrung der Thermalsprudel machte Breisig zu einem Fremdenverkehrsort und Heilbad. Thermalbäder und medizinische Anwendungen gegen rheumatische Erkrankungen, Herz- und Kreislaufstörungen, Stoffwechsel- und Nierenerkrankungen werden durch diese drei 28–30° C warmen Thermalsprudel ermöglicht.

Am 8. Juni 1969 wurde aus Bad Niederbreisig, Oberbreisig und Rheineck die neue Gemeinde Bad Breisig gegründet, die am 2. Mai 1970 zur Stadt ernannt wurde.

Auch hier etwas Literaturgeschichte: der Arbeiterdichter Max Barthel (1893–1975) liegt hier begraben. Aus der sozialistischen Jugendbewegung kommend, veröffentlichte Barthel als Infanterist an der Westfront 1916 seinen ersten pazifistischen Gedichtband »Verse aus den Ardennen«. Nach dem Krieg trat er in Stuttgart der KPD bei, war 1919 aufgrund seiner Teilnahme am Spartakusaufstand einige Zeit in Haft und machte sich in Berlin einen Namen mit klassenkämpferischer Arbeiterlyrik. 1923 trat er aus der KPD aus und wandelte sich nach 1933 zum Barden für die Nazis. Er starb 1975 in Waldbröl.

Burg Rheineck über dem weiten Fluss.

Der unterhalb von Burg Rheineck in den Rhein mündende Vinxtbach bildet bis heute die Sprachscheide zwischen Ober- und Niederdeutsch, früher war er die Grenze von Ober- und Niedergermanien. Nördlich der Linie spricht man »Kölsch«, südlich davon »Moselfränkisch«.

Sehenswert, leider aber nicht zu besichtigen ist **Burg Rheineck**. Als pfalzgräfliche Höhenburg um 1115 bei der Mündung des Vinxtbaches errichtet, sicherte sie die Grenze zwischen den Erzbistümern Trier und Köln. 1151 zerstört, wurde sie 1164 unter Rainald von Dassel kölnisch. Aus dieser Zeit stammen noch Teile der Ringmauer und des Bergfrieds. 1689 fiel auch Rheineck den Franzosen zum Opfer, drei Jahre später wurden die Reste eingeebnet. Der Neubau von 1718 brannte 1785 nieder. 1832 wurde die Ruine von Moritz August von Bethmann Hollweg, dem Großvater des späteren Reichskanzlers, erworben und großzügig neu errichtet. Dafür engagierte er den Koblenzer Architekten Johann Claudius von Lassaulx. Dieser entwarf einen spätromanischen Wohnbau mit drei Flügeln, die oktogonale Torkapelle (ursprünglich um 1200) wurde von Edward von Steinle 1837–1840 im Stil der Nazarener ausgemalt. Von Rheineck aus besteht eine fantastische Aussicht, man kann Herrn Bethmann Hollweg gut verstehen.

Bemerkenswert ist die Barockkirche **St. Mariae Himmelfahrt** aus dem frühen 18. Jahrhundert mit ihrer gut erhaltenen Ausstattung. Ganz in der Nähe liegt der **Templerhof**, heute ein Restaurant, an der Stelle eines Vorgängerbaues des 13. Jahrhunderts 1657 von den Johannitern errichtet. Weiter sehenswert sind das alte **Zollhaus** aus dem 15. Jahrhundert mit seinen Hochwassermarken und das **Schultheißenhaus** von 1670 in der Biergasse. Das **Puppenmuse-**

Rheinpromenade Bad Breisig

Pfarrkirche St. Victor

um im alten Rathaus gleich an der Bundesstraße (Koblenzer Straße 31, Tel. 02633/9425) zeigt ca. 400 Puppen aus der 2. Hälfte des 19. Jh. Öffnungszeiten: täglich (außer Montag) von 10 bis 12 Uhr und 15 bis 17 Uhr. Nur wenige Schritte entfernt liegt das **Ikonenmuseum** in der Villa Solitude am **Kurpark**. Es zeigt eine private Sammlung von Ikonen und sakralen Gegenständen aus Äthiopien, Griechenland, Jugoslawien, Bulgarien, Rumänien und Russland. Das Museum ist bis Oktober täglich außer montags von 14 bis 18 Uhr sowie samstags und sonntags zusätzlich von 10 bis 12 Uhr geöffnet, jeden Samstag erwartet die Besucher eine Videovorführung zum Thema »Einführung in die Welt der Ikonen«. Der Eintritt ist frei, Gruppenführungen nach Vereinbarung, Telefon 02633/471695. Auf dem alten Friedhof überrascht ein **Jugendstil-Mausoleum**, das ein Fabrikant 1911/12 für seine jung verstorbene Tochter errichten ließ. Unbedingt anschauen sollte man sich die **Pfarrkirche St. Viktor** in Oberbreisig. Der spätromanische Bau enthält schöne Wandmalereien aus dem 14. Jahrhundert. Die **eisenzeitliche Fliehburg** »Auf dem Hahn« aus dem 6. bis 2. Jahrhundert vor Christus ist der Anlage Reutersley vergleichbar.
Man kann eine Menge tun in Breisig.

Fachwerkmalereien schmücken dieses Gasthaus

Neben den Kurangeboten lockt die schöne Uferpromenade zu Spaziergängen, man kann in die Luft gehen (Segel- und Motorfliegen) am Flugplatz Mönchsheide mit dem Planwagen fahren, Rad-Wandern das Schiff nehmen, Saunen, und am Ortsausgang bietet der Märchenwald am Kesselberg, Telefon 02633/8534

nicht nur für Kinder märchenhafte Unterhaltung.
Für alle Infos:
Verkehrsamt Bad Breisig, Koblenzer Str. 59, 53498 Bad Breisig
Telefon 02633/45630
Fax 02633/456350
Homepage: www.badbreisig.de.

Auch **Sinzig** hat Schätze zu bieten. Die »Barbarossastadt« im Grünen umfasst die Ortsteile Bad Bodendorf, Franken, Koisdorf, Löhndorf und Westum.
Sinzig ist End- bzw. Anfangspunkt der »Grünen Straße durch Eifel und Ardennen«. Keltischen Ursprungs, war »Sentiacum« dann römische Niederlassung, später fränkischer Königshof und schließlich kaiserliche Pfalz. Sinzig liegt durch seine Nähe zur Rhein-Ahr-Mündung verkehrstechnisch günstig. Hier führte die Frankfurt-Aachener Straße entlang, die von den Herrschern auf ihrem Weg zur Krönung in Aachen benutzt wurde. Unter Karl IV. kam Sinzig zum Herzogtum Kleve-Jülich. Reste der alten Stadtbefestigung von 1297 sind heute noch erhalten.
Das **Schloss** steht auf den Grundmauern der ehemaligen Kleve-Jülichschen Burg. 1337 erhielt Wilhelm von Jülich von Kaiser Ludwig dem Bayern die Erlaubnis zum Bau einer Burg. Diese wurde 1569 durch Maximilian Pasqualini erheblich ausgebaut und während des Dreißigjährigen Krieges verstärkt. Im Jahre 1668 wurden Stadt und Schloss von den Franzosen besetzt, die es bei ihrem Abzug 1689 zerstörten. Im März des Jahres 1806 wurde das Grundstück mit den Ruinen des Schlosses und dem angrenzenden Ackerland von der französischen Domänenverwaltung verkauft. 1850 dann erwarb der Kölner Kaufmann Gustav Bunge das Grundstück und ließ ab 1854 von Vinzenz Statz eine burgartige, neugotische Villa errichten. Bunges Schwager Karl Andreae sorgte für die Wandgemälde. Der umgebende Park stammt von Lenné. Heute wird das Anwesen als Heimatmuseum und Stadthaus genutzt. Zu sehen gibt es Objekte aus der Vor- und Frühgeschichte, der Römer- und der Frankenzeit, Ansichten Sinzigs aus dem 19. Jahrhundert und Zeichnungen und Gemälde der Düsseldorfer

Die Kirche St. Peter in Sinzig, ein Juwel der Spätromanik.

Malerschule. Das Turmzimmer dient als standesamtliches Trauzimmer.
Die hochliegende, spätromanische Kirche **St. Peter** ist ein Juwel, das alleine schon die weiteste Anreise wert wäre. Um 1220 begonnen, wurde der Hauptaltar 1241 geweiht. Der fein gegliederte Chor, die Fresken aus der Mitte des 13. Jahrhunderts, die die Restaurierungen des 19. Jahrhunderts überlebt haben und der 1964 wieder entdeckte Hauptaltar sind herrliche Beispiele der ursprünglichen Ausstattung. Der Altartriptychon stammt aus dem Jahre 1480, die typisch rheinische Madonna mit Kind aus der Zeit um 1340 und der Schmerzensmann vom Anfang des 14. Jahrhunderts. Bemerkenswert ist auch das Heilige Grab im Innenhof der Sakristei. Sonderbarster Teil der Ausstattung aber ist sicher die gut erhaltene Mumie des »Heiligen Vogt«, vielleicht der Leichnam des Wilhelm von Holbach, fürstlich-jülichscher Vogt in Sinzig. Ein weiteres Kleinod ist der **Zehnthof**. Er steht auf den Resten einer römischen Anlage und wurde 762 zum ersten Mal urkundlich erwähnt. Es ist nicht zu glauben, aber in den 1970er Jahren sollte das Ensemble abgerissen werden, konnte aber durch private Initiative gerettet und komplett restauriert werden. Es besteht aus dem Barockhaus von 1697 mit dem ältesten Wein- und Bierkeller der Rhein-/Ahrregion, der klassizistische Orangerie, 1860–1864 erbaut von F. A. Stüler, einer Gartenanlage von Lenné, der Zehntscheune von 1765, darin ein 1870 nach dem Speisesaal von Schloss Erdmannsdorf in Schlesien gestalteter Saal, der Parkvilla, 1870–1872 nach dem Vorbild von Schloss Stolzenfels neugotisch gestaltet und einem herrlichen Innenhof mit Fachwerkgalerie und Türmchen. Wohl das ungewöhnlichste Ensemble von Gebäuden, das man sich denken kann.

Der Stadtteil Bad Bodendorf ist ein idyllischer kleiner Badeort im unteren Ahrtal.

Man sollte von hier aus das **Ahrtal** erkunden. Es locken schöne Orte, Wanderwege, das mondäne **Bad Neuenahr** und das historisch interessante **Ahrweiler** mit seiner gut erhaltenen Stadtmauer liegen gleich um die Ecke. Und wem das noch nicht genügt: der rote Ahrwein ist ein unschlagbares Argument.

Info Adresse: Städtisches Verkehrsamt, Tourist Service, Am Kurgarten, 53489 Sinzig-Bad Bodendorf
Telefon: 02642/980500
Fax: 02642/980501

Das Rheintor am Burgplatz mit idyllischen Fachwerkhäusern ist eines der touristischen Glanzlichter der Stadt.

⇒ Linz liegt rechts des Rheins zwischen Bad Hönningen und Erpel.

Linz

Auf einen Blick: Pfarrkirche St. Martin (13. Jh.), Marienkirche (20. Jh.), Kurkölnische Burg (14.–19. Jh.), Fachwerkbauten (15.–19. Jh.), Rathaus (14. Jh.), Kirche Mariae Verkündigung (1645), Rheintor, Neutor (um 1320).

Linz trägt den Beinamen »die bunte Stadt am Rhein«, und das mit Recht. Er leitet sich ab von den vielen farbigen Fachwerkhäusern, die das Bild der Altstadt maßgeblich bestimmen. Noch immer werden hier sogar Fachwerkhäuser nach den alten Techniken neu gebaut, auch ein deutliches Zeichen dafür, dass die Bewohner stolz sind auf ihre Stadt. Und auch dazu gibt es gute Gründe.

Linz wurde im Jahre 874 zum ersten Mal urkundlich erwähnt. Gegenüber der Ahrmündung gelegen, befindet sich Linz in unmittelbarer Nähe bedeutender Basaltbrüche, aus denen wohl schon um 1320 Steine für die Stadtmauern und Tore gewonnen wurden, denn da erhielt Linz die Stadtrechte. 1365 begann der Bau der Zoll- und Zwingburg, veranlasst durch Erzbischof Engelbrecht von der Mark. 1391 brannte Linz zu zwei Dritteln ab, und auch in den folgenden Jahrhunderten wurde die Stadt immer wieder von verschiede-

Das alte und gleichzeitig neue Rathaus der Stadt Linz.

Eine Gedenktafel am Rathaus erinnert an den von den Schweden enthaupteten Bürgermeister Castenholz.

nen Truppen belagert, geplündert und besetzt: im Neusser Krieg (1475) von kaiserlichen Truppen, im Kölner Krieg (1583) und 1632 durch die Schweden. Im Dreißigjährigen Krieg siedelten sich die Ordensgemeinschaften der Servitinnen (1632) und der Kapuziner (1626) in Linz an. 1815 wurde die Stadt preußisch. Leider wurden aus praktischen Gründen in den 60er und 70er Jahren des 19. Jahrhunderts große Teile der erhaltenen Stadtbefestigung nieder gelegt.

Linz ist an und für sich bereits eine Sehenswürdigkeit, aber auch hier gibt es herausragende Monumente. Die **Pfarrkirche St. Martin** stammt aus dem 13. Jahrhundert. Sie nimmt den Platz eines 1198 niedergebrannten Vorgängerbaues ein. Ihre etwas sonderbare, unfertig wirkende Architektur verdankt sie dem Geldmangel des Stiftes Gerresheim bei Düsseldorf, zu dem sie gehörte. Aber die Fresken unter den Emporen machen das leicht wieder wett. Die Heiligendarstellungen stammen aus der Zeit um 1230, der Marienzyklus an der Westwand von ca. 1512. Das Altarbild entstand im 15. Jahrhundert. Unterhalb erstreckt sich die neue **Marienkirche** von 1968. Sie beherbergt einen echten Schatz: den grossen Flügelaltar mit Darstellungen aus dem Marienleben, Werk des Kölner Meisters der Lyversberg-Passion, entstanden 1461–63.

Das Neutor

Die Stadtseite der Burg.

Besonders interessant ist die **Kurkölnische Burg Linz**, auch wegen ihres »Innenlebens«: Es gibt eine »römische Glashütte«, die an die Zeit vor 2000 Jahren erinnert, als die Umgebung noch zu den bedeutendsten Glaszentren der antiken Welt zählte. Hier kann man die Handwerkstechniken und

Die kurkölnische Burg von der Rheinseite.

Werkzeuge durch Zusehen kennen lernen, und natürlich Nachbildungen antiker Gefäße erwerben. Eine Sammlung mechanischer Musikinstrumente, das Kinoptikum und die Puppenstube mit Marionetten, Puppen und Bären sind für Kinder jeder Lebensphase ein Muss. Ihre Entstehung verdankt die Burg freilich weniger friedlichen Dingen. Linz strebte nach mehr Rechten für seine Bürger, dem Kölner Erzbischof missfiel das naturgemäß, so wurde 1365 eine Zwingburg errichtet. Ein Schicksal, das man mit dem ansonsten verfeindeten Andernach teilte. Grund des Streites (Stichwort Bäckerjungen): 1375 bis 1411 wurde der Andernacher Rheinzoll nach Linz verlegt, danach ging er wieder dorthin zurück. Es ging, wie so oft, ums Geld. Übrigens war auch Burg Linz ursprünglich eine Wasserburg, in

Burginnenhof

den Schutzgräben schwappte Rheinwasser. Außer dem Turm ist aber von dieser frühen Bauphase nicht mehr viel sichtbar, die diversen Umbauten der letzten drei Jahrhunderte stechen markanter ins Auge.

In der Innnenstadt –

Geschichte wohin man blickt.

Umgeben ist auch die Burg von den typischen, farbenfrohen **Fachwerkbauten**. Das **Rathaus** stammt aus dem 16. Jahrhundert, ein stolzer Neubau für eine stolze, neue Stadt, und, wir sind in Linz, es ist noch immer Rathaus. Mühlengasse, Rheingasse und Marktplatz beherbergen Fachwerk in allen Variationen, vom 15. bis 19. Jahrhundert. Die Kirche **Mariae Verkündigung**, geweiht 1645, gehörte den Kapuzinern. Die prächtige Madonna über dem Hauptportal darf man nicht versäumen. Und, nicht zu vergessen, zwei Tore der Stadtbefestigung haben das Diktat der Zweckmäßigkeit überlebt. Das **Rheintor**, am Burgplatz zum Rhein hin und, besonders malerisch, das **Neutor** am oberen Ende oder Anfang der Fußgängerzone.

Liebevoll gestalteter Fachwerkbau in der Neustraße.

Wem all das innerhalb von Linz nicht genügt: der historische Schienenbus »Drachenland-Express« führt von hier über eine 9 km lange Steilstrecke über Kasbach und die Brauerei Steffens bis nach Vettelschoss-Kalenborn und zurück. Allerdings nur an Sonn- und Feiertagen und vom 29. März bis 27. Oktober. Trotzdem: eine Fahrt ist immer ein Erlebnis. Abfahrt ist am

Bahnhof Linz, Gleis 3 zu jeder vollen Stunde. Die erste Steigung führt an der Burg Ockenfels vorbei, Ende des 15. Jahrhunderts zerstört und in den 1920er Jahren wieder errichtet. Erste Haltestelle ist der alte Bahnhof in Kasbach. Nach kurzem Aufenthalt geht es weiter durch das Kasbachtal zur Brauerei, natürlich mit Schänke und Biergarten. Der letzte Teil ist dann wirklich eine Steilstrecke hinauf zur Endstation in Kalenborn, rund 400 Höhenmeter sind insgesamt zu überwinden. Kalenborn bietet sich als Ausgangspunkt für Wanderungen in den Westerwald an. Natürlich kann man auch zurück wandern, man wird mit interessanten Ausblicken belohnt.

Bei Antiquitätenfreunden beliebt ist der große Trödelmarkt, hier kann man alles finden vom fast druckfrischen Comic-Heft bis zur kompletten Einrichtung fürs Herrenzimmer, vom preiswerten Väschen bis zur Kapitalanlage. Und das alles vor solch historischer Kulisse.

Info Adresse:
Tourist-Information Linz, Rathaus am Marktplatz
53545 Linz am Rhein.
Tel.: 02644/19433 oder 981125
Fax: 02644/981126
E-Mail: linz-rhein@rz-online.de
Homepage: www.linz-rhein.de

Historischer Schienenbus »Drachenland-Express«

Die »Brauerei Steffens« ist eine der Stationen, auf der 9 km langen Steilstrecke des Drachenland-Express'.

Übernachtungs-Tipps:

Hotel Gut Frühscheid, Am Frühscheid, 53545 Linz
Telefon 02644-980180, Fax 02644-980181

Hotel Palm, Vor dem Leetor 13, 53545 Linz
Telefon und Fax 02644-2532

Die Apollinariskirche im neugotischen Stil, erbaut vom Kölner Dombaumeister Zwirner.

⇒ Remagen liegt links des Rheins zwischen Sinzig und Bonn an der Grenze zu Nordrhein-Westfalen.

Remagen, Oberwinter und Rolandseck

Auf einen Blick: Remagen: Pfarrkirche St. Peter und Paul (13.-20. Jh.), Pfarrhoftor (12. Jh.), Apollinariskirche (Zwirner), Römisches Museum, Brücke von Remagen mit Friedensmuseum. Oberwinter: Fachwerkbauten aus mehreren Jahrhunderten. Rolandswerth/Rolandseck: Insel Nonnenwerth mit Kloster, Rolandsbogen, Künstlerbahnhof Rolandseck (Arp-Museum).

Weiter entlang der Perlenkette führt uns die B 9 nach Remagen. Auch hier, mitten in der fruchtbaren, so genannten Goldenen Meile, harren zahlreiche, spektakuläre Sehenswürdigkeiten auf Besucher. Remagen umfasst heute die Ortsteile Kripp, Oberwinter, Oedingen, Rolandseck, Rolandswerth und Unkelbach.
Remagen war als »Rigomagus« ein römisches Grenzkastell, dessen Reste 1902 teilweise ausgegraben wurden. Dabei wurde auch die stellenweise noch erhaltene Kastellmauer gefunden. Darin wurde im 5. Jahrhundert die erste christliche Kirche in Remagen errichtet, Geburtsstunde der heutigen **Pfarrkirche St. Peter und Paul**. Diese bildet eine eigentümliche, aber durchaus reizvolle Mischung von Bauabschnitten. Der Chor stammt noch aus dem 13. Jahrhundert, der Turm aus dem 17., der Rest vorwiegend aus dem beginnenden 20., als der Architekt Caspar Pickel die Reste in eine neuromanische Form brachte. Sehenswert hier das Sakramentshaus, ein schönes Werk der Spätgotik, und in der heutigen Vorhalle (dem ehemaligen Mittelschiff) ein Heiliges Grab. Auf dem Kirchhof befindet sich seit Erstellung des Neubaus das romanische **Pfarrhoftor** aus dem 12. Jahrhundert

Die Pfarrkirche St. Peter und Paul.

mit seiner reichen Ausstattung mit Reliefs. Die nicht in allen Einzelheiten deutbaren Skulpturen bieten Gelegenheit zum Rätseln.

Torbogen an der Pfarrkirche St. Peter und Paul mit rätselhaften Skulpturen.

Auf der Höhe des Apollinarisberges wurde 1839–1842 die neugotische **Apollinariskirche** errichtet. Architekt war der Kölner Dombaumeister Ernst Friedrich Zwirner. Der Ort war ab dem 12. Jahrhundert Wallfahrtsstätte, hier stand die Martinskapelle. Der Legende nach soll 1164 das Schiff, das die aus Mailand stammenden Reliquien der Heiligen Drei Könige und des Bischofs Apollinaris nach Köln bringen sollte, bei Remagen mitten auf dem Rhein so lange stehen geblieben sein, bis dessen sterbliche Überreste in die Kapelle überführt wurden. Ursprünglich waren es mehr Reliquien, aber diese wurden 1383 geraubt und nach Düsseldorf verbracht, daher verblieb nur der Kopf des Heiligen in Remagen. Heute wird die silberne Reliquienbüste in einem Sarkophag in der Krypta der Apollinariskirche aufbewahrt und jedes Jahr zur Wallfahrtszeit Ende Juli ausgestellt. Die Innenausmalung der Kirche ist ein in Deutschland in dieser Geschlossenheit einmaliges Beispiel für die spätere Kunst der Nazarener. Die Fresken entstanden zwischen

1843 und 1857 von der Hand Müllers, Degers und Ittenbachs. Somit ist der Bau ein weiterer Kristallisationspunkt der Rheinromantik.
Weitere Sehenswürdigkeiten in Remagen sind das klassizistische **Rathaus**, ab 1835 als Schul- und Stadthaus erbaut, mit dem **Marienbrunnen**, das **Römische Museum** in der ehemaligen

Rathaus der Stadt Remagen mit Marienbrunnen.

Das römische Museum befindet sich in dieser alten Kapelle.

Knechtstedener Kapelle aus dem 15. Jahrhundert, (geöffnet März bis Oktober, jeweils Mittwoch bis Sonntag 15 bis 17 Uhr), und die Milchgasse mit ihren schönen alten Fachwerkhäusern und Resten der Stadtmauer. Das **Caracciola-Denkmal** erinnert an den hier geborenen Rennfahrer Rudolf Caracciola (1901–1959). Entlang der Rheinpromenade sollte man nicht nur dem Ausblick erliegen, auch schöne **Villen** aus der Anfangszeit des Rheintourismus sind zu bestaunen. In der Grabenstraße befand sich die jüdische Synagoge, 1938 geschändet und verbrannt. Auf dem Römerplatz wurde in Gedenken daran ein Mahnmal

Gründerzeit-Villa

Denkmal des Rennfahrers Rudolf Caracciola

Die berühmte Brücke von Remagen mit dem Friedensmuseum.

errichtet. Berühmt ist besonders die **Brücke von Remagen**. Die beiden Brückentürme der im Zweiten Weltkrieg letzten intakten Rheinbrücke befinden sich ein wenig flussaufwärts der Rheinpromenade. In ihnen befindet sich das **Friedensmuseum**, das ihre Geschichte bis zur misslungene Sprengung und der anschließenden Eroberung am 7. März 1945 durch amerikanische Truppen dokumentiert. (Geöffnet März bis Mitte November tägl. 10 bis 17 Uhr, ab Mai bis 18 Uhr). An der Straße nach Kripp erinnert die **Kapelle der »Schwarzen Madonna«** an das dort von April bis Juli 1945 befindliche Kriegsgefangenenlager. Die Figur der Madonna modellierte im Lager der Kriegsgefangene Adolf Wamper. Auch ein Produkt der Rheinromantik ist **Schloss Marienfels**. Hier konnte sich Zwirner als Architekt austoben und schuf einen wilden, aber dennoch harmonischen Stilmischmasch. Das Schloss ist in Privatbesitz und nicht zu besichtigen, leider, denn die repräsentativen Innenräume sind mit viel Geschmack und Liebe her- und eingerichtet.

Der heutige Stadtteil **Oberwinter** versteckt seine Schönheiten vor der Straße. Sichtbar ist der Schutz- und Yachthafen für die Rheinschifffahrt und die Werft.

Sehenswert ist aber viel mehr. Das **Haus Wirtz**, ehemals Gasthaus zum Anker, aus dem Jahre 1781 mit einer Hochwassermarke von 1784, das schmale Holundergässchen, die **»Ahl Pump«**, die alte Pumpe von 1780

Das Gasthaus »Zur Krone« in Oberwinter

und das **»Zettelmeiersche Haus«** von 1673. Die **Evangelische Kirche** wurde in den Jahren 1721/22 nach Plänen des Baumeisters Adam als schlichter, rechteckiger Saalbau erbaut. Zugänglich war sie durch die Toreinfahrt des Pfarrhauses, es gab ein Gesetz, das evangelischen Gotteshäusern nicht gestattete, direkt an einer Landstraße zu liegen.

Das alte Rathaus ist ein ehemaliger Schulbau von 1841.

Die »Ahl-Pump«

Das **Alte Rathaus** wurde 1841 als Schulgebäude errichtet. Sehenswert auch das **Haus Schwanen** mit reichem Fachwerk. Die katholische Kirche **St. Laurentius** wurde 1131 erstmals erwähnt. Erhalten ist der spätgotische Chor mit seinem Sterngewölbe, das Kirchenschiff wurde nach Plänen des Architekten Statz 1865/66 angebaut. Ein weiteres, bedeutendes Fachwerkhaus ist die **»Fritzeburg«** aus dem 17. Jahrhundert. Lohnende Spaziergänge, beispielsweise über den Leinpfad nach Remagen (45 Min.), oder über den Rheinhöhenweg (2 Std.) sowie

Blick auf die Insel Nonnenwerth. Das ehemalige Kloster Nonnenwerth ist heute ein Gymnasium.

rund um den Birgeler Kopf (1 Std.) mit schönem Ausblick, sind möglich.
Im Stadtteil **Rolandswerth** befinden sich der viel besuchte Rolandsbogen und die Klosterinsel Nonnenwerth. Rolandswerth, gelegen an der römischen Heerstraße zwischen den Garnisonen Bonn und Remagen, ermunterte wohl schon römische Veteranen zur Ansiedelung Mit dem Bau der Burg Rolandseck siedelten sich Handwerker, Bauern, Fischer, Winzer und Schiffer an. Die Eisenbahn kam 1856, und mit ihr kamen Kaufleute und Fabrikanten, die hier ihren Zweitwohnsitz errichteten und ihrerseits ihr Personal mit brachten. So gelangten auch die ersten Touristen hierher.

Der Rolandsbogen mit Ausflugslokal

Der viel gerühmte **Rolandsbogen** ist eigentlich nur ein Fenster, Überrest der alten Burg Rolandseck, erbaut unter Erzbischof Friedrich I. von Köln um 1122. Sie wurde erstürmt und zerstört, nur der Bogen blieb erhalten. Die Sage will es romantischer: Ritter Roland habe die Burg für seine Braut Hildegund erbaut, die Tochter des Ritters vom Drachenfels. Roland zog in den Krieg und Hildegund erfuhr von seinem angeblichen Tod. Sie ging ins Kloster auf der Rheininsel Nonnenwerth, und als der durchaus lebendige Roland heimkehrte, blickte er jeden Tag aus seinem Bogenfenster zum Kloster hinab.
Nun ja, wie dem auch sei, am 28. Dezember 1839 stürzte der Rolandsbogen ein. Ferdinand Freiligrath rief, ganz Rheinromantiker, zu Spenden auf. Der Bogen konnte wieder aufgebaut werden. Dem Dichter brachte diese Tat ein **Denkmal** ein, beim Aufstieg

vom Parkplatz gegenüber der Insel Nonnenwerth neben dem Fußweg zu sehen. Heute befindet sich hier ein beliebtes Restaurant und ein Ausflugslokal mit schöner Terrasse. Von hier führt auch ein Wanderweg zum ehemaligen Vulkan **Rodderberg**, der im gleichnamigen Naturschutzgebiet liegt, von dort aus bietet sich eine schöne Aussicht über das Rheintal und die Godesburg bis nach Bonn.

Auf der **Insel Nonnenwerth** wurde 1126 von Erzbischof Friedrich das heutige Franziskanerinnen-Kloster gegründet. Nach einem Brand wurde das Gebäude 1773–75 neu errichtet. Es beherbergt heute ein privates Gymnasium.

Ebenfalls berühmt ist der **Bahnhof Rolandseck**. Der klassizistische Bahnhof aus dem Jahre 1856 war Endpunkt einer Privatbahn, sein Festsaal war schon damals Treffpunkt der Gesellschaft. Johannes Wasmuth rettete ihn 1964 vor dem Abriss und schuf einen Ort für Musiker, Maler und Dichter. Er ist Heimat der Stiftung Hans Arp und Sophie Taeuber-Arp. Nach seiner Renovierung wird der Bahnhof durch eine Verbindung unter den Bahngleisen hindurch mit dem von Richard Meier entworfenen Museumsneubau auf den Rheinhöhen zusammenwachsen zum Arp-Museum. Schon jetzt wird hier neben den Werken Arps internationale Gegenwartskunst präsentiert.

Telefon 02228/94250
Fax 02228/942524
E-Mail:info@arpmuseum.de
Homepage: www.arpmuseum.de

Der Bahnhof Rolandseck beherbergt das Arp-Museum.

Geöffnet ist täglich außer montags 10–17 Uhr und zu Konzertterminen.

Interessant ist auch der **Wildpark** Rolandseck mit seinen großen Freigehegen (Rotwild, Muffelwild, Damwild, Ziegen u. a.). Rundwege führen durch den Wald und an den Gehegen vorbei und bieten gleichzeitig ein herrliches Rheinpanorama.

Info Adresse:
Tourist-Information Remagen
Kirchstraße 6, 53424 Remagen.
Telefon: 02642/20187
Fax: 02642/20127
E-Mail: touristinfo@remagen.de
Homepage: www.remagen.de

Übernachtungs-Tipps:

Ferienwohnung Albert Schreier, An der Stadtmauer, 53424 Remagen, Telefon 02642-900932

Ferienwohnung Birgit Arneri, Sonnenweg 6, 53424 Remagen, Telefon und Fax 02642-6998

Ferienwohnung Familie Marx, Rheinallee 15, 53424 Remagen, Telefon 02642-44505

»Burg Unkel« ist der ehemalige Wohnsitz der Familie von Herresdorf, seit 1917 im Besitz des Zentrumführers C. Trimborn und dessen Nachkommen.

⇒ Erpel, Unkel und Rheinbreitbach liegen rechts des Rheins zwischen Linz und dem schon zu Nordrhein-Westfalen gehörenden Bad Honnef.

Erpel, Unkel und Rheinbreitbach

Auf einen Blick: Erpel: Erpeler Ley, Neutor und Stadtmauer (14. Jh.), Pfarrkirche St. Severin (13. Jh.), Rathaus (18. Jh.), Fachwerkhäuser (16.–18. Jh.), Fronhof (18. Jh.), Brückentürme. Unkel: Wasserburg Vilszelt (11./18. Jh.) Pfarrkirche St. Pantaleon (13.–20. Jh.), Fachwerkbauten, Herrenhäuser (18. Jh.) Befestigungsanlagen und Gefängnisturm (16. Jh.), Wohnhaus Freiligraths (18. Jh.), Rheinpromenade. Rheinbreitbach: Rheinbreitbacher Hof, Kirche (14. Jh.), Ruine einer Wasserburg, Obere Burg (20. Jh.)

Erpel, die Alte Herrlichkeit am Fuße des Erpeler Ley (191 Meter), einem mächtigen Basaltfelsen mit schön gezeichneten Schichtungen, ist ein mittelalterlicher Rheinort mit viel historischer Atmosphäre, die leider etwas durch die Bundesstraße leidet. Ein Grund mehr, diese zu verlassen und dem Ort die ihm gebührende Aufmerksamkeit zu schenken. 1500 Jahre Ortsgeschichte prägen hier den Charakter. Vom Plateau der **Erpeler Ley** genießt man einen einzigartigen Weitblick ins Ahrtal, die Eifel und den Westerwald. Das Panorama des Or-

Blick von der Erpeler Lay auf Erpel und das gegenüberliegende Remagen.

Das Neutor der ehemaligen Stadtmauer in Erpel.

Fachwerkbauten bestimmen das Ortsbild.

tes ist heute noch ähnlich zu erleben, wie es Merian 1664 darstellte. Malerische Fachwerkbauten und Häuser in hochgelegenen Gärten gruppieren sich um die spätromanische Pfarrkirche St. Severin.

Die Entstehung des Ortes liegt im Dunkeln, der Ursprung des Ortsnamens verweist aber auf die Kelten. Die älteste erhaltene Urkunde stammt vom Oktober 1167. Zu Kurköln gehörig, wurde der Ort in der ersten Hälfte des 13. Jahrhunderts durch eine Befestigungsmauer am Rhein und einen dornenbewachsenen Graben landseits gesichert. Im 14. Jahrhundert dann wurde eine Ringmauer errichtet. Im Jahre 1420 erhielt Erpel Marktrecht, aber seltsamerweise nie die Stadtrechte.

Sehenswert sind das **Neutor** und die anderen Reste der ehemaligen **Stadtmauer**. Vom **Rheintor** ist ein Torbogen in den Fronhof einbezogen. Die spätromanische **Pfarrkirche St. Severin** wurde Mitte des 13. Jahrhunderts erbaut. Der farbenfreudige Innenraum der dreischiffigen Emporenbasilika enthält die Ausstattung des 18. Jahrhunderts. Das Untergeschoss des Turmes stammt wohl noch von einem Vorgängerbau. In diesem machten die Gebeine der Heiligen Drei Könige 1164 Zwischenstation auf dem Weg von Mailand nach Köln. Daran erinnern die drei Kronen im oberen Feld des Ortswappens und ein Gemälde in der Kirche. Die Glocken stammen aus den Jahren 1388, 1531, 1641 und 1768. Das barocke

Rathaus von 1780, die **Fachwerkhäuser** am Markt und in der Kölner Straße aus dem 16.–18. Jahrhundert und den **Fronhof** des 18. Jahrhunderts sollte man sich erwandern. Gleich am Ortseingang sind die **Brückentürme** der ehemaligen Ludendorffbrücke nach Remagen nicht zu übersehen.
Informationen:
Gemeindeverwaltung Erpel, Rathaus, Frongasse 1, 53579 Erpel
Telefon: 02644/2570
Fax: 02644/6906.

In Erpel umrahmen Fachwerkhäuser den Marktplatz mit seinem Brunnen.

Unkel hat keine Probleme mit dem Verkehrsfluss, es liegt ruhig abseits der Bundesstraße und will entdeckt werden. Zwei berühmte Bewohner hatte es: Freiligrath, der hier 1839 sein Herz für den Rhein entdeckte, und Willy Brandt. Und wenn man durch den Ort schlendert, kann man verstehen, was die beiden hier faszinierte.
Unkel wurde 886 erstmals in Geschäftsbüchern der Abtei Prüm genannt. Im 11. Jahrhundert wurde Richeza, Tochter des Pfalzgrafen, Ortsherrin. 1055 verschenkte sie den Zehnthof und 1057 ihre übrigen Besitzungen an den Domkustos und das Stift Maria ad Gradus in Köln. Im Jahre 1265 kaufte der Erzbischof von Köln auch den Besitz der Grafen von Sayn in Unkel auf und machte den Ort zur befestigten Landstadt. Die barocke Stadtmauer stammt aus dem 16. Jahrhundert.
Sehenswert ist die **Wasserburg Vilszelt** im Stadtteil Heister. Ursprünglich ein Bau des 11. Jahrhunderts, wurde der heutige Bau im 18. Jahrhundert errichtet. Die **Pfarrkirche St. Pantaleon** stammt aus dem 13. Jahrhundert, 1502 wurde das Schiff zur Hallenkirche ausgebaut und Netzgewölbe eingefügt, während die Netz- und Kreuzgewölbe der Nordseite und die nördliche Sakristei 1903 entstanden. Die südliche Sakristei stammt aus dem 16. Jahrhundert, die Glockenstube aus dem 17. Jahrhundert. Die

Die Fußgängerzone von Unkel.

Der Unkeler Hof lädt zu einer Ruhepause im Freien ein.

Viele Bauten sind liebevoll restauriert.

Ausstattung ist beachtenswert. Insbesondere der hausförmige Reliquienschrein aus dem 15. Jahrhundert, die barocken Plastiken der Vierzehn Nothelfer von 1728/29, der romanische Taufstein und die Reste des Hochaltars von 1400 sind herrlich.

Der Gefängnisturm wurde im 16. Jahrhundert als Teil der Befestigung Unkels errichtet.

Das Freiligrath-Haus

Interessant sind gleichfalls die pittoresken **Fachwerkbauten** der Stadt und die **Herrenhäuser** des 18. Jahrhunderts, die **Befestigungsanlagen** und der **Gefängnisturm** von 1553 sowie das **Wohnhaus Freiligraths** von 1760 an der Rheinfront. Die verkehrsfreie **Rheinpromenade** ist ein Genuss.

Infos: Tourist Information Unkel
Linzer Straße 2, 53572 Unkel
Telefon: 02224/3309,
Fax: 02224/10422,
E-Mail: unkel@t-online.de
Homepage:
www.bonn.germany.net/unkel

Rheinbreitbach, das Fenster zum Siebengebirge, kann literaturgeschichtlich ebenfalls glänzen. Mit Namen wie Freiligrath natürlich, den Gebrüdern Grimm, Josef Winckler (1881–1966), Verfasser des Tollen Bomberg und dem deutschnationalen, ehemaligen Bestsellerautor Rudolf Herzog, geboren 1869 in Wuppertal-Barmen, gestorben 1943 in Rheinbreitbach, der 1907 die Obere Burg bezog.
Reste eines fränkischen Gräberfeldes aus der Zeit um 600 fanden sich in der Ortslage, die erste sichere Erwähnung Rheinbreitbachs stammt aber aus dem 10. Jahrhundert. In einer Urkunde schenkt Kaiser Otto I. dem Aachener Marienstift den Ort. Jahrhundertelang, bis zur Stilllegung der Grube im Jahre 1886, wurde hier am Virneberg Kupfererz abgebaut. Sehenswert sind alte Weinlokale im Ort sowie die gotische **Kirche** aus dem 14. Jahrhundert und Reste der verfallenen **Wasserburg** der Grafen von Breitbach östlich davon. Die **Obere Burg** ist heute im Besitz der Gemeinde und bietet reizvolle, kulturelle Veranstaltungen.
Von Bad Honnef/ Menzenberg über Rheinbreitbach und Scheuren nach Unkel führt der **Literarische Simrock-Freiligrath-Weg**, eine schöne Wanderung, die mit 6 Kilometern Länge niemanden überfordert.

Die Obere Burg in Rheinbreitbach.

Historisches Weinlokal im Fachwerkstil.

Erkundigen lohnt sich also, bei der
Gemeindeverwaltung
53619 Rheinbreitbach
Telefon: 02224/72020
Fax: 02224/76080
Homepage:
www.rheinbreitbach.net.

Die Drachenburg ist ein sehenwertes Gebäude der Spätromantik. Sie wurde 1884 fertiggestellt.

Bad Honnef, Königswinter und das Siebengebirge

Auf einen Blick: Honnef: Pfarrkirche St. Johann Baptist, (12./15. Jh.), Fachwerkbauten Evangelische Kirche, Kurhaus, Villen (19./20. Jh.). In Rhöndorf Fachwerkbauten (18./19. Jh.), Marienkapelle, Haus im Turm (13./19. Jh.), Adenauer-Gedenkstätte. Königswinter: Pfarrkirche St. Remigius (18. Jh.), Fachwerkbauten (17. Jh.), Heisterbacher Hof (18. Jh.), Oberpleis: Propsteikirche St. Pankratius (12./13. Jh.). Siebengebirge: Hotel Petersberg, Peterskapelle, Ruine Klosterkirche Heisterbach (13. Jh.), Drachenfels mit Ruine Drachenfels (12. Jh.), Drachenburg (19. Jh.), Nibelungenhalle (20. Jh.)

Nunmehr sind wir in Nordrhein-Westfalen angelangt. Nachdem **Bad Honnef** von Alexander von Humboldt als das »rheinische Nizza« bezeichnet wurde, drang der Ruf der Stadt über Deutschlands Genzen hinaus. Die zahlreichen Villenbauten des 19. Jahrhunderts sprechen eine deutliche Sprache. Aber auch viele Lungenkranke suchten im geschützten Honnefer Klima Heilung oder zumindestens Linderung ihrer Krankheit.

Woher der Name Honnef nun eigentlich stammt, ist strittig. Auch die historisch verbürgten Schreibweisen wechseln munter: im 8. Jahrhundert Honffe, 922 Hunapha, 1102 Hu-

Kurhaus von Bad Honnef.

nephum, 1173 Hunepha und 1283 Hunippe. Sei's drum, um 800 wird Honnef erstmals erwähnt. Der Ursprung waren verstreute fränkische Siedlungen und Gehöfte, ab dem 10. Jahrhundert im Verbund und unter dem Schutz der Löwenburg. Ab 1484 gehörte Honnef bis Ende des 18. Jahrhunderts zum Herzogtum Jülich-Berg. Im 18. und 19. Jahrhundert wurden Blei-, Zink- und Kupfererze gefördert. 1815 kam Honnef zu Preußen und erhielt 1862 die Stadtrechte. Karl Simrock (1802–1876) wohnte und schrieb in Menzenberg in seinem Haus Parzival, und auch er empfing illustre Gäste. Praktischerweise hatte er einen eigenen Weinberg, wo der Rotwein »Eckenblut« angebaut und, natürlich, auch getrunken wurde. Wie schon erwähnt führt heute ein gut ausgeschilderter Wanderweg von seinem Haus zum Freiligrath-Haus in Unkel.

Mit der Entdeckung der »Drachenquelle« 1897 und 1938 der Mineralquelle auf der Rheininsel Grafenwerth, (sowie 1968 der Edelhoff-Thermal-Quelle) stand der Anerkennung als Kur- und Badestadt nichts mehr im Wege. Wirksam gegen Magen-, Darm-, Leber-, Gallen-, Stoffwechsel-, Herz- und Kreislauferkrankungen, Wirbelsäulenschäden und Übergewicht. Da kommt Nizza nicht mit.

Die verstreuten Stadtteile haben diverse Sehenswürdigkeiten zu bieten. In Honnef selbst sind das die **Pfarrkirche St. Johann Baptist**, begonnen im 12. Jahrhundert mit einem sehenswerten Langhaus des späten 15. und Erweiterungen des frühen 20. Jahrhunderts. Der Turm verdankt seine heutige Form Ernst Friedrich Zwirner. Schöne Ausstattungsstücke des frühen 16. Jahrhunderts haben überlebt, und die Rekonstruktion der farbigen Fassung trägt zum starken Eindruck bei. Von

Die Ausmalung des Netzgewölbes.

Pfarrkirche St. Johann Baptist

besonderer Bedeutung ist die Skulpturengruppe des Heiligen Grabes von 1514, eng verschwistert mit der in Remagen. Das **Alte Küsterhaus** gleich daneben und das **Gemeindehaus** zählen zu den bedeutendsten erhaltenen Fachwerkbauten.

Repräsentative Gebäude des 19. und 20. Jahrhunderts, wie die **Evangelische Kirche** und das **Kurhaus** sind ebenfalls von hoher Qualität. Zahlreiche interessante **Villen** dieser Zeit finden sich in allen Stadtteilen.

Rhöndorf bietet ebenfalls herrliches **Fachwerk** und die harmonische **Marienkapelle**, sowie das **Haus im Turm** aus dem 13. Jahrhundert mit klassizistischen Umbauten von 1830. Bekanntester Einwohner aber war hier natürlich Konrad Adenauer, dessen Wohnhaus am Hang als **Gedenkstätte** zugänglich ist.

Info Adresse:
Tourismus Siebengebirge GmbH
Kirchstr. 2, 53604 Bad Honnef
Telefon: 02224/900636
Fax: 02224/79687
E-Mail: info@siebengebirge.com
Homepage:
www.siebengebirge.com

Das Küsterhaus

Rhöndorf, Marienkapelle

Königswinter ist als Ausgangspunkt für den Siebengebirgs-Tourismus seit den Zeiten der Rheinromantik berühmt. Aber man sollte nicht das Ziel mit dem Weg verwechseln, auch die Stadt selbst hat viel zu bieten.

Die Geschichte des Gebietes zwischen Rhein und Pleisbach reicht weit zurück. Hinweise auf ein fränkisches Königsgut gibt nicht nur der Schutzpatron Remigius. Im Jahre 1015 wurde Winetre zum ersten mal benannt. Aus der Bezeichnung Winetre, vinitorium lässt sich schließen, dass der Weinbau schon damals in der Gegend verbreitet war. 1342 wird zum erstenmal von Königswinter gesprochen. Seit dem 11. Jahrhundert regierte der Kölner Erzbischof, beziehungsweise seine Grundbesitzer vor Ort. Der Ort hatte zwar eine schützende Mauer, aber keine Stadtrechte. Wein, der

Blick auf Königswinter über den Rhein

Rheinstrom und Steinbrüche sicherten das Einkommen. 1689 brannte auch Königswinter, was das Fehlen älterer Bausubstanz erklärt. Hier kamen zwei interessante Vertreter des

Berühmt und romantisch: Ruine Heisterbach

19. Jahrhunderts zur Welt: der Nazarener Franz Ittenbach (1813–1879) und der Dichter Wolfgang Müller (von Königswinter), (1816–1873), dem die Vaterstadt ein Denkmal widmete.

Die **Pfarrkirche St. Remigius**, ehemalige Hofkapelle, ist ein klassizistischer Bau, der an Stelle des romanischen 1779/80 errichtet wurde. Ihre Ausstattung ist bis auf den Hochaltar allerdings neobarock. An der Hauptstraße sind mit dem **Jesuitenhof** und dem **Haus im Tuback** zwei Fachwerkbauten des 17. Jahrhunderts, sowie diverse schöne Steingebäude erhalten. Der **Heisterbacher Hof** am Rhein wurde Mitte des 18. Jahrhunderts als Residenz für den Abt von Heisterbach erbaut. Das **Siebengebirgsmuseum** in einem stattlichen Bau des 18. Jahrhunderts informiert über Geologie und Heimatkunde. Lohnend ein Ausflug nach **Oberpleis**: die ehemalige **Propsteikirche** der Benediktiner **St. Pankratius** stammt aus dem 12. und 13. Jahrhundert. Sie beherbergt das Dreikönigenrelief aus der Zeit um 1150, ein besonders schönes Beispiel für die Plastik der Hochromanik.

Das **Siebengebirge** ist nicht nur ein eindrucksvolles Panorama der Mittelrheinlandschaft mit markierten Wanderwegen, Ruhebänken und Schutzhütten, Wald- und Berggaststätten, sondern auch eines der ältesten Naturschutzgebiete Deutschlands. Zum Glück, sonst hätten die Steinbrüche die Berge wohl vollends aufgezehrt. Zum Siebengebirge zählen neben dem **Drachenfels** (321 m) der **Ölberg** (460 m), die **Löwenburg** (455 m), der **Lohrberg** (435 m), der **Nonnenstromberg** (326 m), der **Petersberg** (321 m) und die **Wolkenburg** (324 m).

Auf der Löwenburg finden sich nur noch Spuren der gleichnamigen **Burganlage** des 13. Jahrhunderts, obwohl hier bis zur Übernahme durch die Grafen von Berg der Herrschaftsmittelpunkt des Gebietes Honnef lag. Auch die Wolkenburg aus dem 12. Jahrhundert wurde im Dreißigjährigen Krieg zerstört, ihre Reste fielen den fleißigen Steinbrechern zum Opfer. Der **Petersberg** ist berühmt für das gleichnamige Hotel, während der Bonner Republik Gästehaus der Bundesregierung. Aber auch ein Ringwall der späten Latènezeit findet sich hier, und mit der **Peterskapelle** die Keimzelle des **Klosters Heisterbach**.

1192 zogen die Zisterzienser, die aus der Abtei Himmerod in der Eifel gekommen waren, von hier ins Heisterbacher Tal, wie es ihre Ordensregel vorschrieb, und gründeten ein neues

Blick über den Rhein auf das Siebengebirge mit Petersberg, Drachenburg und Ruine Drachenfels.

Diese hübsche Winzerhäuschen verlockt zur Rast beim Aufstieg zur Drachenburg.

Kloster. 1202 begann der Bau, 1237 war er vollendet, und wenn wir heute vor dem stehen, was Zerstörung, Säkularisation und Abbruch übrig gelassen haben, die Apsis nämlich, geraten wir ins Staunen, vielleicht auch ins Träumen. Ruinenbegeisterung hin oder her, diese muss man gesehen haben.

Der bekannteste der Berge aber ist natürlich der **Drachenfels**. Zahlreiche Sagen ranken sich um den Berg und seinen einstigen, feuerspeienden Bewohner, so ist es kein Wunder, dass man ihn bald in Verbindung mit der Siegfried-Erzählung bringt. »Gipfel« vor dem Gipfel ist hier die **Nibelungenhalle** im Jugendstil von 1913 mit Gemälden nach Wagners Motiven von Hermann Hendrichs. Nicht nur für Kinder interessant sind der **Reptilienzoo** und die **Drachenhöhle** inklusive 13 Meter langem Drachen. Aber beginnen wir oben.

Burg Drachenfels wurde im 12. Jahrhundert errichtet, der Kölner Erzbischof Arnold I. schützte mit ihr sein Territorium und den Handelsweg Richtung Westerwald. Im 15. Jahrhundert wurde die Burg erweitert und im Dreißigjährigen Krieg zerstört. Der dreigeschossige Bergfried ist noch gut erhalten. Auch hier taten die Steinbrecher ihre Arbeit so gut, dass es 1831 zur Enteignung des Geländes durch Kronprinz Friedrich Wilhelm kommen musste, um wenigstens den Rest der Ruine zu erhalten. Denn längst war der Drachenfels zum beliebten Ziel geworden. Ruinenromantik und weiter, herrlicher Rundblick in das Rheintal und über das Siebengebirge bis zur Eifel, nach Bonn und Köln, das lockte. Lord Byron, Longfellow, die Brüder Jakob und Wilhelm Grimm, nur Tourist Heinrich Heine blieb gewohnt spöttisch (siehe unten).

Heine hatte Pech, das erste Gasthaus in der Ruine eröffnete erst 1836. Dennoch, der Aufstieg wurde organisierter, zuerst mit Eseln, dann, 1883, mit einer **Zahnradbahn**. Und der Besucherstrom wuchs und wuchs. Heute ist der Drachenfels der meistbestiegene Berg Deutschlands. – Mindestens. Das machte auch dem Bergkegel zu

Heinrich Heine (1797 - 1856)

Die Nacht auf dem Drachenfels (1830)
An Fritz v. B.

Um Mitternacht war schon die Burg erstiegen,
Der Holzstoß flammte auf am Fuß der Mauern,
Und wie die Burschen lustig niederkauern,
Erscholl das Lied von Deutschlands heil'gen Siegen.

Wir tranken Deutschlands Wohl aus Rheinweinkrügen,
Wir sahn den Burggeist auf dem Turme lauern,
Viel dunkle Ritterschatten uns umschauern,
Viel Nebelfraun bei uns vorüberfliegen.

Und aus den Trümmern steigt ein tiefes Ächzen,
Es klirrt und rasselt, und die Eichen krächzen;
Dazwischen heult des Nordsturms Wutgebrause. –

Sieh nun, mein Freund! so eine Nacht durchwacht' ich
Auf hohem Drachenfels, doch leider bracht' ich
Den Schnupfen und den Husten mit nach Hause.

schaffen. Er drohte abzubröckeln, wurde in den 1970er Jahren mit Beton gesichert.

Auf halbem Wege abwärts steht die **Drachenburg**, Stein gewordene (Spät-)Romantik. Ein zu Geld gekommener und zum Baron beförderter Börsenmakler und Bankier, Stephan Sarter (1833–1902) gab das Getüm in Auftrag, 1884 war es fertig. Verantwortlich zeichnete auch hier Wilhelm Hoffmann. Gemälde und Glasfenster (leider nicht mehr vorhanden) feierten und feiern die deutsche Geschichte und das deutsche Kunsthandwerk. Sarter zog nie ein, aber seit 1903 darf die Öffentlichkeit sich wundern.

Nibelungenhalle

Gedenktafel an Richard Wagner, den Vertoner der Nibelungensage, zu dessen 100. Geburtstag 1913 die Nibelungenhalle errichtet wurde.

Mit der Drachenfelsbahn geht es den Drachenfels hinauf …

… oder auch per Esel.

Auskunft: Tourismus Siebengebirge GmbH, Drachenfelsstr. 11
53639 Königswinter
Telefon: 02223/917711
Fax: 02223/91 7720
E-Mail: info@siebengebirge.com
Homepage: www.siebengebirge.com
oder www.romantischer-rhein.de

Übernachtungs-Tipp:

Hotel Zum Rebengarten, Löwenburgstraße 20-22
53604 Bad Honnef, Tel. 02224-6732, Fax 73281

Ludwig van Beethoven wurde in Bonn geboren. Sein Denkmal ist ein beliebter Treffpunkt.

Bonn und Bad Godesberg

Auf einen Blick: Godesburg (13. Jh.), Michaelskapelle (17. Jh.), Redoute (1792), Muffendorf mit Fachwerkbauten, Kommende (18. Jh.) und Martinskirche (1200). In der Innenstadt: Münster (11.–13. Jh.) mit Kreuzgang, St. Helenakapelle (12. Jh.), Altes Rathaus und Universität/Erzbischöfliche Residenz , Poppelsdorfer Schloss (18. Jh.), barocke Wallfahrtskirche auf dem Kreuzberg, St. Remigius (14. Jh.), Namen-Jesu-Kirche (Barock), Beethoven-Geburtshaus, Alter Friedhof mit Ramersdorfer Kapelle (um 1200), Arndthaus, Museumsmeile, Regierungsviertel. Schloss Ramersdorf, Wallfahrtskirche St. Peter in Villich (13. Jh.), Doppelkirche St. Klemens, Schwarzrheindorf (12. Jh.).

Als Bonn noch Hauptstadt war, nannte man es, zumeist durchaus wohlwollend, das Bundesdorf. Seien wir ehrlich: etwas Wahrheit steckt darin. Keine Metropole, sicher nicht, dafür eine Stadt der kurzen Wege. Und das ist nicht nur angenehm für die große Politik, sondern auch für den Besucher. Suchet der Stadt Bestes. Nun, das ehemalige Bundesdorf bietet da reichlich Auswahl.

Die Geburtsstadt Beethovens liegt mit ihrem Kern links des Rheins. Beginnen wir also, der B 9 folgend, im Stadtteil **Bad Godesberg**, Bonns südlichem Stadtbezirk, seit kurfürstlicher Zeit Kurort.

Der Name Godesberg ist germanischen Ursprungs. In vorchristlicher Zeit wurde der germanische Gott Wodan auf dem nach ihm benannten Berg verehrt, der Name Wodenesberg liest sich in einer Urkunde aus dem Jahre 722 Godenesberg. Im 13. Jahrhundert wurde der strategische Wert des Godesbergs von den Kölner Kurfürsten (wieder-)entdeckt (schon die Römer hatten hier eine Wachtstation unterhalten), und im Jahre 1210 wurde zur Sicherung der Südgrenze des Erzstifts die Godesburg errichtet. Im 18. und 19. Jahrhundert folgte die zweite Entdeckungsphase, diesmal mit dem romantischen Blick. Dichter, Maler und Gelehrte, allen voran Ernst Moritz Arndt, Lord Byron, Emanuel Geibel, Heinrich Heine, Alexander von Humboldt und Gottfried Kinkel zeigten sich von Burg und Landschaft begeistert. Und diese Begeisterung wurde gehört. Der Kurbetrieb wuchs. Bis heute werden hier besonders Erkrankungen von Magen, Darm, Nieren, Leber und Galle, Kreislauf- und periphere Durchblutungsstörungen behandelt.

Die **Godesburg** erhebt sich auf einer Basaltkuppe, letzter Ausläufer des rheinischen Schiefergebirges. 1210 unter Erzbischof Dietrich von Köln erbaut, war sie 350 Jahre lang Bollwerk und kurfürstliche Residenz, bis sie 1583 im Kölnischen Krieg gegen Gebhard Truchsess von Waldburg belagert und zerstört wurde. Diverse Pläne zum Wiederaufbau blieben folgenlos, selbst die Idee Kaiserin Augustas,

Die Godesburg – auf dem letzten Ausläufer des rheinischen Schiefergebirges.

sie zu einer Studentenbude der etwas anderen Art für den Kronprinzen zu machen. 1896 wurde ein Restaurant in die Ruine gesetzt, aber ab 1960 folgte dessen Rückbau und die behutsame Errichtung des heutigen Hotel- und Gaststättengebäudes. Der acht Stockwerke umfassende Bergfried

Studentenlokal »Zur Lindenwirtin«.

ragt noch immer stolz als Wahrzeichen der Stadt, und natürlich hat man von hier oben eine prächtige Aussicht über Bad Godesberg und das Siebengebirge. Am Abhang des Kegels befindet sich die **Michaelskapelle**, deren Apsis in die Mauern der Burg einbezogen ist. Auch sie wurde bei der Belagerung stark beschädigt bzw. aus verteidigungstechnischen Gründen zugeschüttet, aber 1697 spätbarock erneuert. Bis zur Errichtung der Kirche **St. Marien** nach Plänen von Statz diente sie als Ort für den Gottesdienst. St. Marien wurde 1863 geweiht und 1894 vom Sohn des Architekten erweitert. Sehenswert in Bad Godesberg ist vor allem die charmante **Redoute**, zwischen Rokoko und Klassizismus 1792 vollendet,

ehemals Mittelpunkt des gesellschaftlichen Lebens, auch und gerade der Bonner Republik. Im gleichen Jahr wurde das benachbarte **Hoftheater** erbaut, auch die umgebenden **Logierhäuser** (heute Rathaus) passen in das Ensemblebild. Eher kuriosen Wert hat das wieder aufgebaute Studentenlokal **Zur Lindenwirtin**. Das so genannte Altstadtcenter am Michaelplatz ist in höchstem Masse Geschmackssache.
Jeden Umweg wert ist der Stadtteil **Muffendorf**. Er beherbergt nicht nur wunderschöne **Fachwerkhäuser** des 17. und 18. Jahrhunderts und die **St.-Martins-Kirche**, die um 1200 errichtet wurde, sondern auch die einstige **Kommende** des Deutschen Ritterordens, die sich heute im Gewand des 18. Jahrhunderts präsentiert.

Bonn geht auf eine vorrömische Siedlung zurück, über der um 12 vor Chr. ein Kastell errichtet wurde. Dieses wurde unter Claudius zu einem festen Legionslager ausgebaut. 69 nach Chr. erwähnt Tacitus das Lager castra Bonnensia. Nach einer Legende starben hier 235 die Offiziere Florentinus und Cassius den Märtyrertod, über ihren Gräbern wurde eine der frühesten christlichen Stätten des Rheinlandes errichtet. Die heilige Helena, Mutter Kaiser Konstantins des Grossen soll an diesem Platz eine Kirche gestiftet haben, der Kern des heutigen Münsters. Nach den Römern siedelten die Franken, und aus der Siedlung wurde nach und nach eine befestigte Stadt. Um 1050 begann man mit dem Münsterbau und 1244 wurden Bonn die Stadtrechte verliehen. Zwei deutsche Gegenkönige wurden 1314 und 1346 im Münster gekrönt. Zwei Versuche gab es, die Reformation durchzusetzen: Erstmals 1539 durch Kurfürst und Erzbischof Hermann von Wied und dann 1548 durch Kurfürst Gebhard Truchsess von Waldburg. Diesem Versuch fiel die Godesburg zum Opfer. 1689 folgte eine Belagerung durch die Franzosen, die in der weitgehenden Zerstörung Bonns endete. Das 18. Jahrhundert dann wurde die auch städtebaulich prägende Epoche, speziell unter Kurfürst Clemens August. Die Herrschaft der baufreudigen Erzbischöfe endete mit der französischen Revolution und der Besetzung, 1815 kam das Rheinland zu Preußen, das auch deutliche Spuren hinterließ. Bonn hat in zwei

Blick auf Bonn mit Poppelsdorfer Allee

Der Münsterplatz in Bonn.

Weltkriegen stark gelitten, nicht alle Schäden konnten behoben werden. Vom 1.9.1948 bis 23.5.1949 tagte der Parlamentarische Rat in Bonn und erarbeitete das Grundgesetz. Ab dem 3.11.1949 wurde Bonn zur (vorläufigen) Bundeshauptstadt, nunmehr ist es Bundesstadt.

Bonn bietet Sehenswertes aus vielen Jahrhunderten. Bedeutendstes Bauwerk aber ist das **Münster** St. Cassius und St. Florentinus, heute **St. Martin**. Seit der Cella memoriae für die Märtyrer hatte es mehrere Kirchenbauten an dieser Stelle gegeben, deren Überreste der Bau noch birgt. Einen Eindruck dieser langen, spirituellen Tradition erhält man beim Besuch der Krypta. Chor und Querschiff stammen aus dem 12., das Langhaus aus dem 13. Jahrhundert. Die Gesimsbänder in Vierung und Chor werden dem Samsonmeister zugerechnet. Am Choraufgang finden wir folgerichtig auch ein Gegenstück zum Sekretärteufelchen in Maria Laach, diesmal unterstützt von einem Engel auf der anderen Seite. Diese Steinmetzarbeiten und die Grabmäler von Erzbischof Rupert von der Pfalz (gest. 1480) und Erzbischof Engelbert II. von Falkenburg (gest. 1257) haben Brände, Plünderungen und Kriege überstanden, die restliche Ausstattung entstammt vorwiegend der Barockzeit. Höhepunkte sind dabei das Sakramentshaus von 1619, besonders aber die kniende Statue der Heiligen Helena, nach Jeremias Geißelbrunn um 1630 in Bronze gegossen und herrlich in ihrer barocken Bewegtheit. Heben Sie den Blick hinauf zur Orgel, die Schnitzarbeiten des Prospektes sind eine Meisterleistung des 20. Jahrhunderts des Bildhauers Saul. Zeitweilig war der stellvertretende Hoforganist übrigens ein junger Mann namens Beethoven. Von dort sind es nur drei Schritte bis zum Durchgang zum **Kreuzgang**, den man gesehen haben muss. Er wurde etwa ab 1140 errichtet, sein südlicher Flügel jedoch im 13. Jahrhundert beim Ausbau der Seitenschiffe entfernt. Dennoch ist er einer der vollständigsten und, behaupte ich, schönsten im Rheinland. Hier lässt sich, mitten im Gewühl, Ruhe finden, man kann sitzen und ausruhen, die Vielfalt der Kapitelle bestaunen, bevor man sich wieder auf den überlaufenen Münsterplatz begibt. Gleich

Kreuzgang des Bonner Münsters.

Das alte Rathaus am Markt.

gegenüber hat sich mit der **St. Helenakapelle** (Am Hof 32/34) eine Hauskapelle des 12. Jahrhunderts erhalten. Die **Marktsäule** neben dem Münster besteht aus rotem Sandstein mit Kugelaufsatz und war (wie praktisch) auch als Pranger in Gebrauch. Die heutige **Post** wurde 1751–53 als Palais eines Stiftsdechanten erbaut und diente dann der Familie Fürstenberg. Vor der Post das **Beethoven-Denkmal** von Ernst Julius Hähnel, beliebter Treffpunkt für Bonner und Touristen. Um Fünf am Beethoven, und man trifft sich garantiert. Hinter der Post, in der Vivatsgasse, findet sich das **Wölfchen,** mehr oder minder deutlich als Löwe zu erkennen und ehemals Hoheitszeichen der Stadt, es ist nur eine Kopie, das Original steht mit gutem Grund im Rathaus. Hier auch findet man seit 1900 den Rest des **Sterntores** und einer Mauer, mehr ist nicht übrig von der mittelalterlichen Stadtbefestigung. Wir schlendern zum **Markt**. In der Sternstraße verweisen an den Ge-

Die Universität mit Hofgarten. Die grünen Wiesen laden bei schönem Wetter zu einem Sonnenbad ein.

schäftshäusern angebrachte Schilder auf die alten Hausnamen, der Blick nach oben lohnt. Auf dem Markt fällt vor allem das von Michel Leveilly 1737/38 erbaute **Alte Rathaus** mit seiner schönen Fassade und der Rokoko-Freitreppe ins Auge. Von hier winkten zahlreiche Staatsbesucher in die Kameras. Den **Obelisken** ließ die Bürgerschaft 1777 für Erzbischof Max Friedrich errichten. Von hier sind es wenige Meter zur **Universität**. Die Rheinische Friedrich-Wilhelms-Universität wurde am 18. Oktober 1818 von König Friedrich Wilhelm III. gegründet. Sie entstand im Geist der von Wilhelm von Humboldt geprägten preußischen Kulturpolitik, die von Idealismus und Aufklärung bestimmt war. Schnell zog ihr Ruf so bedeutende Lehrer an wie August Wilhelm Schlegel, Ernst Moritz Arndt, Barthold Georg Niebuhr, Friedrich August Kekulé, Johannes Müller, Friedrich Argelander und Heinrich Hertz. Von Anfang an gab es in Bonn neben der Juristischen, Medizinischen und Philosophischen Fakultät zwei Theologische Fakultäten.

Aber auch die Studenten waren nicht ohne. Heinrich Heine nur zum Beispiel. Die Dichterin Carmen Sylva, geborene Prinzessin zu Wied und spätere Königin von Rumänien, setzte der Atmosphäre ein augenzwinkerndes Denkmal:

Carmen Sylva (1843–1916)
Bonn

Wenn nur der Rhein nicht wär
Und der Sonnenschein
So strahlend darüber her,
Und der goldene Wein.

Und die sieben Berge nicht,
und der alte Zoll
Und Schifflein im Angesicht,
Mit den Segeln voll.

Und die Mägdlein so wundernett,
Und der Rundgesang,
Und der Morgen so schön im Bett,
Und der Tag so lang. –

Ach! wie studierten wir
So gar fleißig jus!
Rhein! Rhein! es liegt an dir,
Daß man bummeln muß.

Von der ewiggültigen Richtigkeit der Verse kann man sich heute noch am Alten Zoll überzeugen, ein Biergarten lädt dazu förmlich ein. Heute hat die Universität Bonn etwa 38.000 Studierende, betreut von rund 550 Professoren, 2500 wissenschaftlichen und 4700 nichtwissenschaftlichen Mitarbeitern. Und all das in den (zumindest von aussen) schönen Räumlichkeiten der **erzbischöflichen Residenz**, errichtet in mehreren Schritten zwischen 1697 und 1755, 1777 abgebrannt, wieder aufgebaut, im Zweiten Weltkrieg erneut zerstört und seit 1967 in ihrer heutigen Gestalt in Gebrauch. Schön die Figur der Regina Pacis über dem Tor zum Hofgarten, 1755 gegossen. Ihr entspricht die Figur des Erzengels Michael über **dem Koblenzer Tor** der südlichen Galerie. Gegenstück der Residenz ist das leichtere, verspieltere, italienisch inspi-

Das Poppelsdorfer Schloss.

Rad fahren kann man besonders gut auf der Allee zum Poppelsdorfer Schloss. Deshalb sind Ausflüge mit dem Fahrrad hier sehr beliebt.

rierte **Poppelsdorfer Schloss**, Schloss Clemensruhe. Baubeginn war 1715, vollendet wurde es aber erst 1756 durch Balthasar Neumann. Auch dieses Schloss wird seit 1818 von der Universität genutzt, der umliegende Park ist heute Botanischer Garten. Die Seitenstraßen der Poppelsdorfer Allee enthalten sehenswerte Gebäudeensembles des Historismus und Jugendstil in allen Variationen. Achtung: nutzen Sie die guten Verbindungen des öffentlichen Nahverkehrs oder Ihre Wanderlust, hier gibt es weit und breit keine Parkplätze. Oberhalb, auf dem Kreuzberg, steht ein wunderschönes, barockes Kleinod. Die **Wallfahrtskirche**, 1627 erbaut und der Verehrung des Kreuzes Christi geweiht. Die Gewölbemalereien stammen aus der Zeit um 1750, wie auch die Wiederholung der Helena-Statue. Schier überwältigend ist die von Balthasar Neumann entworfene Heilige Stiege, Kopie des römischen Heiligtums in barockest möglicher Pracht. Darunter liegt die Grotte vom heiligen Grab.

Aber bleiben wir in der Innenstadt. Zurück zum Markt. Von hier aus ist es nicht weit bis zur **Pfarrkirche St. Remigius**, der ehemaligen Kirche des Minoritenklosters in der Brüdergasse. Eine einfache, dreischiffige Kirche ohne Querschiff und Turm, nur mit Dachreiter, zwischen 1317 und dem Ende des Jahrhunderts entstanden. Die barocke Ausstattung gipfelt in der Kanzel. Beachtenswert auch hier ein Werk Geißelbrunns, die Madonna auf der Wolkenbank sowie der geschmiedete Wandleuchter. Beethoven spielte hier mit 10 Jahren die Orgel, über dem Rokoko-Taufstein von ca. 1730 wurde er auch getauft. In der Bonngasse ist, in die Häuserflucht eingepasst, die **Namen-Jesu-Kirche** zu finden, ein typischer Bau der Jesui-

In barocker Pracht strahlt die Wallfahrtskirche auf dem Kreuzberg, mit der Heiligen Stiege.

ten, 1686 begonnen, aber auf Grund der Beschießung durch die Franzosen erst 1717 vollendet. Die Ausstattung stammt weitgehend aus der Epoche. In der Bonngasse Nr. 20 stehen Sie vor **Beethovens Geburtshaus**. Die Fa-

Beethovens Geburtshaus

milie wohnte im ersten Stock zur Miete, er kam in einer Dachkammer zur Welt. Seit 1889 ist es Museum. Zu sehen sind Handschriften (Sammlung Bodmer) und Erinnerungsstücke, darunter sein letzter (doppelt bespannter) Flügel und seine Hörrohre, die umfangreichste Beethoven Sammlung weltweit. Von der breiten Palette attraktiver Beethoven Souvenirs ganz zu schweigen. Unmittelbar daneben befindet sich das Beethoven-Archiv mit seiner umfangreichen Bibliothek.

Die Altstadt bietet Cafés und Restaurants in großer Zahl, eine Stärkung wäre vielleicht nicht verkehrt, denn Bonn hat noch mehr zu bieten. Da wäre der **Alte Friedhof** (Bornheimer Straße/Am alten Friedhof), ein Muss für Musik- und Literaturfreunde. Hier steht, vom Stadtteil Ramersdorf 1847 her versetzt, die **Ramersdorfer Kapelle** von 1230. Auf diesem Friedhof fanden ihre letzte Ruhe unter Anderen: Beethovens Mutter, Clara und Robert Schumann, Karl Simrock, Mathilde Wesendonck, August Wilhelm Schlegel, Charlotte Schiller mit Sohn Ernst und Ernst Moritz Arndt, heftig umstrittener Professor zu Bonn.

Dessen ehemaliges **Wohnhaus** liegt an einem Park an der Adenauerallee 79, Höhe Zweite Fährgasse, U-Bahn Haltestelle Juridicum. Damit sind wir schon in Richtung **Museumsmeile** unterwegs. Sie beginnt, von hier aus gesehen, mit dem **Museum Alexander König** (gleichnamige U-Bahn Station), Adenauerallee 160, mit seinen naturkundlichen Sammlungen. Die anderen Bestandteile sind ambitionierte Neubauten, ein Vermächtnis

Naturkunde-Museum Alexander König

Imposant – das Kunstmuseum im Abendlicht.

der Hauptstadt an die Bundesstadt. Das **Kunstmuseum Bonn** mit seiner beachtlichen Sammlung Rheinischer Expressionisten, Schwerpunkt August Macke, bis zur zeitgenössischen Kunst, die **Kunst- und Ausstellungshalle der Bundesrepublik Deutschland** mit hochkarätigen und spektakulären Wechselausstellungen und, **das Haus der Geschichte der Bundesrepublik Deutschland**. Haltestelle ist für alle drei Heussallee/Museumsmeile. Der junge, in Bonn lebende Lyriker Marcel Diel, sieht seine Stadt so:

Der Plenarsaal im Kongreßzentrum.

Marcel Diel (geb. 1975)

DIE BAUSTELLENMEILE ENTLANG

dämmern gebäude aus kunst
staatskunst historischer zeit
hält die stadt sich in bann ist bewusst
im wandel der sich fassadenartig vollzieht
und langsamer auch im sturen gesicht der
masse

kaum fertiggestellt ein bau wird er gleich
zum denkmal ernannt durch schilder und
reden
ein täglicher karneval spukt in den
fluchten
alle zwei jahre durch flussschlamm genährt
erinnert die stadt an ihr bäuerliches
gemüt

gründerzeithäuser bombenkrater
dazwischen
hastig gefüllt mit beton aufgestockt
misslungenes nachbild der stolzen
nachbarn hässlicher trotz in
zweckmässigen prunk

die gegensätze durchziehen die stadt
wird jeder spaziergang zwangs
läufig grenzüberschreitung

Weitere Museen sind auf das Stadtgebiet verteilt. Das **Deutsche Museum** Bonn zeigt Höhepunkte aus Forschung und Technik, Deutschlands einziges **Frauenmuseum** bietet hoch interessante Ausstellungen, das **Rheinische Landesmuseum** reicht vom Neandertaler bis in die Gegenwart. Das **Stadtmuseum** Bonn lässt die Geschichte der Stadt überschaubar Revue passieren, das **Arithmeum** setzt der Mathematik ein Denkmal. Und das **August Macke**

Haus, in dem der Künstler von 1911 bis 1914 arbeitete, zeigt sein rekonstruiertes Atelier. Ein Glücksfall, denn eigentlich sollte es abgerissen werden.
Aus den Hauptstadttagen übrig sind natürlich das **Palais Schaumburg** und die **Villa Hammerschmidt**, das Abgeordneten-Hochhaus **Langer Eugen** und das **Wasserwerk**, das **Bundeshaus** mit dem recht kurz genutzten neuen Plenarsaal, das **Bundeskanzleramt**, die Häuser der Parteien und das ehemals so umstrittene **Adenauer-Denkmal** von Hubertus von Pilgrim. Man könnte einen eigenen Besichtigungstag daraus machen.
Andere Stadtteile haben ebenfalls Wesentliches zu zeigen: In **Ramersdorf** der historistische **Schlossbau**, ganz rheinromantisch nach Plänen von Wilhelm Hoffmann an der Stelle der mittelalterlichen Deutschordens-Kommende erbaut, der sich nun ganz unromantisch inmitten eines Autobahnkreuzes wieder findet (wer plant so etwas bloß?), in **Villich die Klosterkirche St. Peter** vom Ende des 13. Jahrhunderts, Grabkirche der Heiligen Adelheidis, und, einmaliges Baudenkmal, die **Doppelkapelle St. Klemens** in **Schwarzrheindorf**. Geweiht 1151, besteht sie aus zwei übereinander liegenden Kirchen, die durch eine achteckige Öffnung miteinander verbunden sind. Über die Fresken aus der Zeit Friedrich Barbarossas könnte man einen eigenen Reiseführer schreiben, sie deuten uns Szenen des Alten Testamentes in mittelalterlicher Bildersprache, in der Oberkirche das Neue Testament und Heilige, man steht, geht und staunt. Wer sie nicht gesehen hat, war nicht im Rheinland.

Die Fresken der Doppelkirche Schwarzrheindorf.

Das war (bei Weitem) noch nicht alles, was es in und um Bonn zu sehen gibt; machen Sie Ihre eigenen Entdeckungen, Bonn wartet. Die Gastronomie bietet (Uni-Stadt!) eine enorme Bandbreite in allen Preisklassen, das Freizeitangebot kann sich auch sehen lassen, es existieren eine Reihe Sport-, Unterhaltungs- und Schwimmmöglichkeiten. Wanderungen können in der Umgebung unternommen werden.
Eine Menge (auch spezialisierte) Informationen gibt es bei der Tourismus & Congress GmbH
Region Bonn/Rhein-Sieg/Ahrweiler
Adenauerallee 131, 53113 Bonn.
Telefon: 0228/91041-0
Fax: 0228/91041–11
E-mail: info@tcbonn.de
Homepage: www.bonn-region.de

Ein Sport-Event - Inlineskating in der Stadt.

Übernachtungs-Tipps:

Hotel Römerhof, Römerstraße 20, 53111 Bonn
Telefon 0228-604180, Fax 0228-633838

Hotel-Garni Viktoria, Viktoriastr. 33, 53173 Bad Godesberg
Telefon 0228-820050, Fax 0228-8200525
Hotel Zur Börsch, Oberdorfstr. 30, 53859 Niederkasssel
Telefon 0228-971720, Fax 0228-452010

Blick von der »Scheel Sick«, von der Deutzer Seite auf den Dom und die Museen.

Köln

Auf einen Blick: Dom (13.-19. Jh.), zwölf große romanische Stifts- und Klosterkirchen, Rathaus (14. Jh.), Gürzenich (15. Jh.), Severinstor, Eigelsteintor, Hahnentor, Ulrepforte und Stadtmauer (12./13. Jh.), Overstolzenhaus (13. Jh.), Römisch-Germanisches Museum, Museum Ludwig, Wallraff-Richartz-Museum, Schnütgen-Museum, Stadtmuseum, Schokoladenmuseum , Kunstgewerbemuseum, Völkerkundemuseum, Museum für Ostasiatische Kunst

Mit Köln erreichen wir die letzte Station unseres gemeinsamen Weges entlang des romantischen Rheins. Köln verdankt seinen einzigartigen Charme 2000 Jahren Geschichte. Altes wurde bewahrt, aber die Stadt versteckt auch nicht die Wunden, die ihr die Zeit geschlagen hat, sondern sie zeigt sie her, gefüllt mit Neuem. Eine Million Einwohner aus einhundert Nationen, eine solche Vielfalt prägt. Dieser gleichzeitig intime wie großstädtische Charakter ist es, der fasziniert. Natürlich kann hier nur ansatzweise all das dargestellt werden, das sehens- und erlebenswert ist. Aber vielleicht genügt das auch, denn den Rest muss man vor Ort selbst erfahren.

Der Name Köln geht auf die römische Kaiserin Agrippina zurück. Die Gattin und Nichte des Kaisers Claudius wurde im Oppidum Ubiorum, dem benachbarten Dorf der verbündeten Ubier, geboren und ließ "Colonia Claudia Ara Agrippinensium" im Jahre 50 n. Chr. zur Stadt erheben. Claudius fiel seiner Frau zum Opfer, er stand dem gemeinsamen Sohn Nero im Weg, die Folgen sind bekannt. Köln wird zur Hauptstadt Niedergermaniens, wächst und gedeiht und hat im 3. Jahrhundert bereits 20000 Einwohner, wird 260 sogar kaiserliche Residenz. Konstantin der Große lässt 310 eine Brücke über den Rhein errichten, drei Jahre später ist der erste Bischof in Köln nachweisbar und bald darauf die erste christliche Kirche, deren Reste unter St. Severin liegen. 456 erobern die Franken die Stadt und zerstören sie. Später wird Köln zur Residenz Karl Martells. 758 folgt unter Karl dem Grossen die Erhebung zum Erzbistum. Seit dem 12. Jahrhundert führte Köln als vierte christliche Metropole neben Jerusalem, Byzanz und Rom die Bezeichnung "Sancta" (Heilig) im Stadtnamen. Rainald von Dassel, Reichskanzler und Kölner Erzbischof, überführt 1164 die Reliquien der Heiligen drei Könige nach Köln. Für sie sollte eine mächtige Kathedrale als Grabeskirche errichtet werden. Die Grundsteinlegung des Kölner Doms findet am 15. August 1248 statt, vollendet wurde er jedoch erst 1880, nachdem die Bauarbeiten Mitte des 16. Jahrhunderts eingestellt worden waren. Die erstarkten Kölner Bürger schlagen 1288 das erzbischöfliche

Heer in der Schlacht bei Worringen und vertreiben damit den Erzbischof als weltlichen Herrn aus der Stadt. So ergab sich das Kuriosum, dass die Residenz des Kölner Erzbischofs sich nicht in Köln, sondern letztlich in Bonn befand. Später spielt Köln als Hansestadt eine wichtige Rolle und erhält 1360 die Messerechte. Nach 1388 erfolgt die Gründung der Universität, 1396 geben sich die Kölner Zünfte eine eigene Verfassung mit Bürgermeister und Stadtrat. Auf den Status der Freien Reichsstadt muss die Stadt aber noch bis 1475 warten. Mit Auflösung der Hanse Ende des 15. Jahrhunderts verliert Köln seine herausragende Bedeutung. Mit der kampflosen Besetzung durch die französische Revolutionstruppen endet 1794 die Geschichte des "Heiligen Köln", die Universität wird geschlossen, der kirchliche Besitz eingezogen, Klöster und Kongregationen säkularisiert. 1815 kommt Köln an Preußen, es steigt wieder auf. 1822 folgt der Bau der Rheinbrücke, ein Jahr später findet der erste Rosenmontagszug statt, und auch die Industrialisierung boomt. Felten & Guillaume, die Schokoladenfabrik Stollwerck oder die Kölner Humboldt Deutz AG werden gegründet. Köln wird Verkehrsknotenpunkt: seit 1839 verkehrt im Rheinland die Eisenbahn, 1859 werden der neue Hauptbahnhof und die Eisenbahnbrücke eröffnet, der Kölner Hafen wird ausgebaut. Dem Wachstum der Stadt fallen ab 1861 die mittelalterlichen Stadtmauern zum Opfer, an ihrer Stelle entstehen die Kölner Ringe als repräsentative Boulevards. Den enormen Zerstörungen

Im Herzen der lebendigen Großstadt - der Dom

des Zweiten Weltkrieges folgte der Wiederaufbau und die Entwicklung zur modernen Millionenstadt. Köln ist heute eine der führenden Kulturstädte Europas, eine der Medien-Metropolen Deutschlands, Messestandort mit Weltrang und die bewegte Vergangenheit ist ebenso allgegenwärtig wie die deutlichen Zeichen für den Weg in das 21. Jahrhundert.

Das Wahrzeichen der Stadt ist der **Dom St. Peter**. Die gotische Kathedrale ist bereits der fünfte Bau an diesem Ort seit 800. Die fünfschiffige Basilika mit dreischiffigem Querhaus und siebenteiligem Chorschluss hat beeindruckende Maße: Langhaus: 144 m lang und 60 m breit; Querhaus: 86 m lang; Gewölbehöhe: 44 m; Westtürme: 160 m hoch; Bodenfläche: 6170 qm. Nach der Grundsteinlegung im Jahr 1248 und flottem Beginn kamen die Bauarbeiten allmählich zum Erliegen. Erst die romantische Mittelalter-Begeisterung des 19. Jahrhunderts und das Engagement des preußischen

Königshauses setzten die Bauarbeiten 1842 wieder in Gang. 1880 wurde seine Vollendung dann auch als nationales Ereignis gefeiert.

Neben der überwältigenden Architektur enthält der Dom eine Fülle an bedeutenden Kunstschätzen. Der Drei Königen-Schrein aus dem Jahre 1230 bildet das Zentrum, er thront im Chorraum, links davon findet sich mit dem Gerokreuz die älteste überlebensgroße Plastik des Mittelalters, es wurde um das Jahr 1000 geschaffen. Das Hochgrab Konrads von Hochstaden von 1261, die Schatzkammer mit dem Domschatz, die reiche, skulpturale Ausstattung und die aus allen Bauphasen stammenden Fenster, vor allem aber die Altäre sind es, die selbst den eiligsten Touristen zu staunender Ruhe und Betrachtung zwingen. Der herrliche Klarenaltar aus dem 14. Jahrhundert und Stefan Lochners dreiteiliger Flügelaltar der Kölner Stadtpatrone von 1445 sind Spitzenwerke der Malereigeschichte. Aber auch das 19. Jahrhundert ist hochrangig vertreten, so mit Overbecks riesiger "Himmelfahrt Mariens" von 1855. Man könnte, man sollte vielleicht Tage in diesem Bau verbringen, um ihn in angemessener Weise auf sich wirken zu lassen, am besten besucht man ihn früh, wenn die stetigen Touristenströme ihn noch nicht erreicht haben.

Überhaupt ist Köln eine Stadt der Kirchen. Wie in keiner anderen deutschen Stadt finden sich hier auf engstem Raum **zwölf große romanische Stifts- und Klosterkirchen**, die zu den bedeutendsten Westeuropas zählen: **St. Cäcilien**, heute Heimat des Schnütgen Museums, **St. Pantaleon** mit seinem herrlichen Lettner und dem Grab der Kaiserin Theophanu, **St. Maria im Kapitol** mit den dort bewahrten hölzernen Türflügeln des 11. Jahrhunderts und der ungewöhnlich reichen Ausstattung, **St. Georg**, **St. Gereon** mit dem Dekagon und seiner gewaltigen Kuppel, **St. Ursula** mit der wundervollen "Goldenen Kammer", ein begehbares Reliquiar mit Reliqienbüsten und Ornamenten aus Gebeinen, **St. Severin**, **Groß St. Martin**, unübersehbar mitten in der Altstadt am Rhein, **St. Aposteln** mit ihrer stilvollen, modernen Ausstattung, **St. Andreas**, **St. Maria Lyskirchen** mit den Gewölbemalereien des 13. Jahrhunderts, und **St. Kunibert** mit romanischen Glasfenstern und der prächtigen Verkündigungsgruppe. Es empfiehlt sich, genügend Zeit mit zu bringen, um diese wirklich einmalige Konzentration bedeutender Bauten zu

St.Kunibert am Rheinufer.

besuchen, man wird dafür mit unvergesslichen Eindrücken belohnt. In den Kirchen finden regelmäßig Konzerte statt. Die gotische **Minoritenkirche**, sowie **St. Peter**, die barocke Pracht von **St. Mariae Himmelfahrt**, **St. Maria in der Kupfergasse**, die **Fronleichnamskirche** und die **Elendskirche St. Gregor**, nein, das sind noch immer nicht alle der sehenswerten Kirchenbauten der Stadt, über die allein sind schon dickere Bücher als dieses geschrieben worden, ich kann da nur auf das gut aufbereitete Prospektmaterial der Stadt verweisen und Ihre Entdeckerfreude ansprechen.

Museen hat Köln ebenfalls in Fülle. Das **Römisch-Germanische Museum** am Dom zeigt eine Fülle herausragender Funde aus der Stadtgeschichte, besonders beeindruckt das Dionysos-Mosaik. Das **Museum Ludwig** gleich daneben zeigt in interessanter Architektur eine der bedeutendsten Sammlungen moderner Kunst, das **Wallraff-Richartz-Museum** beherbergt in seinem Neubau beim Gürzenich die Kunst des Mittelalters bis 1900. Das schon erwähnte **Schnütgen-Museum** bietet christliche Kunst, weiter gibt es das **Stadtmuseum**, das **Schokoladenmuseum** (Imhoff-Stollwerck-Museum), das **Kunstgewerbemuseum**, **Völkerkundemuseum**, **Museum für Ostasiatische Kunst** und viele mehr.

Die verschiedenen Baustile des Rathauskomplexes sind Spiegelbilder der Geschichte der Stadt.

Unter dem **Rathaus** wurden die Fundamente der **Residenz des römischen Statthalters** (1.-4. Jahrhundert) freigelegt. Das Rathaus wurde um 1330 erbaut, die Renaissancelaube im 16. Jahrhundert und der Turm im 15. Jahrhundert angefügt. Der Gebäudekomplex wurde während des Zweiten Weltkrieges schwer beschädigt und bis 1972 wieder hergerichtet. Gegenüber befindet sich unter Glas die **Mikwe** der ehemaligen jüdischen Gemeinde, die 1424 aus der Stadt vertrieben wurde. Der **Gürzenich**, 1437-44 als Tanz- und Kaufhaus entstanden, ist bis heute die gute Stube Kölns. Mit dem **Severinstor**, dem **Eigelsteintor** und dem **Hahnentor** sind drei der insgesamt zwölf Torburgen der mittelalterlichen Stadtbefestigung (1180 - 1220) erhalten und werden heute noch zu unterschiedlichen Zwecken genutzt. Die kleinere **Ulrepforte** und restaurierte Teile der **Stadtmauer** finden sich am Sachsenring. In der Rheingasse hat mit dem **Overstolzenhaus** ein Wohnhaus des 12. Jahrhunderts überlebt. Das 20. Jahrhundert ist ebenfalls mit interessanten Bauten vertreten, und der **Mediapark** weist weit in die Zukunft hinein. Seit 1989 entstand auf dem Gelände des ehemaligen Güterbahnhofes Gereon in unmittelbarer City-

Das klassische Rheinpanorama mit Dom und Martinskirche, davor die Ausflugsschiffe an ihren Anlegestellen.

nähe ein Ort für 250 Unternehmen und Bildungsträger aus der Musik-, Kultur- und Kommunikationsbranche mit ca. 5.000 Beschäftigten. Es gibt ein Kino, ein Hotel, Shops, Gastronomie und 250 Wohnungen, eingebettet in eine Parklandschaft. Denn Köln ist mit Recht stolz auf seinen Ruf als "Medienstadt". Neben dem Westdeutschen Rundfunk sitzen hier die Sender RTL, die Musiksender VIVA, Viva Plus und Onyx. Die Musikmesse PopKomm zählt zu den wichtigsten ihrer Art. Mit EMI Electrola ist seit 1952 einer der bedeutendsten Musikkonzerne in Köln ansässig. Darüber hinaus gibt es sieben Tageszeitungen, drei monatlich erscheinende Stadtmagazine und eine Vielzahl von Wochenblättern. 99 Zeitschriften-Verlage und der DuMont Buchverlag, Kiepenheuer & Witsch, der Benedikt Taschen Verlag und die Verlagsgruppe Lübbe, eine solche Konzentration von Printmedien spricht wohl für sich. Der alljährliche "Bücherherbst" am Neumarkt und das Literaturhaus im Mediapark bringen die Literatur in die Stadt.

Und Köln ist eine Kunststadt. Neben den erwähnten Museen bietet sie eine große Zahl von Galerien und Ateliers, wo man am Puls der aktuellen Gegenwartskunst Entdeckungen machen kann. Und mit der Art Cologne und der Westdeutschen Kunstmesse finden zwei der wichtigsten Veranstaltungen des Kunstmarktes hier statt.

Für sportlich Interessierte bieten Hallen-, Frei- und Thermalbäder ausreichend Schwimmgelegenheiten. Außerdem können Reitsport, Angeln, Tennis, Radsport, Turnen, Fechten und Leichtathletik ausgeübt werden.

Er gehört zu Köln wie das Kölsch in seiner Hand: der »Köbes«.

Selbstverständlich lässt sich auch hier der Rhein mit Schiffstouren erkunden, besonders empfehlenswert sind die abendlichen Rundfahrten mit Live-Musik.

Der Bürgerstolz der Kölner, Erbe der großen, unabhängigen Vergangenheit der Stadt, ist noch heute in der Atmosphäre der Stadt spürbar. Was in Paris die Arrondissements sind, ist hier das "Veedel", das Stadtviertel mit seinem Gefühl von Zusammengehörigkeit und seinen urigen Kneipen. Nicht nur die Altstadt bietet eine bunte, abwechslungsreiche Gastronomie, man kann sich sein "Kölsch" schmecken lassen und die kulinarischen Kölner Spezialitäten probieren. 24 Brauereien haben ihren eigenen Ausschank, es ist ein Erlebnis eigener Art, die obergärige Spezialität frisch im typischen Glas vom "Köbes" serviert zu bekommen. Gebraut werden darf das Kölsch übrigens nur im Umkreis von 40 Kilometern um die Stadt herum. Man müsse, heißt es, den Dom noch sehen können. Die Fußgängerzone um die Hohe Straße lässt keine Shopping-Wünsche offen, das berühmte Millowitsch-Theater oder die seit 1802 nicht mehr wegzudenkenden Stockpuppen des Hänneschen-Theaters laden zum Besuch, kurz, Köln ist weniger eine Stadt als ein Lebensgefühl, das wird jedem Besucher deutlich.

Besonderer Tipp: jeden zweiten Freitag gibt es im Sommer am Tanzbrunnen eine Erfahrung der ungewöhnlichen Art: mehr oder minder begabte Nachwuchssänger stellen sich einem gnadenlosen Publikum, zumeist geht es schief.

Genauere Informationen zu allen Bereichen gibt es bei der Tourist-Information, Unter Fettenhennen 19, 50667 Köln, Telefon: (02 21) 22 1-2 33 45 oder (02 21) 1 94 33, Fax: (02 21) 22 1-2 33 21,

E-Mail: koelntourismus@koeln.org, Homepage: www.koeln.de.

Unternehmen der Finanzgruppe
STANDORT HIER
www.sparkasse.de

Rheinindex

A

B

HIER IST DER DEINHARD
DEINHARD
SEC
DRY
TROCKEN
SEIT 1843
DEINHARD
Cabinet
TRADITIONS-CUVÉE
TROCKEN
Hier, wo seit mehr als 150 Jahren das Gefühl für besonderen Sekt zu Hause ist, entsteht mit aller Sorgfalt und der Erfahrung alter Tradition einzigartiger Genuss. Wie der feinperlig, trockene Deinhard Cabinet. Und viele andere Sekte, die den Namen Deinhard tragen.
DEINHARD
Leidenschaft für Sekt und Wein seit 1843.

K

L

M

N

O

P

R

Fotonachweis

Nicht aufgeführte Fotos = Rhein-Mosel-Verlag / A. Houben

S. 20 = Stadt Geisenheim, S. 22 rechts unten = Fremdenverkehrsamt Eltville / Kurt L. Mayer, S. 25 rechts oben = Rheingau Taunus Kultur- und Tourismus GmbH, S. 25 rechts unten = Rheingau Taunus Kultur- und Tourismus GmbH, S. 26 links oben = Fremdenverkehrsamt Elville / Kurt L. Mayer, S. 26 rechts oben = Rheingau Taunus Kultur- und Tourismus GmbH, S. 27 unten = Rheingau Taunus Kultur- und Tourismus GmbH, S. 28 oben = Stadt Geisenheim/ Kurt L. Mayer, S. 28 unten = Stadt Geisenheim, S. 29 unten = Stadt Geisenheim/ Kurt L. Mayer, S. 30 oben = Stadt Geisenheim, S. 30 unten = Stadt Geisenheim/ Kurt L. Mayer, S. 31 oben = Rheingau Taunus Kultur- und Tourismus GmbH, S. 33 unten = Stadtverwaltung Ingelheim am Rhein, S. 37 rechts oben = Stadtverwaltung Ingelheim am Rhein, S. 37 rechts unten = Stadtverwaltung Ingelheim am Rhein, S. 38 = Verkehrsverein Rüdesheim am Rhein, S. 41 rechts = Verkehrsverein Rüdesheim am Rhein, S. 42 oben = Verkehrsverein Rüdesheim am Rhein, S. 42 unten = Verkehrsverein Rüdesheim am Rhein, S. 43 oben = Verkehrsverein Rüdesheim am Rhein, S. 43 mitte = Verkehrsverein Rüdesheim am Rhein, S. 45 oben = Verkehrsverein Rüdesheim am Rhein, S. 58 = Burgen, Schlösser, Altertümer Rheinland-Pfalz, Landesamt für Denkmalpflege, S. 61 unten = Burgen, Schlösser, Altertümer Rheinland-Pfalz, Landesamt für Denkmalpflege, S. 62 oben = Burgen, Schlösser, Altertümer Rheinland-Pfalz, Landesamt für Denkmalpflege, S. 70 = Rhein-Nahe Touristik Bacharach e.V., S. 71 unten = Rhein-Nahe Touristik Bacharach e.V., S. 77 unten = Rhein-Nahe Touristik Bacharach e.V., S. 78 = Burgen, Schlösser, Altertümer Rheinland-Pfalz, Landesamt für Denkmalpflege, S. 107 = Tourist Information Boppard / Denkmalamt Koblenz, S. 108 = Tourist Information Boppard, S. 109 oben = Tourist Information Boppard, S. 110 unten = Tourist Information Boppard, S. 111 oben = Tourist Information Boppard, S. 111 unten = Tourist Information Boppard, S. 112 = Tourist Information Boppard, S. 140 = Stadtverwaltung Lahnstein, S. 144 oben = Stadtverwaltung Lahnstein, S. 147 links oben = Burgen, Schlösser, Altertümer Rheinland-Pfalz / Landesamt für Denkmalpflege, S. 147 links unten = Burgen, Schlösser, Altertümer Rheinland-Pfalz, S. 147 rechts unten = Burgen, Schlösser, Altertümer Rheinland-Pfalz / Landesmedienzentrum, S. 148 oben = Burgen, Schlösser, Altertümer Rheinland-Pfalz / Landesamt für Denkmalpflege / Fitting, S. 148 unten = Burgen, Schlösser, Altertümer Rheinland-Pfalz / Landesamt für Denkmalpflege / Fitting, S. 149 oben = Burgen, Schlösser, Altertümer Rheinland-Pfalz / Landesamt für Denkmalpflege, S. 149 unten = Burgen, Schlösser, Altertümer Rheinland-Pfalz / Foto Gauls, S. 150 oben = Burgen, Schlösser, Altertümer Rheinland-Pfalz / Landesamt für Denkmalpflege / Fitting, S. 150 unten = Burgen, Schlösser, Altertümer Rheinland-Pfalz / Landesamt für Denkmalpflege / Fitting, S. 151 oben = Burgen, Schlösser, Altertümer Rheinland-Pfalz / Landesamt für Denkmalpflege / Straeter, S. 151 unten = Burgen, Schlösser, Altertümer Rheinland-Pfalz / Landesamt für Denkmalpflege / Straeter, S. 169 oben = Burgen, Schlösser, Altertümer Rheinland-Pfalz / Landesamt für Denkmalpflege, S. 169 unten = Burgen, Schlösser, Altertümer Rheinland-Pfalz / Landesamt für Denkmalpflege / Straeter, S. 170 oben = Burgen, Schlösser, Altertümer Rheinland-Pfalz, S. 186 = Stadt Neuwied / Foto Gauls, S. 187 = Stadt Neuwied, S. 189 rechts = Stadt Neuwied, S. 189 unten = Stadt Neuwied / Franz-Josef Dehenn, S. 190 oben = Stadt Neuwied / Markus Henker, S. 190 unten = Stadt Neuwied / Erich Becker, S. 191 = Zoo Neuwied, S. 192 oben = Stadt Neuwied / Rosemarie Haller, S. 192 unten = Stadt Neuwied / Foto Gauls, S. 193 oben = Stadt Neuwied / Thomas, S. 203 unten = Tourist Information Brohltal, S. 204 unten = Vulkanexpress Niederzissen, S. 205 unten = Tourist Information Brohltal, S. 223 oben = Stadt Linz, S. 244 oben = Stadt Bonn / M. Sondermann, S. 244 unten = Stadt Bonn / M. Sondermann, S. 248 = Stadt Bonn / M. Sondermann, S. 250 = Stadt Bonn / M. Sondermann, S. 252 = Stadt Bonn / M. Sondermann, S. 253 oben = Stadt Bonn / M. Sondermann, S. 254 = Stadt Bonn / M. Sondermann, S. 255 = Stadt Bonn / M. Sondermann, S. 256 = Stadt Bonn / M. Sondermann, S. 257 = Stadt Bonn / M. Sondermann, S. 258 = Stadt Bonn / M. Sondermann, S. 260 = KölnTourismus, S. 262 = KölnTourismus / Dt. Luftbild, S. 263 = KölnTourismus / I. Decker, S. 264 = KölnTourismus / G. Ventur, S. 265 = KölnTourismus / Rhein. Bildarchiv, S. 266 = KölnTourismus / S. Schmitz